北京高校思想政治工作研究系列丛书

北京市社科基金项目《构建思政课程与专业课程思政实践教学体系》(项目编号 20KDB026)研究成果

高校“思政课程”与“课程思政”实践教学体系研究

曹培强　李士芹　杨　潇　著

北京理工大学出版社
BEIJING INSTITUTE OF TECHNOLOGY PRESS

图书在版编目(CIP)数据

高校"思政课程"与"课程思政"实践教学体系研究/曹培强，李士芹，杨潇著. -- 北京：北京理工大学出版社，2023.11

ISBN 978-7-5763-3124-0

Ⅰ. ①高… Ⅱ. ①曹… ②李… ③杨… Ⅲ. ①高等学校-思想政治教育-研究-中国 Ⅳ. ①G641

中国国家版本馆 CIP 数据核字(2023)第 224432 号

责任编辑：白煜军　　文案编辑：江　立
责任校对：周瑞红　　责任印制：施胜娟

出版发行 / 北京理工大学出版社有限责任公司
社　　址 / 北京市丰台区四合庄路 6 号
邮　　编 / 100070
电　　话 / (010) 68914026（教材售后服务热线）
　　　　　(010) 68944437（课件资源服务热线）
网　　址 / http://www.bitpress.com.cn

版 印 次 / 2023 年 11 月第 1 版第 1 次印刷
印　　刷 / 廊坊市印艺阁数字科技有限公司
开　　本 / 787 mm×1092 mm　1/16
印　　张 / 12.75
字　　数 / 246 千字
定　　价 / 79.00 元

前　言

为深入贯彻落实习近平新时代中国特色社会主义思想和党的十九大、二十大精神，贯彻落实习近平总书记关于教育的重要论述，特别是在学校思想政治理论课教师座谈会上的重要讲话精神，全面贯彻党的教育方针，解决好培养什么人、怎样培养人、为谁培养人这个根本问题，中共中央办公厅、国务院办公厅印发了《关于深化新时代学校思想政治理论课改革创新的若干意见》，强调“思政课是落实立德树人根本任务的关键课程，发挥着不可替代的作用”，加强“思政课程”及其实践教学建设，“推动各类课程与思政课建设形成协同效应”。教育部关于印发《高等学校课程思政建设指导纲要》的通知（教高〔2020〕3号）指出：“要紧紧抓住教师队伍‘主力军’、课程建设‘主战场’、课堂教学‘主渠道’，让所有高校、所有教师、所有课程都承担好育人责任，守好一段渠、种好责任田，使各类课程与思政课程同向同行，将显性教育和隐性教育相统一，形成协同效应，构建全员全程全方位育人大格局”。这一系列重要文件精神，为进一步加强高校“思政课程”与“课程思政”协同实践育人体系建设提供了根本遵循。

本著作紧密结合时代要求研究了“思政课程”与“课程思政”实践教学体系的理论与实践基础；探索了“大思政课”视域下“思政课程”和“课程思政”实践教学体系；分析总结了高校“思政课程”与“课程思政”实践教学体系的现状和问题；系统性研究构建“思政课程”和“课程思政”实践教学体系原则和逻辑关系；探索了“课程思政”协同“思政课程”实践教学体系以及“思政课程”协同“课程思政”实践教学体系的内容和路径。课题在已有调查研究基础上，对北京高校包括北京大学、中国人民大学、北京航空航天大学、北京科技大学、中国石油大学（北京）、北京联合大学等高校的做法和经验作了总结和分析，针对高校“思政课程”与“课程思政”“全员全过程全方位”实践育人存在的问题和原因，提出了构建“思政课程”与专业“课程思政”实践教学体系的对策建议：一是加强“理念协同”，增强“思政课程”与“课程思政”实践育人理念；二是加强“全员协同”，凝聚“思政课程”与“课程思政”实践育人力量；三是加强“载体协同”，完善“思政课程”与“课程思政”实践育人平台；运用语料库辅助实践教学，创新教学话语；四是加强“机制协同”，健全“思政课程”与“课程思政”协同育人机制。

本著作是2020年度北京高校思想政治工作研究重点课题（BJSZ 2020ZD05）、北京市社科基金项目《构建“思政课程”和专业“课程思政”实践教学体系》（项目编号20KDB026）的研究成果。具有以下特点：一是研究的角度新。从过去的研究看，高校“思政课程”实践教学的研究较多；专业实践教学主要集中在专业实习的主题、内容等方面，专门的“课程思政”实践教学研究非常少。然而，高校“思政课程”和“课程思政”同向同行的实践教学体系的理论研究和有机融合更是缺乏。从一定意义上说，本著作的选题和成果填补了一项高校思想政治工作的空白。二是课题研究的时代性很强。在新时代，高校思想政治工作尤其是大学生思想政治工作成为“两个大局”新形势下的重要课题。高校“思政课程”与“课程思政”实践育人体系的探索和研究，是贯彻落实中共中央、国务院、中宣部和教育部等一系列关于高校“思政课程”与“课程思政”建设重要文件精神的要求。三是具有广泛的应用价值。本著作可以供“大思政课”整体推进的实践探索和理论研究参考和使用，可以作为全国高校“思政课程”和“课程思政”实践教学体系建设，尤其是对基于学校整体推进和做好大学生“社会实践”工作，具有重要的参考价值和应用价值。

本著作由梁永图提出研究的总体思路和写作提纲，由课题参加人中国石油大学（北京）马克思主义学院曹培强、天津师范大学马克思主义学院李士芹设计组织分工写作的方式，撰写部分内容并负责统稿审定；课题参加人中国石油大学（北京）马克思主义学院杨潇负责部分内容的撰写和资料的搜集整理、赵梓莹负责资料的分类和部分内容的校对。具体分工如下：

导论　（曹培强　杨潇）

第一章“思政课程”与“课程思政”实践教学体系的理论和实践基础研究（李士芹）

第二章“大思政课”视域下“思政课程”与“课程思政”实践教学体系探索（曹培强　杨潇）

第三章　高校“思政课程”与“课程思政”实践教学体系的现状和问题　（曹培强　杨潇）

第四章　构建“思政课程”与“课程思政”实践教学体系原则和逻辑关系研究（曹培强　李士芹）

第五章“课程思政”协同“思政课程”实践教学体系的内容和路径探索　（杨潇）

第六章“思政课程”协同“课程思政”实践教学体系的内容和路径探索　（李士芹）

第七章　高校“思政课程”与“课程思政”协同实践育人的对策建议　（曹培强　李士芹）

本著作从构思、设计到撰写和通稿修订，经历了近两年的时间，其间得到了中国石油大学（北京）马克思主义学院、研究生院和教务处的大力支持；得到了中国石油大学（北京）教务处高秋香老师、中国石油大学（北京）克拉玛依校区穆浩宇老师、机械与储运工程学院王艺教授、外国语学院许有胜副教授，以及阜阳师范大学于文善教授、东北师范大学闫冰博士的大力支持。

高校“思政课程”和“课程思政”同向同行和有机融合研究，是一个需要不断探索的问题，随着新的教学理论以及新媒体和新技术的不断发展，对这一问题的研究也需要深入推进下去。书中的有关观点和案例借鉴参考了相关领域和他人的不少研究成果，在此深表谢忱！

由于课题组水平有限，本著作对该问题的研究仍处于需要深入探索的阶段，还有一些不足和不完善之处，在此恳请广大专家学者不吝赐教，批评指正！

作　者

2023 年 11 月 8 日于北京昌平军都山下

目　录

导　论

一、研究的目的和意义

（一）研究目的

（1）本课题对高校“思政课程”与专业“课程思政”实践教学体系进行深入研究，总结我国“思政课程”和专业“课程思政”实践教学体系的主要做法和基本经验，通过文献研究、调查研究等方法对存在的问题进行分析，并诊断存在问题的原因，提出相应的政策建议。

（2）本课题把思想政治教育学、心理学、教育学、语料库语言学等多学科的理论、方法等作为分析问题的理论基础，对当前高校“思政课程”与“课程思政”实践教学相关理论问题进行较为深入的探讨，厘清基本概念的科学内涵，探究其内在结构和运行机制。

（3）本课题以问题意识等作为研究的现实导向，分析当前我国高校“思政课程”与“课程思政”实践教学体系的具体实践，深入探析实践教学的基本路径，努力提高高校“思政课程”与“课程思政”实践教学的科学性、亲和力、实效性和针对性。

（二）研究意义

1. 研究的理论意义

一方面，“思政课程”与“课程思政”实践教学体系研究为高校大学生思想政治教育工作的创新探索提供了新的切入点。“实践教学”是高校“思政课程”教学的重要环节。但就目前的研究状况而言，大多数是停留在对内涵、地位和制度规范、方式方法等问题的研究上，研究的深刻性、系统性、整体性等较为欠缺。同时，专业课程的“课程思政”教学创新和研究在近年来得到了较快发展。但是“课程思政”实践教学，尤其是与高校“思政课程”的“实践教学”作为一个“整体”或者“体系”来开展研究还是非常少见。因此，“思政课程”与专业“课程思政”实践教学的系统性和整体研究为高校大学生思想政治教育工作的实践创新和理论研究提供了新的切入点。

另一方面，高校“思政课程”与“课程思政”实践教学体系研究，有利于深化高校“思政课程”与“课程思政”的理论研究。学科发展成熟的重要标志是学科体系的科学化和系统化。目前，虽然关于高校“思政课程”实践教学的专著和论文较多，但是系统化研究以及与“课程思政”实践教学有机联系的深入探索和理论研究还较少。

再者，关于高校“课程思政”实践教学探索的教学案例比较多，但是相关的学术专著和科研论文还比较少，理论探索需要进一步深化。高校“思政课程”与“课程思政”的“实践教学”的整体性探索是一个较为新的探索领域，还需要多学科知识体系作为基础进行深入的研究和探索。因此，高校“思政课程”与“课程思政”实践教学体系的跨学科系统研究，可以提供一个新的理论研究视角，为高校“思政课程”与“课程思政”实践教学体系建构提供理论指导。

2. 研究的实践意义

第一，有利于高校“思政课程”与“课程思政”实践教学体系构建。课题研究充分运用思想政治教育学、教育学、心理学、系统科学以及认知科学等相关知识，深度解析高校“思政课程”与专业“课程思政”实践教学，采用分析与综合相结合的方式对实践教学体系和系统各构成部分及工作机制进行分析、考察，针对我国高校“思政课程”与专业“课程思政”实践教学中的主要矛盾，积极建构科学、高效的实践教学体系。构建开放的、深入的研究体系，有利于大学生育人合力的形成，从而不断提高实践育人的实效。

第二，有助于提高高校“思政课程”与专业“课程思政”实践教学的实效性。在相对复杂的国内外背景下，我国高校“思政课程”与“课程思政”教育教学也需要针对新的形势不断深化改革和探索。“理论教学”与“实践教学”是大学生思想政治教育的两个重要组成部分，“实践教学”是“理论教学”的深化和补充，通过丰富多彩的教学方式，能够极大地提高学生学习的积极性和主动性，对于提高“思政课程”与“专业课程”育人效果发挥着不可替代的作用。各高校都非常重视实践教学，积极进行探索和创新。针对高校“思政课程”与专业“课程思政”实践教学体系的相关研究及其成果，能够为推动高校“思政课程”与“课程思政”实践教学顺利开展、提高教育实效性提供借鉴。

第三，有助于高校“思政课程”与“课程思政”实践育人的深入开展。着力构建高校“思政课程”与“课程思政”实践教学体系，就是为实践教学提供教学内容和组织管理模式，以利于高校育人目标的实现。当代大学生要“努力成为担当民族复兴大任的时代新人，培养德智体美劳全面发展的社会主义建设者和接班人”，必须促进专业教育和思想政治教育内容的内化与外化，而“实践教学”就是实现这一转化的重要环节。改革开放以来，尤其是中国特色社会主义进入新时代，经济发展和社会生活的深刻变化带来了学生学习方式的变化。对于当前“思政课程”和“专业课程”教学而言，教师不再是知识传播的唯一渠道。大学生可以从网络等多种途径和媒介获得知识信息，他们的世界观、价值观，以及知识和经验都可以在现实或信息化的世界中获得和逐步确立。当代许多大学生具有认知能力强、实践能力弱，个人主体意识强、集体意识相对较弱的思想特点，这些鲜明特点成为影响大学生对

“思政课程”和“专业课程”接受程度的重要因素。青年大学生正处于人生成长成才的关键阶段，对于纷繁复杂的社会现象，面对相互激荡的社会思潮的冲击，个别学生极易受到不正确的世界观、人生观和价值观的影响，从而产生不同程度的消极思想和行为。这就要求高校“思政课程”和“专业课程”在引领当代大学生树立正确的世界观、人生观和价值观等方面实现有机协同，将大学生思想政治教育的理论传授和实践教学紧密地结合起来，在实践教学中深入提高学生对理论知识的认知，提高辨别是非的能力和思想道德品质，促进他们成长为新时代担当中华民族复兴大任的时代新人。本课题研究坚持科学性与实践性相结合的原则，将心理学、伦理学、政治学、系统科学等学科知识引入实践教学研究，着力构建全员、全过程、全方位育人的机制和格局。

二、国内外研究现状

高校“思政课程”以及“课程思政”实践教学在国内外都进行了较为深入的探索和实践。但是，这种探索主要从高校“思政课程”实践教学、高校“课程思政”实践教学，以及高校“思政课程”与“课程思政”实践教学体系三个维度进行探索和研究。在本课题研究综述中，也根据研究现状分别作出总结。

（一）高校“思政课程”“实践教学”国内外研究综述

1. 高校“思政课程”“实践教学”国内研究现状

（1）关于高校“思政课程”“实践教学”内涵的研究。学者们从不同角度进行了探索，目前主要观点如表 0–1 所示。

表 0–1 高校“思政课程”“实践教学”内涵归纳表

作者及题目	文章主要观点
田福宁（2018）《关于高校思想政治理论课实践教学判定标准及内涵的几点思考》	认为除去理论知识传授，所有与实践相关的教学方式都应属于实践教学； 实践教学既可以体现在课堂之中，也可以体现在课堂教学之外
熊伟（2019）《创新高校思想政治教育中的实践教学——评〈高校思想政治理论课实践教学创新研究〉》	实践教学是除了理论教学之外的所有教学活动； 实践教学是通过理论与实践紧密结合的方式塑造和坚定大学生的理想信念，帮助其树立正确的政治立场

续表

作者及题目	文章主要观点
黄焕初、吴正国（2004）《“全国高校公共理论课实践教学研讨会”综述》	从主体论的角度出发，认为高校“思政课程”“实践教学”必须以任课教师主导，学生积极主动参与实际生活的①人生体验与社会感知，是实现教化与内化、知与行统一的教学模式
杨志刚（2016）《高校思想政治理论课实践教学规范化刍议》	高校“思政课程”实践教学是一种寓教于“行”的教学过程和教学方法
钱广荣（2007）《高校思想政治理论课的实践教学探讨》	高校“思政课程”“实践教学”具有社会性，判断其课程性质不是依据教学开展场所，而是教学内容②
郭纯平（2014）《我国高校思想政治理论课实践教学研究》	实践教学是除课堂理论教学之外的各种教学活动。
孟彩云（2004）《高校政治理论课实践教学方法探微》	实践教学是相对于理论教学而言的，思想政治理论课实践教学可以在课内，也可以在课外；可以在校内，也可以在校外；可以说也可以做，认为谈话法、讨论法等属于实践教学方法
董浩军（2011）《对思想政治理论课实践教学的反思和建构》	高校“思政课程”“实践教学”是以课程大纲所要求的理论知识为基础和指导； 在实践中促使学生处理好自己与大自然的关系，正确看待自己与社会的关系，营造良好的人际关系
艾四林（2005）《新时期创新思想政治理论课教育教学的几点想法》	“思政课程”课堂教学中经典案例教学、咨询教学、学生演讲等教学方式属于课堂实践教学形式； 强调课堂教学与实践教学相结合，提出“开展课前、提倡课中、组织课后的三段式社会实践模式。”
钱广荣（2007）《高校思想政治理论课的实践教学探讨》	判定“思政课程”实践教学的标准并不是看其教学场所是否在社会，而是看其教学内容是否在社会，即是否富含社会实践性内涵
陈丽明（2010）《对高校思想政治理论课实践教学的思考》	高校“思政课程”“实践教学”是一种学生直接参加到社会生活中的具体的、感性的活动。它往往利用课余时间开展，与理论课相互配合

① 黄焕初、吴正国：《“全国高校公共理论课实践教学研讨会”综述》，《教学与研究》，2004年第11期，第94–96页。

② 钱广荣：《高校思想政治理论课的实践教学探讨》，《思想理论教育》，2007年第2期，第69–71页。

续表

作者及题目	文章主要观点
戴小江、王桂芳（2013）《探索高校思想政治理论课实践教学新模式》	狭义的“思政课程”实践教学是区别于课堂教学、利用社会实践等空间组织的教学活动
黄焕初（2005）《高校思想政治理论课实践教学环节的界定》	实践教学不同于理论教学、大学生社会实践，也不同于理工科类实践教育，实践教学与这三类实践形式之间有着很大的区别； 三者最主要的区别在于“以实践为师”“具有相应课程结构”“以社会为课堂”
张森年（2006）《提高高校思想政治理论课实效性的思考与探索》	借助其他教学手段与方法或由学生自主参与的一切教学形式，至于学生上台讲课及课堂讨论等作为值得提倡的教学方法，应当归属于课堂教学而不是实践教学
朱振玉（2006）《高职院校思想政治理论课实践教学的现状与对策》	“案例教学”和“参与式教学”都不是真正意义上的实践教学，它们只是改进思想政治理论课课堂教学的一种形式，同时指出教师举办知识竞赛、观看录像、听专家报告等也不是实践教学，这些只是课外理论学习活动
李松林、李会先（2006）《关于高校思想政治理论课实践教学的几点思考》	广义的实践教学，是指除理论教学之外的所有与实践活动相关的教学
杜红芳（2013）《对思想政治理论课实践教学几个问题的思考》	“思政课程”实践教学是形式多样的一项教学活动，既包括在课堂教学过程中的小组讨论、学生辩论等形式，还包括一些走出校园的活动，如志愿者服务、公益活动、参观烈士纪念馆等社会实践
李光胜（2014）《高校思想政治理论课实践教学探析》	“思政课程”实践教学是大学生思想政治教育教学过程中的一种基本教学模式，它通过开展一系列实践活动对大学生进行“思政课程”实践教学，促使大学生能够将理论知识运用到实践活动中，做到知行统一
陈志杰（2012）《高校思想政治理论课实践教学内涵及路径》	以思想政治教育教学为目的，去除理论课教学，其他所有与实践相关的教学方式，并且学生亲身参与到其中的都属于“思政课程”实践教学
黄振宣（2010）《高校思想政治理论课实践教学内涵的再思考》	“思政课程”实践教学的本质特征，“思政课程”实践教学活动的开展，关键因素与教育场地无关，而是在于开展的实践教育活动是否符合社会标准

续表

作者及题目	文章主要观点
戴钢书（2015)《高校思想政治理论课实践教学论》	戴钢书等指出实践内容的重要性，认为理论课与实践课相辅相成，共同阐述教育内容，二者具有共同的教育目标，只是形式方法不同；实践教学也是为了向学生传授知识，学生的积极主动性则是实践教学效果提升的重要体现

从以上列举的内容可以看出，广义的“思政课程”实践教学的主要观点有：“思政课程”实践教学既可以在课堂内进行，也可以在课堂外开展，它是不局限于空间的，是一切与实践相关的教学活动。狭义的“思政课程”实践教学的主要观点有：“思政课程”实践教学与课堂教学有别，是有效运用社会实践的方式组织进行的教学活动，主要方式有：志愿者服务、参观企事业单位、访问学者等。有学者指出，“思政课程”实践教学是“以理论教学的知识为依据，以实践教学的形式为载体，以长久的实践基地为保障，以学生在实践中所获取的成果为目标的理论联系实际的教学活动”。因为实践经费不能得到保障，实践场地受到限制，实践教学的队伍也缺乏高素质的教师，实践教学活动的开展受到制约。目前对于“思政课程”实践教学的内涵，研究者们没有一个明确的说法，但总体上更倾向于肯定广义实践教学的内涵。

（2）高校“思政课程”实践教学类型和形式的研究。“思政课程”实践教学内涵的不同也决定了其外延形式的差异，学界对“思政课程”实践教学形式的认识也是多样化的，主要有表 0-2 所示观点。

表 0-2 高校思想政治理论课实践教学类型和形式的研究归纳表

作者及题目	文章主要观点
周亚萍（2010)《对高校思想政治理论课实践教学改革的思考》	周亚萍认为高校“思政课程”实践教学的形式不同于普通的社会实践形式，应该具有其自身的特点，对于存在的一些重点问题，可以以课内实践的形式，让学生参与讨论或者演讲，通过这样的实践形式，学生学会了自主分析问题，将课堂所学知识用于实处； 另外参观考察爱国主义教育基地和假期社会调查也是实践教学的主要形式；另外，让学生参与社会劳动也是一种教学形式，学生不仅可以在劳动中感受生活不易，同时也加深了学生的社会参与感，在劳动中接受教育

续表

作者及题目	文章主要观点
张君、刘洁、龙兵（2017）《师生团队调研：高校思想政治理论课实践教学的有效形式》	他们认为在暑假期间，由老师和学生组成的团队深入实地调研，不但能够促进高校与地方的共同发展，而且能够促进老师和学生团队在实践过程中共同学习进步
柳礼泉（2007）《论思想政治理论课实践教学的形式》	关于实践教学主要形式的论述可以概括为以下几点： （1）基地教育，建立实践基地，开展实践教学； （2）社会实践活动，鼓励学生自主参加社会实践； （3）案例教学，通过典型案例的分析，加深学生的理解； （4）校园文化活动，参加校园文化活动，感受校园文化建设。 （5）研究实践，确立主题，开展实践，提供成果。
李松林、李会先（2006）《关于高校思想政治理论课实践教学的几点思考》	从时间、空间的显隐性角度，将“思政课程”实践教学的形式分为课上课下的、学期中和假期中的实践教学；课堂的与校园的实践教学；显性的和隐性的实践教学
高红艳、崔海波（2008）《“社会实践”之外——高校思想政治理论课实践教学的再思考》	根据实践教学发生的场域，将“思政课程”实践教学形式分为课堂实践教学、校内实践教学、社会实践教学，这也是大多高校所采取的实践教学形式分类法
董浩军（2011）《对思想政治理论课实践教学的反思和建构》	根据产生联系的方式不同，将“思政课程”实践教学分为体悟式实践教学、参与式实践教学与应用式实践教学
阎占定（2008）《对高校思想政治理论课实践教学中相关问题的探讨》	根据实践教学开展的空间地点、采取的方法手段不同，将思政课实践教学分为社会实践、语言表达、音像图书、第二课堂四大类，并对每一大类又进行了具体的细分
柳晓夫（2008）《高职思想政治理论课实践教学模式研究与应用》	从实践教学的功能上划分，将思政课实践教学的形式分为验证性、探索性、体验性及服务性实践教学
吕志、张居永（2010）《论思想政治理论课实践教学的形式及其实施》	认为可以将其分为“课内实践教学、社会实践教学、虚拟实践教学”等三种最基本的类型
张国镛（2014）《思想政治理论课实践教学的基本涵义和基本方式》	则根据场所的不同，将其划分为“课上的实践教学与课后的实践教学”两种形式。学者们对于高校思政课实践教学类型的划分争议很大，目前为止尚未达成一致意见

目前学界关于高校“思政课程”实践教学类型和形式的研究较多，学者们基于

对其概念认识的不同，划分的类型也大不相同。在上述“思政课程”实践教学的诸多形式中，学界比较有争议的是案例教学和社会实践活动，有学者主张它们是“思政课程”实践教学的形式之一，有学者则持否定态度。由此可以看出，高校思想政治教育实践教学形式繁多，各高校根据自身不同的实际情况制定了相应的实践教学大纲，采取了适合学生发展的实践教学形式，学术界在划分高校“思政课程”实践教学的教学形式上也没有形成统一的标准。

（3）高校“思政课程”实践教学特点的研究。高校“思政课程”实践教学既有实践教学的共性也有自身的特殊性，主要观点如表 0–3 所示。

表 0–3 高校“思政课程”实践教学特点的研究归纳表

作者及题目	文章主要观点
（1）思想价值引导性的特点。张国墉、江茂森（2007)《关于高校思想政治理论课社会实践教学环节的几点思考》	认为体现在实践教学上，强调“思政课程”实践教学是促使学生在亲身感受中提高道德认识与实践能力
（2）参与体验的感受性特点。李英、柴艳萍（2013)《高校思想政治理论课实践教学的内涵与特征》	认为“思政课程”实践教学要改变以往传统教学过程中的被动接收状态，强调亲身参与的重要性； 学生应带着在教学中获得的思想政治理论知识，走出课堂，深入社会实践
（3）教育效果的综合性特点。高继国、张春和、吴仁明（2014)《高校思想政治理论课实践教学评价体系构建》	从实践教学的构成要素出发，主要是实践教学的主体等要素存在多样性所导致的

（4）高校“思政课程”“实践教学”内容的研究。当前学界对于高校“思政课程”“实践教学”教学内容的认识没有形成共识，存在如表 0–4 所示观点。

表 0–4 高校“思政课程”“实践教学”内容研究的归纳表

作者及题目	文章主要观点
教育部社会科学研究与思想政治工作司（2005)《高校思想政治理论课实践教学的探索与思考》	实践教学内容主要包括思想素质教育、国情教育、爱国主义教育等，这些内容有助于学生在实践中对所学理论知识进行深化，同时和教学大纲相适应，能够实现理论与实践的结合。不同的课程具体的实践教学内容应该是不同的
朱云生（2009)《高校思想政治理论课实践教学模式研究》	实践教学应当实现课程化

续表

作者及题目	文章主要观点
欧洪湛（2007）《高校思想政治理论课实践教学探析》	教学内容不针对具体的理论知识点，侧重点在于理论课结束之后通过实践活动实现思想政治理论课的目的
阎占定（2008）《对高校思想政治理论课实践教学中相关问题的探讨》	教育者不能只是作为一个旁观者，而应当做积极的参与者，在参与过程中提高自身素质和能力，同时也拓展实践教学的领域

（5）高校思政课实践教学系统的研究。近年来，利用系统科学理论对思想政治教育相关内容进行了研究，促进了思想政治教育学科的发展。近年来，有些学者也进行了系统科学与“思政课程”的交叉研究，但是对于系统科学与“思政课程”实践教学交叉研究的相关文献却相对较少，主要观点如表 0–5 所示。

表 0–5　高校“思政课程”实践教学系统构成要素研究的归纳表

作者及题目	文章主要观点
郑春龙、邵红艳（2007）《以创新实践能力培养为目标的高校实践教学体系的构建与实施》	认为实践教学体系是由管理主体、教育主体、教育客体、教育介体四大要素构成的，所以构建高校思政课实践教学系统应包括目标体系、内容体系、管理体系、保障体系四方面
刘文娟（2008）《论高职思想政治理论课实践教学体系的构建》	认为高校“思政课程”实践教学系统应该由实践教学主导、实践教学主体、实践教学目的、实践教学内容、实践教学保障、实践教学管理六大要素构成。 虽然对系统要素的界定不同，但上述学者都一致认为，要素之间相互联系、相互作用的总和构成了高校“思政课程”实践教学系统内部相对稳定的组织形式和结合方式

（6）对高校实践教学系统构建方式的研究。其主要观点如表 0–6 所示。

表 0–6　“思政课程”实践教学系统构建的方式归纳表

作者及题目	文章主要观点
李小梅、蒋爱林（2009）《对构建思想政治理论课实践教学体系的探讨》	基于对问题的分析提出构建完善的实践教学体系需要整合实践教学内容、建设教学队伍、制定教学考核体系

续表

作者及题目	文章主要观点
朱翠兰、朱洪亮、王兆云（2007）《构建思想政治理论课实践教学体系的必要性》	认为“思政课程”实践教学系统的基本框架包括精心设计课堂实践教学，提高教学效果；合理设置课外实践教学，促进学生知行统一等几方面
李昌国（2011）《论高校思想政治理论课实践教学体系的构建》	从解决现存问题的角度出发，提出思政课实践教学系统包括目标体系、内容方法体系、条件保障体系、质量评价考核体系几个方面
徐彦秋（2013）《关于构建高校思想政治理论课实践教学体系的思考》	从高等院校人才培养目标与思政课教学内容相结合的角度出发，认为思政课实践教学系统应从思想、资源、方法、管理、评价五个层面进行系统构建。
吕志、刘小龙（2010）《论思想政治理论课实践教学体系构成及其建设》	认为应从提高教师队伍素质、彰显实践教学主体、精心设计实践教学目标、拓展开发实践教学形式与资源、完善实践教学保障机制、构建实践教学考核机制等方面进行思政课实践教学体系的建设
戴钢书等（2015）《高校思想政治理论课实践教学论》	从客观分析具体问题、总结他国教学经验、借鉴系统科学相关理论的角度出发，创造性地提出由“观、听、访、演、帮、思”六部分构成的链式“思政课程”实践教学体系
欧勇芬、姜献生（2013）《高职思想政治理论课实践教学体系构建探析》	根据系统科学的基本原理，从驱动、受动、调控和保障四个层面及教学目标、教学内容、教学方法、教学评价等十个下位体系构建了思政课实践教学系统
赵鸣（2014）《系统论视域下思想政治理论课实践教学模式的构建》	从系统科学角度出发，认为高校思政课实践教学具有内容系统化、管理系统化、运行过程系统化、质量监控及评价系统化等特点；并从加强领导、设立目标、加强管理、整合资源等方面提出了思政课实践教学系统的构建思路

从“思政课程”实践教学系统构建的方式研究可以看出，关于高校“思政课程”实践教学研究受到非常大的重视，研究内容日益丰富。然而，运用系统科学等理论对“思政课程”实践教学研究的文献相对比较少，并且研究内容与观点同质性比较高，需要进一步深化相关研究。再者，对于高校“思政课程”实践教学系统的构建和研究已经相对成型，但是，一些研究者主要从个人的教学经验出发，提出了一些方法、体系、机制和模式等观点，研究的系统性、科学性以及深度和广度等都还需要加强。最后，对于高校“思政课程”实践教学体系的学理分析还不够全面深刻。国内学者对高校

"思政课程"实践教学系统的研究多集中在系统构成的要素上，关于系统的结构与功能的探索和研究还比较少。当前，高校"思政课程"实践教学体系的管理机制还未形成，实践教学的随意性还较大。为此，需要从系统论的要求出发，在理论与实践结合方面探索形成完整、科学的实践教学体系，进一步提升"思政课程"实践教学的实效性。

（7）高校"思政课程""实践教学"现状的研究。其主要观点如表 0-7 所示。

表 0-7 高校"思政课程""实践教学"现状研究归纳表

作者及题目	文章主要观点
杨增岽（2016）《高校思想政治理论课实践教学的困境及突破》	当前高校"思政课程""实践教学"仍然存在一些突出问题，比如流于形式、规范化程度不足、部分教师缺乏胜任力、考评相对单一等问题
湛风涛、魏息平（2019）《思想政治理论课实践教学存在的问题与对策》	高校"思政课程""实践教学"存在对实践教学内涵认识有偏差、教学组织规范性不足、保障机制不够完善、缺乏严格的考核评价机制等问题
宋媛（2016）《新形势下高校思想政治理论课实践教学创新研究》	当前高校"思政课程"实践教学存在着以下问题：理论教学与实践教学的界限有待明确；学生参与实践教学的积极性有待提高；实践课程教学的方法有待改进，"主要表现为：个体型实践多、团体型实践少，形式过于涣散；假期实践多、假期外实践少，时间过于集中，缺乏持续跟进；服务型实践多、创新型实践少，内容过于形式，缺乏整体效益；强制性实践多、自主性实践少，管理过于强硬，缺乏自主创新；活动类实践多、理论类实践少，活动过于随意，缺乏理论提升。"①
陈丽明（2015）《对高校思想政治理论课实践教学的思考》	认为高校"思政课程"实践教学主要存在的问题有：高校领导、师生对实践教学认识不到位；经费不充分；实践教学管理不规范；保障机制不完善
李会先、李松林（2017）《高校思想政治理论课实践教学的困境及对策研究》	认为其主要存在着五个方面的问题，分别为教师缺乏能力与经验；活动经费缺乏；实践教学的时间和空间不规范；教学评价体系不完善；实践教学资源短缺等
班荣鼎（2016）《关于高校思想政治理论课实践教学的几点思考》	指出"思政课程"实践教学"在考核评价、经费投入、保障机制、师资队伍、教学活动组织等方面存在着问题"。目前学界对高校"思政课程"实践教学问题的相关研究较多，学术界普遍认为其问题主要表现在认识的欠缺，管理的缺位，资金的匮乏，组织的不规范等方面

① 宋媛：《新形势下高校思想政治理论课实践教学创新研究》，《思想理论教育导刊》，2016 年第 9 期，第 125-128 页。

续表

作者及题目	文章主要观点
郭纯平（2014）《我国高校思想政治理论课实践教学研究》	认为当前“思政课程”实践教学模式组织上科学性有待提升，参与度有待深化，开展的连续性有待加强，以及过程中教师缺乏指导
陈其胜（2012）《高校思想政治理论课实践教学：立论基础、现实困境、路径选择》	认为“思政课程”实践教学存在认识上失位、管理上失范、操作上失当的问题
尚发成（2015）《高校思想政治理论课“3+2”教学模式的实践与探索》	在“3+2”教学模式开展过程中发现学生被动参与及学生参与的广泛性难以保证等问题。“思政课程”实践教学必须充分尊重学生的主体性地位的发挥，若教师一包到底，学生在其中的体验性和参与感不强，其实效性将会大打折扣

从上述情况可以看出，学者们对当前高校“思政课程”“实践教学”现状和问题进行了较为深入的探索。总结存在的问题，主要体现在：一是在观念方面，教师、学校和学生的认识还不够到位，规划缺乏前瞻性；二是在教学方面，教学内容的体系性不强，主题还不够鲜明，过程设计的科学性还不够；三是在管理制度方面，还缺乏制度的供应，在课时、经费和人力等方面的保障还需要加强，还缺乏必要的协调和沟通机制。有学者从认识、组织、参与度、操作、保障等几个方面指出了当前“思政课程”实践教学模式存在的认识不足、组织缺乏科学性、参与度低、操作不规范及经费缺乏等问题。这些问题的存在影响实践教学的实际效果。

针对“思政课程”实践教学的现状和存在的问题，学者们提出了不同的解决问题的路径：一是整合各部门的力量，建立专门的机构负责高校“思政课程”“实践教学”；二是创新高校“思政课程”“实践教学”的方式和方法，提高高校“思政课程”“实践教学”的思想性、理论性、针对性和亲和力；三是建立健全高校“思政课程”“实践教学”的保障机制，为实践教学的开展提供充足的人、财、物的保障；四是建立科学合理的高校“思政课程”“实践教学”评价考核体系。认为建立健全实践教学的长效机制是解决当前高校“思政课程”“实践教学”的有效途径，具体来说要建立管理机制、保障机制、监控机制、评价机制等。除了建立健全长效机制之外，还应当给予微信、微博、短视频媒体等新媒体平台足够的重视，将其作为高校“思政课程”“实践教学”的重要载体和途径。

（8）提升高校思想政治理论课实践教学效果对策的研究。目前学界所关注的重点问题是如何有效地提升高校“思政课程”实践教学效果的对策，主要观点如表 0-8 所示。

表 0–8 有效提升高校“思政课程”实践教学效果的对策归纳表

作者及题目	文章主要观点
王朝方（2015）《论高校思想政治理论课实践教学的意义及其途径》	鲜明地指出解决高校“思政课程”实践教学开展过程中的问题是一个复杂的工程，主张通过“转变观念、提升重视、培养教师素质、完善管理制度、健全经费保障机制”等途径来解决存在的问题，切实地提升其教学效果
颜加珍（2016）《关于高校思想政治理论课实践教学的若干思考》	提出“首先必须要有完善的保障机制；其次必须有科学的课程安排；最后必须加强对思政课任课教师的专业培训”。目前学术界关于提升高校“思政课程”实践教学效果途径的研究，大多局限于从某个单一的方面来探究提升其教学效果的有效途径，而缺乏一定的系统性
黄蓉生、白显良（2009）《关于加强高校思想政治理论课社会实践教学环节的几点思考》	认为首先要把握“思政课程”的整体性，理解其内在关联，其次要加强政策、经费和组织保障建设等
陈其胜（2012）《高校思想政治理论课实践教学：立论基础、现实困境、路径选择》	提出首先要树立实践育人理念，其次要构建“思政课程”实践教学体系，其中包括教学目标和重点的确定及教材的编写等，构建保障和管理机制等。此外，部分学者着重通过某一具体“思政课程”实践教学模式解决问题
戴钢书（2015）《高校思想政治理论课实践教学论》	提出“观、听、访、演、帮、思”的实践教学链，凸显“思政课程”实践教学的程序性，且具有可操作性，教学效果明显可评估
何勇平（2006）《高校思想政治理论课实践教学模式建构研究》	从问题出发，设计了“思政课程”基于问题的实践教学模式。从问题的提出、探究、体验、交流经验、分享等来设计程序，可操作性强。但是经验性较强，对实践教学模式各要素的系统化整合有待进一步深化

（9）新机制、新形态和新模式的研究。其主要观点如表 0–9 所示。

表 0–9 “思政课程”实践教学新机制、新形态和新模式归纳表

作者及题目	文章主要观点
陈其胜（2012）《高校思想政治理论课实践教学：立论基础、现实困境、路径选择》	“思政课程”实践教学是提升“思政课程”实效性的重要途径，建立实践教学长效机制是摆脱现实困境的有效措施，应从建立管理机制、保障机制、监控机制、评价机制四个方面进行具体的对策思考

续表

作者及题目	文章主要观点
汪馨兰（2013）《高校思想政治理论课实践教学研究》	在其博士论文中指出，除了应建立健全实践教学的长效运行机制之外，在当前信息环境下，还应重视新媒体的作用，将构建虚拟实践教学作为“思政课程”实践教学的新形态
宋成鑫（2012）《高校思想政治理论课实践教学模式创新研究》	在借鉴其他院校有益经验的基础上，提出从实践教学与学生的思想实际出发，建立了“三结合”“三突出”的“三三”式实践教学模式。“三结合”是指：一是课上实践与课下实践相结合；二是集中实践与分散实践相结合；三是基地实践与生活实践相结合。“三结合”体现了实践教学在时间空间上的普及性、广泛性和灵活性。“三突出”是指：一是突出自主实践；二是突出情境实践；三是突出网络虚拟实践

2. 国外思想政治教育“实践教学”的研究现状综述

国外所开展的教育中虽然没有明确地使用“思想政治教育”一词，但是这并不意味着西方没有意识形态方面的教育；相反，国外的思想政治教育具有很多值得借鉴的地方。在国外具体的教育教学过程中把公民教育引入相应的课程之中，希望借此课程培养本国公民形成合乎本国要求的公民道德。国外除了非常注重公民教育以外，还十分重视在实践活动中挖掘和探索丰富的教育资源，并且取得了丰硕的研究成果，这些都为帮助我国高校研究思政课的实践教学积累了丰富的经验。

国外的“思政课程”被称为“政治教育”（Political Education）、“公民教育”（Citizenship Education）、政治社会化（Political Socialization）等，认为国外“思政课程”和“实践教学”存在以下研究和探索的主题：

（1）关于公民实践教学价值的研究。国外学者充分肯定了“实践教学”的重要价值，主要观点如表 0–10 所示。

表 0–10　国外公民实践教学价值的研究归纳表

作者及题目	文章主要观点
约翰·杜威（1990）《民主主义与教育》，王承绪译	杜威指出公民教学旨在提高学生参与社会的能力，它不仅要靠理论的灌输，更要靠学校和社会开展的实践来实现，以实现学校和社会的融合、学习与生活的融合

续表

作者及题目	文章主要观点
王琪（2011）《美国青少年公民教育理论与实践研究》	Fred Newinan 认为当前美国的公民教育理论多关注于知识的学习、认知能力的提高以及价值澄清等，缺乏实践环节，缺乏对受教育者行为能力方面的培养
郑珠仙（2014）《国家意识形态安全与大学生社会主义核心价值观教育研究》	James Younis 认为“实践教学”有助于培养学生的亲社会品格。青少年时期经常参加社会实践的人往往更加关注社会和社区，更倾向于加入各种志愿者组织，更加热心于参与各项公益活动
Rogof B. Apprenticeship in thinking: Cognitive Development in Social Context	苏联心理学家 Vygotsky 认为“实践教学”有助于产生人的高级心理活动；认为人在实践活动或者日常生活中逐渐形成了高级心理

（2）关于国外公民实践教学现状的研究。综合学者的研究，国外公民教育实施实践教学主要措施的研究状况如表 0-11 所示。

表 0-11　国外公民实践教学现状的研究价值的归纳表

主要做法	不同国家的具体举措
1. 专门机构负责，实施过程有坚实的政策保障。	（1）美国政府在公民实践教育方面设置了专门的组织机构，并提供充足的经费，制定相关的公民教育制度； （2）建立专门性机构负责制定公民教育的目标、方向、课程标准等的政策和文件； （3）美国负责公民教育的机构包括“美国公民教育中心”“美国社会科学全国理事会”等组织和机构； （4）各州负责教育的机构也会成立研究与评价体系，促进美国公民教育的良性发展。英国也建立了专门的机构负责公民教育评估
2. 社会、组织、学校相互协作共同发力	（1）国外的公民教育不仅体现在课堂理论教学上，而且延伸到校园活动和社区活动当中。 （2）美国投入大量资金开展了“课外教育计划”。美国每年有多达 840 万青少年参加各种类型的课外教育实践活动。 （3）利用各种社会组织和企业进行教育活动，定期不定期地聘请相关专家、成功企业家为学生作报告，进行交流。 （4）组织学生参观大公司，让学生近距离地感受企业文化。 （5）政府相关部门同各个高校、大学建立顺畅的沟通合作机制，开展相关参观访问活动，比如邀请学生参观各级政府机构，使学生了解政府的日常运作。

续表

主要做法	不同国家的具体举措
2. 社会、组织、学校相互协作共同发力	（6）为学生提供自我管理的机会，鼓励他们积极参与学校各项事务的管理，提高他们的责任感、主体意识和处理问题的能力。 （7）依托发达成熟的互联网基础，构建网络公民实践教育形式。在美国，很多学校普遍建立了相关网站，通过各种方式实现不同学校之间的资源共享，师生可以通过社交媒体如 Twitter、Facebook 等进行交流、构建线上与线下相结合的实践教学方式。 （8）一些亚洲国家也非常重视社区服务的教育价值。如新加坡从 1999 年就开始了学生社区服务计划，目的在于培养学生的利他精神。 （9）社区服务计划内容丰富、形式多样，包括友谊培养计划、体谅与互助计划、优美环境计划、校园自我管理计划、弱势群体服务计划以及其他服务计划。学校通过这些活动帮助学生了解社情民意，增强其作为社会成员的责任心，培养利他助人精神，有效地延伸、补充了理论教学
3. 构建以学校为主导的实践教学体系	（1）国外倡导实践教学贯穿整个学校教育过程；进行情景模拟，提高学生进行正确道德行为选择和解决现实冲突的能力。 （2）鼓励学生积极参与实践活动，亲身体验，制定多样化的考核体系，以确保课程实施的实效性。比如，加拿大侧重于培养学生的价值选择能力和职业道德。他们一般根据学生的专业背景开设不同的课程，学生可以根据自己的兴趣选择不同课程 （3）除了开设公民教育或道德教育的专门课程之外，国外很多高校还非常重视发挥物质形态教育资源的作用，积极开展隐性教育。比如，不列颠哥伦比亚大学的 MOA 人类学博物馆就是通过各种展览活动来增进学生对公民社会的了解，鼓励学生通过参与社区活动建立良好的社会关系，并为社会作出贡献 （4）新加坡立足于多民族、多文化的背景，从现实出发，构建起适合本国青年特点的学校德育体系。新加坡希望通过德育实践教学使学生学会站在对方的立场上思考问题，通过了解他人的需求和想法，注重培养利他主义价值观 （5）俄罗斯认为学校是帮助学生全面发展和培养学生思想品德的关键部门。公民教育应通过理论传授、课堂外活动、家庭内教育等途径进行。学校还应开设专门的道德课程，并将公民教育纳入基础课程当中，提高公民教育的重要程度

通过对国外公民教育现状进行研究分析，我们发现我国高校“思政课程”比较重视理论的灌输，而国外则比较重视隐性与渗透式的教育。我们在坚持本国成功经验的同时要积极吸收借鉴国外一些有益的经验，比如构建“学校、家庭和社会三维培养模式”等。

袁桂林（2005）在《当代西方道德教育理论》中对国外公民教育中的实践教学也作了一些介绍和分析。具体包括以下内容：

一是德国教育家凯兴斯泰纳非常地注重劳动实践教育，强调劳动和实践在对人的教育中所发挥的重要作用，并且认为这种作用是不可替代的。凯兴斯泰纳在《劳作学校要义》中，主张通过开设相应的劳作学校来对公民开展行之有效的教育。认为劳作这种教育方式能够充分地体现出实践教育的价值所在，能够将人的身心整合到一起，既锻炼了身体又锻炼了大脑，现在的国民所需要的正是这种教育，而不是传统的唯书本知识至上的教育，今日所需要的教育更多的是培养人们各方面的技能和能力。因此，凯兴斯泰纳主张在劳作学校里面具体开设一些实习工厂、烹调室、缝纫室以及实验室等，以便于能够在此系统地培养学生体力劳作的兴趣和各方面的劳动技能。凯兴斯泰纳关于劳作学校的思想极大地促进了学生发展多种技能，并且极大地推动了德国职业教育的发展。

二是关于社会行动德育。美国教育家弗雷德·纽曼（Fred Newman）在《公民行动教育技巧》中认为当代的道德教育大多偏向于价值澄清方面，过分注重增加学生的知识积累而缺乏对其相关实际行动的训练。德育不应该且不能单纯地只强调教育活动的本身，反而是更应该多关注于培养学生实际作用和影响客观社会环境的能力，用自身的实际行动来改变外在的客观环境，以达到理想的育人目标。他认为一个具有道德意识和道德行为的社会成员所必不可少的三种改变环境的能力，分别是作用事物、影响他人和影响公众事务。他提出并深入地阐述了社会行动教育模式，这一模式在提高学生研究和解决社会问题，锻炼学生道德推理能力，提高道德水平等方面都具有重要的积极意义。

三是关于道德实践模式的研究。西方国家不仅重视对实践道德教育相关理论的研究，在对人们进行道德教育的具体操作方式等方面也取得了一系列丰硕的成果，许多国家形成了丰富的道德实践模式。例如，德国通过校企协同的方式让学生在企业中参加实践，了解企业的运营过程，锻炼学生相关的实践能力；加拿大则采取了“Competency Based Education”（能力本位教育）模式，从学生的未来职业发展需求出发，有针对性地为学生提供职业实习的机会，培养学生的职业能力，为其以后进入社会奠定了丰富的实习经验；美国则努力地将学校学院与社区和工厂相结合，突破了年龄和地域的限制，促进了学院与社区工厂等的相互融合。了解和掌握这些模式对于丰富我国高校“思政课程”的实践教学方式方法具有重要的意义。

综上所述，国内外对“公民教育”或者思想政治教育实践教学都进行了大量的探索与研究，并且取得了一定的成绩。国内学者们所取得的成绩主要有：一是对于“思政课程”实践教学有一个全面、多维度的科学界定；二是学者们都较为全面地进行了理论方面的研究，对于具体操作方面的研究相对较少。西方国家对于公民教育的实践方面的研究比较早，其在具体实践操作过程中所积累的经验，对我国“思政课程”实践教学具有一定的借鉴价值。

（二）高校“课程思政”“实践教学”国内外研究综述

高校“课程思政”是新时代思想政治教育发展的重要方向和内容之一。中共中央、国务院颁发的《关于进一步加强和改进大学生思想政治教育的意见》中明确指出：“高等学校各门课程都具有育人功能，所有教师都负有育人职责。”“要深入发掘各类课程的思想政治教育资源，在传授专业知识过程中加强思想政治教育，使学生在学习科学文化知识过程中，自觉加强思想道德修养，提高政治觉悟。”① 简而言之，就是要发挥高校所有课程的育人功能，将知识传授与价值引领结合起来，做到“课程思政”与“思政课程”同向同行，形成协同效应。“课程思政”的提出不仅仅是从学科发展角度进行考虑，更是从我国高等教育“为谁培养人”“怎样培养人”“培养什么人”三方面进行的考量。新时代对高等教育提出了新要求，人民对高等教育有新的期待。提高高等教育发展的质量和效益，实现高等教育内涵式发展是关乎民族未来发展大计的重要战略抉择。近年来，学者们从不同维度探讨和推进“课程思政”及其实践教学研究，分析总结相关的理论成果，对于进一步推进“课程思政”建设工作具有重要意义。

1. 高校“课程思政”“实践教学”国内研究综述

（1）关于“课程思政”内涵的研究。

习近平总书记在全国高校思想政治工作会议上指出：“要用好课堂教学这个主渠道，思想政治理论课要坚持在改进中加强，提升思想政治教育亲和力和针对性，满足学生成长发展需求和期待，其他各门课都要守好一段渠、种好责任田，使各类课程与思想政治理论课同向同行，形成协同效应。”② 在实际工作中，可以看到通识课程和专业课程在理论教育方面下足了功夫，但在育人环节存在着明显短板，具体来讲就是课程的思想政治教育功能没有得到有效发挥。为了有效解决这一问题，“课程思政”的理念逐步形成和发展。尤其是上海市教育主管部门在进行学校思想政治教育的综合改革过程中，“逐步提出和形成‘课程思政’理念”，强调在加强和改进思想政治工作的过

① 中共中央、国务院：《关于进一步加强和改进大学生思想政治教育的意见》，中华人民共和国教育部网站，2004年10月15日。

② 《把思想政治工作贯穿教育教学全过程 开创我国高等教育事业发展新局面》，《人民日报》，2016年12月9日。

程中，要从“育人”的本质出发，“深入发掘各类课程的思想政治理论教育资源”。① 在时代发展和实践探索的背景下，“课程思政”作为新的育人理念得到不断的深入探索与实践。

关于课程思政的内涵，当前学术界并无统一界定。学者们从各自不同的角度对其进行了阐释，主要存在“理念说”“活动说”和“方法说”，具体如表 0-12 所示。

表 0-12 关于“课程思政”内涵研究的归纳表

作者及题目	文章主要观点
1. 认为是一种“理念传播”。 (1) 高德毅、宗爱东（2017）《课程思政：有效发挥课堂育人主渠道作用的必然选择》	(1) 认为“课程思政”的实质是将高校思想政治教育融入课堂教学和改革的各环节、各方面，其采用的方法是“润物无声”，终极目的则是立德树人
(2) 邱伟光（2017）《课程思政的价值意蕴与生成路径》	(2) 从知识与价值的关系角度点明了“课程思政”的理念是注重在价值传播中凝聚知识底蕴，在知识传播中强调价值引领
(3) 王学俭、石岩（2020）《新时代课程思政的内涵、特点、难点及应对策略》	(3) 从“课程思政”的本质、理念、结构、方法和思维等维度来认识和把握“课程思政”的内涵，认为“课程思政”在本质上是一种为实现立德树人的教育，是基于协同育人理念，倡导显性和隐性教育有机结合的方法，以科学创新的思维方式实现知识传授、价值塑造和能力培养的多元统一的教育理念
2. 认为是一种“实践活动”。 (1) 何玉海（2019）《关于“课程思政”的本质内涵与实现路径的探索》	(1) 认为“课程思政”是指在全员参与下，通过运作包括显性课程和隐性课程在内的整个课程，对学生予以全方位、全过程的思想政治教育的活动与过程
(2) 赵继伟（2019）《“课程思政”：涵义、理念、问题与对策》	(2) 从课程与思政的关系角度进行阐释，认为课程思政是依托、借助专业课、通识课而进行的思想政治教育实践活动
3. 认为是一种“教学方法”。 (1) 陆道坤（2018）《课程思政推行中若干核心问题及解决思路基于专业课程思政的探讨》	(1) 认为“科学的课程思政能够将思想政治教育的要求与课程自身的思想政治教育内涵相融合，使思想政治教育的因子融入课程之中”

① 高德毅、宗爱东：《课程思政：有效发挥课堂育人主渠道作用的必然选择》，《思想理论教育导刊》，2017 年第 1 期，第 131-134 页。

续表

作者及题目	文章主要观点
(2) 闵辉 (2017)《"课程思政"与高校哲学社会科学育人功能》	把"课程思政"作为一种科学的教学方法来实施体现了思想政治教育方法的创新。从战略高度上认为"课程思政"是一种课程设置理念的革新，是一种整体性的课程观

通过分析学者们对"课程思政"的内涵界定，主要有：一是认为专业课程和思想政治教育需要深度融合，并就如何融合进行了分析；二是认为在专业课程中需要注重价值传导和思想引领，进而提升受教育者的政治觉悟。因此，可以这样理解"课程思政"的内涵，即除"思政课程"以外，在其他所有课程中包括通识课程、专业课程，都要将知识传授和价值引领有机统一，通过"润物细无声"的方式，引导学生树立正确的世界观、人生观和价值观，把青年大学生培养成为新时代中国特色社会主义事业的建设者和接班人。

(2) 关于高校"课程思政"建设存在困境的研究。

学术界对"课程思政"建设中遇到的困难进行了分析，认为主要问题在于：高校教师的总体育人意识和育人能力需要进一步提升，专业课程的思想政治教育元素有效挖掘不够，体制机制建设还需要进一步完善。表 0-13 是部分研究对目前高校"课程思政"建设存在问题的分析。

一是认为教师成为推动"课程思政"改革创新的关键因素，主要观点如表 0-13 所示。

表 0-13　高校"课程思政"建设存在问题的归纳表（一）

作者及题目	文章主要观点
刘清生 (2018)《新时代高校教师"课程思政"能力的理性审视》	教师是课堂教学的第一责任人，直接关系到育人的成效。然而，高校教师在开展"课程思政"时存在认识上的偏差、导向上的偏失、机制上的偏颇等问题。 同时，少数高校教师自身也面临理想缺失、信念模糊、急功近利等问题，这些因素都阻碍了"课程思政"的有效推行
杨建超 (2019)《协同育人理念下高校"课程思政"改革的理性审视》	教师是推进"课程思政"教育改革的执行者，但很多高校的师资能力还存在诸多不足，突出体现在教师对思政理论的理解和把握能力不足、教师的人文知识积累及运用能力不足、教师对思政元素的挖掘能力不足等方面

续表

作者及题目	文章主要观点
罗仲尤、段丽、陈辉（2019）《高校专业课教师推进课程思政的实践逻辑》	由于缺乏对不同专业课程的统筹规划、分类指导，专业课教师在推进课程思政时出现随意主观化的倾向。此外，由于评价内容单一、评价方式过于量化、育人实际成效对教师职业发展影响度低等，教师在育人中出现选择性缺位

二是部分教师对专业课程的思想政治教育元素挖掘不够，主要观点如表 0–14 所示。

表 0–14　高校“课程思政”建设存在问题的归纳表（二）

作者及题目	文章主要观点
陈磊、沈扬、黄波（2020）《课程思政建设的价值方向、现实困境及其实践超越》	对课程思政建设中的实践困境进行分析，认为在课程思政探索过程中，存在对思政元素理解泛化，不知如何将思政元素有机融入专业教学而不流于形式等困境
胡洪斌（2019）《课程思政：从理论基础到制度构建》	从课程资源开发和利用的角度进行阐述，认为相比于“思政课程”中思想政治教育资源挖掘和利用的直接性和整体性，专业课教学中的思政资源在客观上呈现出隐蔽性、随机性、渗透性的特征，比思政课面临更大的教学难度

三是推进“课程思政”建设的体制机制不够健全，主要观点如表 0–15 所示。

表 0–15　高校“课程思政”建设存在问题的归纳表（三）

作者及题目	文章主要观点
朱广琴（2019）《基于立德树人的“课程思政”教学要素及机制探析》	认为“课程思政”在统筹设计的体制机制上还存在“低”的问题，在具体落实的体制机制上还存在“粗”的问题，在评价监督的体制机制上还存在“空”的问题；认为应加强顶层设计、制度建设和评价体系方面的三维共进
高燕（2017）《课程思政建设的关键问题与解决路径》	在体制机制建设方面，“课程思政”面临的关键问题是要构建多学科的教学合作和激励机制，形成思政课教师和其他专业课教师的信息沟通渠道、教学交流机制和智库共享资源，这是课程思政常态化发展的重要保证

（3）关于高校“课程思政”建设路径与机制的研究。为了解决“课程思政”在实践过程中面临的现实困境，学者们也纷纷从各个方面提出了自己的观点。

一是着力提升教师的课程思政意识与能力，主要观点如表 0-16 所示。

表 0-16 高校“课程思政”建设路径与机制的归纳表（一）

作者及题目	文章主要观点
成桂英（2018）《推动“课程思政”教学改革的三个着力点》	要从激发和培养专业课教师的“课程思政”意识入手，健全绩效考核管理机制，消除专业课教师关于引入思政内容会冲淡专业教学的思想顾虑，提高专业课教师的思想政治理论水平，坚定正确的政治方向
成桂英、王继平（2019）《教师“课程思政”绩效考核的原则和关注点》	对教师“课程思政”绩效考核作了具体阐释，指明了教师“课程思政”绩效考核的原则和关注点
张驰（2020）《教师的课程思政建设意识及其培育》	强调以隐形备课的方式提高教师对课程思政的敏感度，在精准评价中提升教师参与“课程思政”的热情
顾晓英（2020）《教师是做好高校课程思政教学改革的关键》	认为教师的育德意识与育德能力的提升既需要建立校领导带头讲好“思政课程”的制度，也需要完善“课程思政”平台建设，加强针对教师的专题培训，同时建立起协同运作的“大思政”格局，激发广大教师从事“课程思政”教改的积极性和主动性

二是充分挖掘专业课程中的思想政治教育元素，主要观点如表 0-17 所示。

表 0-17 高校“课程思政”建设路径与机制的归纳表（二）

作者及题目	文章主要观点
邱伟光（2017）《课程思政的价值意蕴与生成路径》	挖掘课程的思想政治教育资源是影响“课程思政”生成因素的先决条件，他主张“课程思政”建设要与学科体系建设相结合，明确学科育人资源，着力形成“课程思政”的教学指南和规范，在教学各环节都明确育人要求
许家烨（2021）《论课程思政实施中德育元素的挖掘》	德育元素挖掘的力度和效度在很大程度上决定“课程思政”推进的深度和发展的高度，有效地挖掘课程中的德育元素，要坚持以教学规律为依循、以古今资源为依托、以教师队伍为主力、以制度建设为保障
朱广琴（2019）《基于立德树人的“课程思政”教学要素及机制探析》	认为思想政治教育元素要在教材、教师和教学方法三个层面同专业课程有机结合。深入挖掘专业课中蕴含的思想政治教育元素不能只贪图数量，而是要合理有效，将梳理好的思政元素进行归类并合理融入教案。思想政治教育元素有效融入专业课也有赖于教师主观能动性的发挥，以及对教学方式的合理选择

三是完善“课程思政”的体制机制，主要观点如表0-18所示。

表0-18 高校“课程思政”建设路径与机制的归纳表（三）

作者及题目	文章主要观点
娄淑华、马超（2021）《新时代课程思政建设的焦点目标、难点问题及着力方向》	从体制机制建设对推进“课程思政”建设的重要性出发，认为制度安排是“课程思政”建设的核心驱动，保障机制是“课程思政”建设的外在驱动，强调要以激励为内核的正向驱动、以监督为内核的规范约束以及评估机制为切入点来健全“课程思政”的保障机制。“课程思政”的机制包括激励机制、管理机制、评价机制、监督机制、保障机制、领导机制，等等。学界普遍认为要加强顶层设计，完善领导机制，健全考核和评价机制
王石、田洪芳（2018）《高职“课程思政”建设探索与实践》	要形成由教务部门牵头、大学生思想政治教学部门协助、教学质量监控部门评价的领导机制与考核机制
孙燕华（2019）《创新教学管理推动高校课程思政改革与探索》	创新教学管理体制机制，要突出落实党委主体责任，建立健全组织保障，制定完善的规章制度。只有从大局进行突破，才能提升“课程思政”整体水平

（三）高校“思政课程”与“课程思政”实践教学研究综述

关于“思政课程”与“课程思政”的融合问题，学者们从两方面进行了分析：一方面是为什么要将“思政”与“课程”融合的问题，这关涉“思政课程”与“课程思政”之间的关系；另一方面是思政元素与课程怎样融合的问题，在这一方面，学者们以具体的课程为例，探讨如何将“思政课程”与其他课程融合。

第一，关于“思政课程”与“课程思政”的关系。“思政课程”与“课程思政”的本质都是育人，在根本使命上具有一致性，最终目标都是实现立德树人。大多数学者认为“思政课程”与“课程思政”是同向同行的关系。邱仁富认为，要正确处理“思政课程”与“课程思政”“同向”与“同行”的辩证关系：“同向”就是政治方向、育人方向要一致，文化认同要有统一性；“同行”就是要步调一致、相互补充、相互促进、共享发展。同向同行的问题实质上是认识与实践的统一性问题，“同向”是“同行”的前提，“同行”是“同向”的目的。[①] 董勇认为从“思政课程”向“课程思政”的转化有独特的价值内涵。

首先，从“思政课程”到“课程思政”是“因势而新”的思想政治教育理念升

① 邱仁富：《“课程思政”与“思政课程”同向同行的理论阐释》，《思想教育研究》，2018年第4期，第109-113页。

华，有利于进一步发挥人的主体性，突出体现了以人的发展为根本目的；其次，是“因事而化”的由单一化转向多学科融入的路径、由灌输说教转向隐性渗透的方法的思政内涵转型；最后，是“因时而进”的话语体系、内容体系、传播体系和队伍体系的思政体系重构。①

另外一些学者认为，“思政课程”与“课程思政”是辩证统一的关系，是既有联系又有区别的。许硕和葛舒阳认为，“思政课程”与“课程思政”在教育教学目标、承担责任使命和教师品德要求方面具有价值指向的一致性，但也要充分认识其在思想教育内容、教育载体和教育方法等方面的差异性。② 同时，“思政课程”与“课程思政”是互补的关系。一方面，“思政课程”为“课程思政”提供理论指导以及富有哲理性的思政元素；另一方面，“课程思政”也为“思政课程”提供丰富的实践专业案例，让学生能够更好地认识抽象的理论观点。实际上，从“思政课程”到“课程思政”，正是理论要与实践相结合的一个有力论证。正确把握“课程思政”与“思政课程”的关系，对于推进“课程思政”建设具有重要意义。

第二，关于“课程思政”与“思政课程”融合的必然性。问题是时代的声音，“思政课程”与“课程思政”的融合有其必然的现实意义。“课程思政”的理念旨在解决长期以来思想政治教育与其他专业课程教育严重脱节的问题。因此，实现“课程思政”与“思政课程”的融合就是要构建融思想政治理论课、通识课、专业课等多门类课程于一体的立体化课程体系。陈艳从政治任务、职业工作维度和本质任务角度探讨推进高校“课程思政”与“思政课程”融合的必然性，认为推动“课程思政”与“思政课程”交互融合是学习贯彻习近平新时代中国特色社会主义思想的必然要求，是尊重思想政治教育规律和大学生成长规律、提升高等教育质量的必然要求，是实现教书与育人相统一的必然要求。③ 实质上，“课程思政”与“思政课程”同向同行就是两者融合在学理层面的表述。

第三，关于“课程思政”与“思政课程”融合路径的分析。学者们对“课程思政”与“思政课程”融合的路径进行了充分的探讨，不仅从宏观层面进行了把握，也从微观层面提出了两者融合的具体措施。陈艳认为高校要实现“课程思政”与“思政课程”交互融合有四个关键：其一，领导重视，其二，理念转变，三是课程改革，四是建设好教师队伍。④ 每一门课程的领域不同，话语体系也存在较大的差别，因此，在思政元素的选取上应做到具体课程具体分析，不能一概而论。

第四，较为深入地探索高校“思政课程”与“课程思政”实践教学体系的研究状

---

① 董勇：《论从思政课程到课程思政的价值内涵》，《思想政治教育研究》，2018 年第 5 期，第 90-92 页。

② 许硕、葛舒阳：《“思政课程”与“课程思政”关系辨析》，《思想政治教育研究》，2019 年第 6 期，第 84-87 页。

③ 陈艳：《论高职院校“思政课程”与“课程思政”的交互融合》，《思想理论教育导刊》，2018 年第 12 期，第 110-112 页。

④ 同③。

况。目前，比较系统深入的研究成果主要体现在以下方面：

一是朱丽霞主编，武汉大学出版社出版的《课程思政视域中的思想政治理论课“三合一”实践教学模式研究》一书[①]。该书从三个方面展开了较为系统的探索：其一，“三合一”实践教学模式的基本理论研究。包括：新时代思政课教师六种素养的培育；课程思政视域下“三合一”实践课程整合模式探讨；推进“三合一”实践教学模式中的师生教学相长；高校思想政治理论课实践教学模式创新的启示；理论规定在思政实践调查中的作用与意义研究。其二，“三合一”实践教学模式的问题研究。包括：思政课实践教学的规范化建设；课程思政视域下思政理论课实践教学改革；课程思政背景下的高校思政课实践教学问题探析；同向同行：“思政实践教学和专业实践教学的协同推进”；课程思政视域下计算机专业实践教学问题与对策。其三，“三合一”实践教学模式的路径研究。包括：资源与路径：高校师生典型案例在“思想道德修养与法律基础”课教学中的运用；武汉红色文化资源运用于高校思政课实践教学的探讨；高校思政课实践教学的媒体融合；思政教育“嵌入式”专业教学模式及融合路径研究；高校思想政治课程实践教学与大学生社会实践融合浅析；落实“三合一”实践教学模式的三个着力点；“慕课”视角下高校思想政治理论课实践教学改革的探究；论“三合一”实践教学模式下学生自我教育在志愿服务中的实现。

二是谢瑜著，西南交通大学出版社出版的《思政课程与课程思政融合的教学研究》一书[②]。该书介绍了西南交通大学的教师们，以工科办学为背景，积极探索了“课程思政”与“思政课程”的关系，以及如何具体地实现两者在理念、内容、方法等方面的融合。“思政课程”与“课程思政”的融合不仅仅要在观念上形成共识，更要在实践中“落地生根”。“思政课程”与“课程思政”之所以能够融合，是因为其在核心目标上的一致性，即本质都是为了育人。

书中反映的教学实践证明，在“思政课程”与“课程思政”的融合过程中，教师有必要根据教育对象的特点、教学活动实施的环境以及教学内容和目标选择适宜的教学方法。“思政课程”与“课程思政”融合路径的建立是其中的关键，它不仅关乎融合之后的课堂能否受到学生的喜爱，更决定了融合后的教学质量和课堂效果。如果融合的方法欠佳，那么“思政课程”与“课程思政”的融合只能是“生拉硬扯”，这样课程思政建设的效果就会大打折扣，甚至适得其反。该书从以下方面进行了深入探索：其一，“融合之思”：“思政课程”与“课程思政”的理念交互。包括：思政课程维度：“三全育人”视域下的融合理念探索；课程思政维度：工科课程改革视域下的融合理念探索。其二，“融合之实”：“思政课程”与“课程思政”的内容嵌入。包括：国际视野与思政课的融合——国际政治理论嵌入“思政课程”；人文素养与专业课的融合——

① 朱丽霞主编：《课程思政视域中的思想政治理论课“三合一”实践教学模式研究》，武汉大学出版社，2021年版。

② 谢瑜著：《思政课程与课程思政融合的教学研究》，西南交通大学出版社，2021年版。

思政元素嵌入高等数学课程思政；科学思维与专业课的融合——思政元素嵌入基础力学课程思政。其三，“融合之法”：“思政课程”与“课程思政”的方法协同。包括：基于“问题意识”视角的研究生思政课对话式教学法；基于话语建构视角的自然证法课程的中国话语教学法；基于环境视角的工科课程思政情境教学法；基于学习迁移视角的理科课思政关联教学法；基于实践视角的社会科学课程思政实践教学法。其四，“融合之效”：“思政课程”与“课程思政”的融合教学评价反馈等。

三是傅畅梅等著，东北大学出版社出版的《课程思政建设背景下思想政治理论课实践教学研究》这部著作①。该书介绍了在“课程思政”的大背景下，沈阳航空航天大学马克思主义学院从事思想政治理论课理论教学和实践教学、从事线下和线上“混合式”教学的几名教师，共同探讨的这一主题。在已有研究的基础上，思政课线上线下“混合式”教学、思政课的实践教学、课程思政等主题成为思政课教学研究的中心主题。认为思政课的教学在注重线下教学的同时，也要注重线上资源的利用，即进行“混合式”教学；在注重理论教学的同时，也要强调实践教学的重要性；在强调思政课教学的同时，也要注重“课程思政”，强调全员、全程、全方位育人体制机制。具体探索了：课程思政背景下的思政课实践教学；课程思政背景下的思政课“混合式”实践教学；课程思政背景下各门思政课实践教学环节的逻辑关系；课程思政背景下思政课实践教学统筹的层次性；课程思政背景下思政课实践教学的衔接性；课程思政背景下思政课实践教学统筹设计问题；课程思政背景下的思政课实践教学考核体系建设；课程思政背景下的思政课实践教学制度建设等。

可以看出，这三本著作，是目前为数不多的专门研究“思政课程”与“课程思政”相互融合，以及“思政课程”与“课程思政”实践教学相互融合的路径和方法的研究成果，对于进一步开展“思政课程”与“课程思政”实践教学体系的探索具有重要的参考意义和价值。

综上所述，学术界对“课程思政”与“思政课程”的探讨与探索已经取得了一定的成绩，但也存在实证研究不足、具体可操作实施的方案较少等问题。

一方面，理论研究取得了一定成果，但是实证研究还不足。学者们对于高校“思政课程”实践教学研究理论层面的探讨相对较多，包括“课程思政”与“思政课程”的关系和课程设置，也提出了一系列举措，包括主体、制度、观念。缺乏具体的调研和实证分析，导致提出的对策建议较为类似。因此，进一步开展实证分析，发现问题并善于解决问题，才能推动高校“课程思政”与“思政课程”实践教学体系探索的进一步深化。

另一方面，对于高校“课程思政”与“思政课程”实践教学体系建构的宏观思路

---

① 傅畅梅、曲洪波、赵永梅等著：《课程思政建设背景下思想政治理论课实践教学研究》，东北大学出版社，2020年版。

较多，微观探索还不够深入。学者们针对推进高校“课程思政”或者“课程思政”实践教学的举措等从不同的维度提出了看法，但大多数是从宏观维度的分析，缺乏具体的可供借鉴的有效措施。在新时代，高校“课程思政”与“思政课程”实践教学有机融合是一个长期的不断深化的过程。厘清相关概念、开展实证研究并提出具体改革创新方案是推动高校“课程思政”和“思政课程”整体性和系统性建设研究进一步深化的关键。

需要深化研究的内容还包括：一是厘清相关概念。研究需要对“思政课程”“课程思政”“实践教学”“大思政”等概念进一步探索和深化。二是开展“思政课程”与“课程思政”课堂教学和实践教学的系统性、整体性的实证研究，并把规范分析和实证分析有机统一，并提出具体的改革方案。

三、研究方法

（一）文献研究法

根据“课程思政”与“思政课程”实践教学的融合这一研究主题，通过中国知网、图书馆等线上和线下途径，搜集相关文献资料，对其进行梳理、归纳，从而全面、正确地把握“思政课程”与“课程思政”课堂教学尤其是实践教学发展的现状。运用历史演绎的方法进行梳理和分析，为深入研究提供理论支持和文献支撑。

（二）调查研究法

通过问卷调查和个别访谈法，对“思政课程”与“课程思政”的“实践教学”的教师和学生开展系列问卷调查。通过设计相关问题，对教师、学生等进行面对面的深入访谈，探析他们的政治认识与价值认同的一般情况、对专业课教学中所蕴含的思想政治教育的关注度和可接受度、对教学内容的评价与反馈、对教学方法的评价与建议等，从而为今后进一步提升“思政课程”与“课程思政”实践教学建设水平提供方法和思路。

（三）案例分析法

通过将“思政课程”与“课程思政”实践教学中的相关问题作为实例，具体分析思想政治教育元素是如何与“思政课程”与“专业课程”教学融合在一起的。在探索过程中，分别以“课程思政”协同“思政课程”的实践教学路径探索，以及“思政课程”协同“课程思政”的实践教学路径探索两个维度，通过具体的教学实例探索两者融合的路径。

（四）学科交叉法

交叉研究法也称“跨学科研究法”，是综合运用多种学科的方法、理论和成果对课题进行综合性研究的方法。运用教育学、心理学、思想政治教育学、语料库语言学、统计学、文化人类学等理论开展“思政课程”和“专业课程”课堂教学和实践教学的系统性和整体性调查研究，从中梳理出有益成果为研究顺利开展和达到预期成果提供相应的理论借鉴，努力探索新的路径和方法。

四、研究的思路和创新点

（一）研究思路

以马克思主义理论尤其是习近平新时代中国特色社会主义思想为指导，按照中共中央、国务院、中宣部、教育部等关于加强高校思想政治教育的重要文件精神，把“思政课程”与“课程思政”教学尤其是围绕两者的“实践教学体系”建设这一研究主题，以改革创新为动力，以“思政课程”与“课程思政”教学改革为抓手，以多学科交叉研究为理论依据和研究方法，勇于探索，不断创新，突破“思政课程”与“课程思政”一体化和整体性实践教学问题，努力培养一大批德智体美劳全面发展的新时代中国特色社会主义事业的建设者和接班人。

（二）创新点

1. 角度新

本课题从“思政课程”与“课程思政”一体化和整体性实践教学问题入手，探索这一在实践中的突出问题、薄弱问题和难以被关注的问题。新的探索视角，对“思政课程”与“课程思政”一体化和整体性建设具有重要价值。

2. 方法新

本课题研究充分利用教育学、心理学、思想政治教育学、语料库语言学、统计学、文化人类学等理论开展“思政课程”与“专业课程”课堂教学和实践教学的系统性和整体性研究，在研究方法上具有新的特点。尤其是运用语料库语言学、计算机等信息技术、计算语言等理论开展探索和研究，在定量研究的基础上，努力进行科学的定性研究等判断和分析。再者，运用系统论、信息论和控制论等科学的理论和方法开展整体性探索和研究。

3. 观点新

结合“思政课程”与“课程思政”实践教学体系建构的理论基础、实践探索和调查分析，探索了“课程思政”与“思政课程”相互协同的实践教学体系内容和路径。提出了“四大协同”的对策建议：“理念协同”，增强“思政课程”与“课程思政”实践育人理念；“全员协同”，凝聚“思政课程”与“课程思政”实践育人力量；“载体协同”，完善“思政课程”与“课程思政”实践育人平台；“机制协同”，健全“思政课程”与“课程思政”协同育人机制。

第一章

“思政课程”与“课程思政”实践教学体系的理论和实践基础研究

实践论是马克思主义的重要理论。其中，“实践的观点是辩证唯物论的认识论之第一的和基本的观点。”① 而学校教育作为社会实践活动的一种特殊形式，是由人作为主体而得以构建起来的。教育依托于实践而形成，在实践中得以发展，并最终由实践检验教育的最终成效。因此，实践必须始终贯穿于学校教育的各种形态，才能彰显教育的本质要求。当前，“思政课程”与“课程思政”实践教学体系以马克思主义理论为遵循，以实现人的自由全面发展为旨归，成为实现新时代立德树人根本任务的重要课题之一。

一、“思政课程”与“课程思政”实践教学体系的理论基础

（一）明确高校思想政治理论课教学的实践属性

1. “思政课程”本身的实践属性

2005 年 2 月，中共中央宣传部与教育部共同发布了《中共中央宣传部、教育部关于进一步加强和改进高等学校思想政治理论课的意见》，其中强调指出：“思政课程”要“通过形式多样的实践教学活动，提高学生思想政治素质和观察分析社会现象的能力，深化教育教学的效果”②。即“思政课程”实践教学的重要目标是通过实践教学活动来提高学生的能力，而这个能力则是通过马克思主义理论学习改造思想而培养起来的。今天，“思政课程”之实践教学仍是思政课教学的主体内容。在具体教学过程中，多样化的实践教学与传统的理论教学积极配合，互相促进，共同组成思想政治理论教学的重要两翼。具体而言，思政课之“理论教学”立足于掌握马克思主义理论，认识人类社会发展之基本规律，了解马克思主义的立场、观点与方法，以马克思主义的世界观、人生观、价值观，丰富并改造国内青年学生的思想，最终拥有改造世界的物质力量。科学的理论如果要转化为现实的物质力量，则必然经过实践。毛泽东指出：“抓着了世界的规律性的认识，必须把它再回到改造世界的实践中去”③。因此，“思政课程”“实践教学”必须贯穿于理论教学过程中，即通过实践活动（如专业课实习、志愿服务、社会调查、公益活动等）引导广大青年学生学会正确地运用马克思主义的理论与方法，同时，在多样化的实践活动中，印证马克思主义理论的科学性、实践性，最终落脚于提高青年学生的思想政治素质以及观察、分析社会现象，处理社会问题的

---

① 《毛泽东选集》第 1 卷，人民出版社，1991 年版。

② 教育部社会科学司：《普通高校思想政治理论课文献选编（1949—2006）》，中国人民大学出版社，2007 年版。

③ 同①。

能力。总之，实践属性是“思政课程”的核心属性。这一核心属性的展现，需统筹教师的实践主导性与学生的实践主体性，使“思政课程”实践成为同各类社会实践、具体专业实践并列的重要实践活动。

2.“思政课程”实践属性与社会实践、专业实践的必然联系

在各类实践教育中，“思政课程”的实践教学并不独立于其他实践教学活动，恰恰相反，“思政课程”的实践教学与各类社会实践、具体专业实践存在密切的关联。一方面，思想政治理论课所必须掌握的马克思主义理论，是一代又一代马克思主义理论者在具体的革命、建设、改革的生产实践活动中，对人类社会发展一般规律的深刻总结，凝结着一切社会生产实践活动的本质内容。二者是一般与个别的辩证关系。因此，“思政课程”的实践教学必须与各类社会实践、具体专业实践发生关系，才能体现马克思主义理论本身的实践性与科学性。另一方面，“隔行如隔山”，各类社会实践、具体专业实践的多样化特点，使不同专业的青年学生形成不同的专业素养和社会体验，缺乏一定的规范性。而具有主流意识形态色彩的“思政课程”的实践教学以其独特的理论性与政治性，规范着各类社会实践与具体专业实践。因此，“思政课程”的实践教学与各类社会实践、具体专业实践存在密切的关联。同时，也必须清醒地意识到并突出“思政课程”实践教学本身的特点，才能更凸显“思政课程”的实践属性以及“思政课程”实践教学与各类社会实践、具体专业实践之间的关联。

（二）明确高校“思政课程”与“课程思政”中“实践课程”的思政育人价值

在大学各专业的培养计划中，包含着大量的实践课程，组成了高校实践课程体系，占据着客观的学分学时，实践课程是各高校课程体系中的重要组成部分。毛泽东谈道，“通过实践而发现真理，又通过实践而证实真理和发展真理。”① 由此，人们在具体的实践活动中将获得感性认识与理性认识的交互提升。这一辩证唯物论的认识论具体到高校“思政课程”与“课程思政”中“实践课程”的价值，则突出表现为思政育人价值。

1. 高校“专业课程”中“实践课程”的思政育人价值

高校各类专业课中“实践课程”的“思政教育”价值体现在两个方面：一是各类专业学科中“实践课程”本身内含的思政育人价值。一门学科的形成，是经过几代人的努力，经过社会实践的考验，最终成为科学。因此，不同专业学科中“实践课程”的内容、过程、方式、活动、要求本身就存在着品德、人格形成、发展的要素，并通过实践教学展现出来。比如大学机械电子工程专业本科培养方案，其实践课程体系包

---

① 《毛泽东选集》第1卷，人民出版社，1991年版。

括入学时的军事训练，专业相关的电子实习、金工实习、生产实习、毕业实习、多门课程设计，学工相关的社会实践。二是受教育者的价值自觉。青年学生在各类专业学科的“实践课程”中，在教师以某种载体为基础，而发掘、揭示本专业课程内在的德育要素，进而同步地获得自身关于思想政治道德和人格的不同认识，从而展示出大学生专业“实践课程”的“思政教育”价值。例如，学生通过对某类专业发展史的学习，了解并学习榜样人物的精神与品格。

2. 高校“思政课程”中“实践教学”的思政育人价值

前文已述，实践属性是思想政治理论课的核心属性。基于马克思主义的立场、观点、方法，通过挖掘社会生活和社会实践中内含的思政课育人元素与资源，并善于运用各种思政育人元素和资源把理论讲深讲透，更能帮助学生找到理论与时代的共鸣点，进而规范自己的言行举止，使思想与行动更加合乎情理、法理。这是高校思政课程中“实践教学”的思政育人价值。真正的思想政治理论课是理论性与实践性相统一的课程。习近平总书记谈道：“要高度重视思政课的实践性，把思政小课堂同社会大课堂结合起来，在理论和实践的结合中，教育引导学生把人生抱负落实到脚踏实地的实际行动中来，把学习奋斗的具体目标同民族复兴的伟大目标结合起来，立鸿鹄志，做奋斗者。”① 今天，高校“思政课程”相关的实践环节，如思想道德与法治 1 个学分 1 周学时；毛泽东思想和中国特色社会主义理论体系概论实践 1 个学分 1 周学时；同时，结合大学生的专业课程实践实习，统计下来，其实践学分共计达 29 分，实践学时达 19 周。正是在习近平总书记关于新时代加强高校思政课实践教学的理论指导下继续发展。

（三）“思政课程”与“课程思政”实践教学协同之内在价值

蕴含着思政育人价值的实践课程体系具体可分为显性实践思政课程和隐性实践思政课程。其中，“思政课程”的实践课程属于显性实践思政课程，各专业课程的实践课程属于隐性实践思政课程。习近平总书记在全国高校思政工作会议讲话中要求“使各类课程与思想政治理论课同向同行，形成协同效应”②，二者实践课程的协同也包含在内。高校“思政课程”的实践教学是对大学生进行思想政治教育的重要手段，“专业课程”的实践教学所传授的内容虽然没有明显的意识形态色彩，但也必须坚持立德树人根本任务，培养德智体美劳全面发展新时代青年学生。因此，从思想政治工作规律、教书育人规律和学生成长规律来看，“思政实践教学”和“专业实践教学”都可以发挥以文化人、以文育人的思想政治教育功能。高校“思政课程”实践教学与“专业课程”及其“课程思政”实践教学同向同行、协同推进，要准确把握二者的本质联系，

① 习近平：《思政课是落实立德树人根本任务的关键课程》，人民出版社，2020 年版。

② 习近平：《在全国高校思想政治工作会议上强调：把思想政治工作贯穿教育教学全过程开创我国高等教育事业发展新局面》，《人民日报》，2016 年 12 月 8 日。

做好高校“思政课程”实践教师与“专业课程”实践教师的沟通交流，促进思政实践教学的显性育人与专业实践教学的隐性育人有机融合。

二、“思政课程”与“课程思政”实践教学体系的政策基础

（一）“思政课程”实践教学日益具体化与系统化

党中央历来高度重视“思政课程”实践的思政功能。近 20 年来，中宣部、教育部等部门多次就加强高校思想政治理论课实践教学，出台相关重要文件。2005 年，《中共中央宣传部教育部关于进一步加强和改进高等学校思想政治理论课的意见》中强调，高校思政课程要“加强实践环节，要建立和完善实践教学保障机制，探索实践育人的长效机制”①。2008 年，《中共中央宣传部教育部关于进一步加强高等学校思想政治理论课教师队伍建设的意见》提出，要逐步完善实践教学制度。2017 年，《高校思想政治工作质量提升工程实施纲要》提出，构建实践育人质量提升体系，要“坚持理论教育与实践养成相结合，整合各类实践资源，强化项目管理，丰富实践内容，创新实践形式，拓展实践平台，完善支持机制”②。2019 年，中共中央办公厅、国务院办公厅印发《关于深化新时代学校思想政治理论课改革创新的若干意见》要求“推动思政课实践教学与学生社会实践活动、志愿服务活动结合，思政小课堂和社会大课堂结合，鼓励党政机关、企事业单位等就近与高校对接，挂牌建立思政课实践教学基地，完善思政课实践教学机制”③。2021 年，教育部印发《高等学校思想政治理论课建设标准（2021 年本）》，在指标设置中提出“实践教学纳入教学计划，统筹思想政治理论课各门课的实践教学，落实学分（本科 2 学分，专科 1 学分）”④。2022 年，教育部等十部门印发《全面推进“大思政课”建设的工作方案》，明确提出“构建实践教学工作体系”⑤。从加强高校思政课实践环节（2005）—完善实践教学制度（2008）—构建实践育人质量提升体系（2017）—完善思政课实践教学机制（2019）—实践教学纳入教学计划、落实学分（2021）—构建实践教学工作体系（2022），我国高校“思政课程”实践教学日渐呈现具体化、系统化的发展特点。目前，大学生对于“思政课程”实践的参

---

① 中共中央宣传部、教育部：《关于进一步加强和改进高等学校思想政治理论课的意见》（教社政〔2005〕5 号）。

② 中共教育部党组：《高校思想政治工作质量提升工程实施纲要》（教党〔2017〕62 号）。

③ 中共中央办公厅、国务院办公厅：《关于深化新时代学校思想政治理论课改革创新的若干意见》（2019 年第 24 号）。

④ 教育部：《高等学校思想政治理论课建设标准（2021 年本）》（教社科〔2021〕2 号）。

⑤ 教育部等十部门：《全面推进“大思政课”建设的工作方案》（教社科〔2022〕3 号）。

与积极性较高，大多数以撰写实践报告的形式来展示自己的实践成果，同时还有汇报、交流、读后感、答辩等形式。有一些实践报告数据翔实、撰写规范，具有较高的学术水平，有些学校甚至将部分优秀的实践报告结集出版。还有一些大学生结合自己的专业特长，以独特的方式来呈现自己的实践成果，如艺术类大学生通过举办画展、摄影展和手工作品展等方式来展示实践成果。这种方式的好处在于不仅展示了自己的实践成果，还对参观展览的其他人进行了生动的教育，是一种正能量的传播和教育影响的扩大和推广。

（二）“课程思政”实践教学日益明确化与规范化

党的十八大以来，为解决好思想政治理论课同各类课程同向同行，强化高校各类专业课程的育人功能，“课程思政”的实践探索得以开始。2017 年，中共中央、国务院印发的《关于深化教育体制机制改革的意见》中指出，要健全立德树人系统化落实机制，健全全员全过程全方位育人的体制机制，充分将各门课程所蕴含的德育元素深入挖掘①。2019 年，中共中央、国务院印发《关于深化新时代学校思想政治理论课改革创新的若干意见》，第一次明确指出要整体推进高校“课程思政”，深度挖掘高校各学科门类专业课程中所蕴含的思想政治教育资源，各类课程与思政课程相互配合，合力育人，制定关于加快构建高校思想政治工作体系的意见②。同年 10 月，教育部印发《关于深化本科教育教学改革全面提高人才培养质量的意见》，指出把“课程思政”建设作为落实立德树人根本任务的关键环节，充分发掘各类课程和教学方式中蕴含的思想政治教育资源，建成一批“课程思政”教学研究示范中心，引领带动全员全过程全方位育人③。2020 年，教育部等八部门联合印发的《关于加快构建高校思想政治工作体系的意见》中，按照学科专业特点，提出文史哲类、经管法类、教育学类、理工类、农学类、医学类、艺术类等七大专业课程关于“课程思政”建设的构想，方向性更为明确④。同年 5 月，教育部印发《高等学校课程思政建设指导纲要》，指出全面推进“课程思政”建设是落实立德树人根本任务的战略举措与全面提高人才培养质量的重要任务⑤，明确了“课程思政”建设的目标要求、重点内容、教学设计、评价体系、激励机制。随着“课程思政”由理念走向实践，从试点走向全面。“课程思政”的实践教

---

① 中共中央办公厅、国务院办公厅：《关于深化教育体制机制改革的意见》，中华人民共和国中央人民政府网站，2017 年 9 月 24 日。

② 中共中央办公厅、国务院办公厅：《关于深化新时代学校思想政治理论课改革创新的若干意见》（2019 年第 24 号）。

③ 中华人民共和国教育部：《关于深化本科教育教学改革全面提高人才培养质量的意见》（教高〔2019〕6 号）。

④ 教育部等八部门：《关于加快构建高校思想政治工作体系的意见》（教思政〔2020〕1 号）。

⑤ 教育部：《高等学校课程思政建设指导纲要》（教高〔2020〕3 号）。

学也日益明确化与规范化。各专业课程教师经历了从混沌到清晰意识到专业课程实践教学中思政功能的过程，从“认识不够准确”转向“正确认识”各类课程实践教学中包含着思政元素。在这个过程中，“专业课程”实践教学被挖掘出的思想政治教育资源逐渐明确且日益丰富，各类思想政治教育资源具体运用的融合性、体系性和有机性逐渐显现。不同专业下的青年学生走出校园，感受国情、世情、党情的变迁，近距离地接触、感知我国各行业改革开放的最新最前沿的成果，更真切地感受到祖国的发展进步和社会主义制度的优越性以及作为一个中国人的民族自豪感，增强自己对国家和党的认同。比如，湖北省及时提出“五个思政”的理念（即“学生思政”“教师思政”“课程思政”“学科思政”和“环境思政”），其中“课程思政”包含专业实践课程。

总之，从改革开放40多年来党和国家出台的一系列文件精神来看，“实践课程”的思想政治教育功能已经引起高度重视，备受关注。近年来，高校“思政课程”实践教学在运行和开展过程中积累了丰富经验，学工部门的社会实践（如大学生暑期“三下乡”活动）也开展了多年，各专业实践的思想政治教育功能正处于广泛探索和开发阶段。同时，我们必须清醒地认识到，“实践课程”思想政治教育的开展和研究还存在诸多问题，其规范化还远远不足，这是一个在大学生思想政治教育中需要重点关注的问题。

（三）“思政课程”与“课程思政”实践教学协同推进“立德树人”的客观需要

党的十八大以来，我国各大高校教学改革始终围绕着立德树人的根本任务展开。2014年5月4日，习近平总书记在北京大学师生座谈会上提出：“全国高等院校要走在教育改革前列，紧紧围绕立德树人的根本任务，加快构建充满活力、富有效率、更加开放、有利于学校科学发展的体制机制，当好教育改革排头兵。”① 时隔4年，2018年5月2日，习近平总书记在北京大学师生座谈会上再次指出：“要把立德树人内化到大学建设和管理各领域、各方面、各环节，做到以树人为核心，以立德为根本。”② 同年9月，习近平总书记在全国教育大会上再次强调“坚持把立德树人作为根本任务”③。这些重要论述，一以贯之地明确了高校教育的根本任务就在于立德树人。对此，2017年，中共中央、国务院印发的《关于加强和改进新形势下高校思想政治工作的意见》（以下简称《意见》）中指出：“坚持全员全过程全方位育人，把思想价值引领贯穿在教

---

① 习近平：《青年要自觉践行社会主义核心价值观——在北京大学师生座谈会上的讲话》，人民出版社，2014年版。

② 习近平：《在北京大学师生座谈会上的讲话》，人民出版社，2018年版。

③ 习近平：《在全国教育大会上强调：坚持中国特色社会主义教育发展道路 培养德智体美劳全面发展的社会主义建设者和接班人》，《人民日报》，2018年9月11日。

育教学全过程和各环节，形成教书育人、科研育人、实践育人、管理育人、服务育人、文化育人、组织育人长效机制。”① 这里所指的实践育人，就是在实践教学过程中始终围绕育人的主旨，把立德树人根本任务贯穿在实践教学全过程。《意见》指出：“要强化社会实践育人，提高实践教学比重，构建协同育人新模式。”② 根据这一指示，“思政课程”与“课程思政”实践教学协同推进也是落实立德树人根本任务的重要一环。

“思政课程”实践教学与“课程思政”实践教学协同推进，是提升实践教学实效、强化全程与全方位育人、落实立德树人根本任务的客观要求。“课程思政”是“课程”和“思政”叠加在一起的复合词，但就其内涵而言，并非二者的简单相加，而是有机融合。“课程思政”教学强调高校各类课程都要发挥育人育德的功能，充分挖掘各类课程的思想政治教育元素，把思想引导和价值观塑造融入每一门课程的教学之中，让所有课程都承载起育人的功能。③ 简而言之，“课程思政”就是师生双方在教与学的互动过程中，教师对学生进行思想政治教育的过程。实践教学作为“课程思政”的重要组成部分，更侧重体现师生双方在实践中互动的一个过程，是教师基于学生的身心特征，通过科学的设计，在实践活动中，对学生进行知识传授和价值观塑造的过程，它不仅体现在对学生专业知识和技能的培养上，也体现在对学生价值观的塑造上，即在实践课程中强化思想政治教育。而“思政课程”实践教学更是直接承载着大学生能力提升和价值观塑造的责任。因此，“思政课程”实践教学和“课程思政”实践教学二者相互协同，使教书与育人实现内在统一。当前，“思政课程”与“课程思政”实践教学体系的协同性建设正是高校思想政治教育工作的具体要求。

三、“思政课程”与“课程思政”实践教学融合的内在机理

关于“思政课程”与“课程思政”的融合问题，学者们从两方面进行了分析：一方面是为什么要将思政与课程融合的问题，这关涉课程思政与思政课程之间的关系；另一方面是思政元素与课程怎样融合的问题，在这一方面，学者们以具体的课程为例，探讨如何将思政课程与其他课程融合。

（一）“思政课程”与“课程思政”的内在关系

“思政课程”与“课程思政”的本质都是育人，在根本使命上具有一致性——最

① 中共中央国务院：《关于加强和改进新形势下高校思想政治工作的意见》，《人民日报》，2017 年 2 月 28 日。

② 同①。

③ 刘承功：《高校深入推进“课程思政”的若干思考》，《思想理论教育》，2018 年第 6 期，第 62-67 页。

终目标都是实现立德树人。大多数学者认为“思政课程”与“课程思政”是同向同行的关系。邱仁富认为，要正确处理“思政课程”与“课程思政”“同向”与“同行”的辩证关系：“同向”就是政治方向、育人方向要一致，文化认同要有统一性；“同行”就是要步调一致、相互补充、相互促进、共享发展。同向同行的问题实质上是认识与实践的统一性问题，“同向”是“同行”的前提，“同行”是“同向”的目的。①董勇认为从思政课程向课程思政的转化有独特的价值内涵。

首先，从“思政课程”与“课程思政”是“因势而新”的思政教育理念升华，有利于进一步发挥人的主体性，突出体现了以人的发展为根本目的。其次，是“因事而化”地由单一化转向多学科融入的路径、由灌输说教转向隐性渗透方法的思政内涵转型。最后，是“因时而进”的话语体系、内容体系、传播体系和队伍体系的思政体系重构。② 另外一些学者认为，“思政课程”与“课程思政”是辩证统一的关系，是既有联系又有区别的。许硕和葛舒阳认为，“思政课程”与“课程思政”在教育教学目标、承担责任使命和教师品德要求方面具有价值指向的一致性，但也要充分认识其在思想教育内容、教育载体和教育方法等方面的差异性。③

同时，“思政课程”与“课程思政”是互补的关系。一方面，“思政课程”为“课程思政”提供理论指导以及富有哲理性的思政元素；另一方面，“课程思政”也为“思政课程”提供丰富的实践专业案例，让学生能够更好地认识抽象的理论观点。实际上，从“思政课程”到“课程思政”，正是理论要与实践相结合的一个有力论证。正确把握“思政课程”与“课程思政”的关系，对于推进课程思政建设具有重要意义。

（二）“思政课程”与“课程思政”融合的必然性

“课程思政”的理念旨在解决长期以来思想政治教育与其他“专业课程”教育严重脱节的问题。因此，实现“思政课程”与“课程思政”的融合就是要构建融“思政课程”、通识课、专业课等多门类课程于一体的立体化课程体系。陈艳从政治任务、职业工作维度和本质任务角度探讨推进高校“思政课程”与“课程思政”融合的必然性，认为推动“思政课程”与“课程思政”交互融合是学习贯彻习近平新时代中国特色社会主义思想的必然要求，是尊重思想政治教育规律和大学生成长规律、提升高等教育质量的必然要求，是实现教书与育人相统一的必然要求。④ 郑佳然认为新时代高校

① 邱仁富：《“课程思政”与“思政课程”同向同行的理论阐释》，《思想教育研究》，2018 年第 4 期，第 109-113 页。

② 董勇：《论从思政课程到课程思政的价值内涵》，《思想政治教育研究》，2018 年第 34 期，第 90-92 页。

③ 许硕、葛舒阳：《“思政课程”与“课程思政”关系辨析》，《思想政治教育研究》，2019 年第 35 期，第 84-87 页。

④ 陈艳：《论高职院校“思政课程”与“课程思政”的交互融合》，《思想理论教育导刊》，2018 年第 12 期，第 110-112 页。

“思政课程”与“课程思政”同向同行具有重要意义：首先有利于确保社会主义大学培养目标顺利实现，其次有利于巩固马克思主义在高校意识形态领域的指导地位，最后有助于完善新时代高校思想政治教育课程体系。[①] 实质上，“思政课程”与“课程思政”同向同行就是两者融合在学理层面的表述。

（三）“思政课程”与“课程思政”融合的内在要求

学者们对“课程思政”与“思政课程”融合的路径进行了充分的探讨，不仅从宏观层面进行了把握，也从微观层面提出了两者融合的具体措施。陈艳认为要实现“思政课程”与“课程思政”交互融合有四个关键：一是领导重视；二是理念转变；三是课程改革；四是建设好教师队伍。[②] 崔戈以外语课程思政改革为例，认为目前外语“课程思政”建设尚未形成一个完备的、覆盖外语学科各门课程的体系。针对于此，他提出外语“课程思政”要加强资源库、示范课、教学指南以及师资队伍四位一体的课程体系建设；此外，还要建立一支专业化的顾问队伍，以保证资料库的权威性和政治正确，确保思政元素选择的客观性。[③] 每一门课程的领域不同，话语体系也存在较大的差别，因此，在思想政治教育元素的选取上应做到具体课程具体分析，不能一概而论。

四、“思政课程”与“课程思政”实践教学体系的载体基础

“思政课程”与“课程思政”实践教学体系的建设作为一项高校思想政治工作的重大改革，须依托配套设施建设作保障，即“思政课程”与“课程思政”实践教学体系的载体问题。

（一）围绕“思政课程”与“课程思政”实践教学的教材体系建设

教材体系建设是为了保障“思政课程”与“课程思政”实践教学体系的具体化与规范化，确保“思政课程”与“课程思政”实践教学的开展能够有章可循。然而，现实情况是，“思政课程”教师作为公共课教师，应对学生的不同学科背景，确实缺少实践教学相关经验和理论，而不同专业任课教师对于“课程思政”实践教学所达成的目

---

① 郑佳然：《新时代高校“课程思政”与“思政课程”同向同行探析》，《思想教育研究》，2019 年第 3 期，第 94-97 页。

② 陈艳：《论高职院校“思政课程”与“课程思政”的交互融合》，《思想理论教育导刊》，2018 年第 12 期，第 110-112 页。

③ 崔戈：《“大思政”格局下外语“课程思政”建设的探索与实践》，《思想理论教育导刊》，2019 年第 7 期，第 138-140 页。

标和作用的了解存在局限性，容易混淆“课程思政”实践教学与专业课实践教学。因此，“思政课程”与“课程思政”实践教学协同融合体系的建设与具体展开亟须专业化教材的指导，使实践活动开展有着基本的原则和遵循。具体教材类别包括：“思政课程”与“课程思政”实践教学体系理论研究，“思政课程”与“课程思政”实践教学体系案例，“思政课程”与“课程思政”实践教学体系素材，“思政课程”与“课程思政”实践教学主、客体心理认知研究等。比如，中国石油大学（北京）机械与储运工程学院的王艺老师编写的《输油管道设计与管理》“课程思政”特色教材，结合管道设计、石油储运与工程管理的科学技术发展史，结合石油行业发展历程与行业发展形势，结合行业发展的企业家、科学家等历史和精神成果，使特色专业与“课程思政”有机融合。在“课程思政”教学中又结合中国石油大学（北京）的“思政课程”选修课“中国石油文化”，开展了中国石油工业发展史、中国石油精神（大庆精神、铁人精神）的教育和传承，收到了非常好的教学实效。

（二）围绕“思政课程”与“课程思政”实践教学的一体化社会实践基地建设

社会实践基地是青年学生进行社会实践的重要场所，是未来青年学生走向社会、接触社会、服务社会的桥梁。目前，我国高校从专业建设发展的实际需求和大学生锻炼成长的需要出发，基于合作共建、双向受益的原则，同城市社区、农村乡镇、各类爱国主义教育基地、企事业单位、部队、社会服务机构等建立多种形式的社会实践基地。今天，社会实践基地已成为“思政课程”与“课程思政”实践教学的主体内容。因此，围绕立德树人的根本任务，构建以学校党委为领导、大学生思想政治教育专家为指导，专业教师为核心、学生为反馈，有计划地建立稳定、有针对性的一体化社会实践基地，这是开展“思政课程”与“课程思政”实践教学的物质基础。比如，中国石油大学（北京）就在大庆、玉门建立了石油精神传承教育基地，并通过在石油石化企业建立企业工作站，邀请企业科学家、工程师和英模人物共同培养大学生传承行业精神和行业文化。

（三）围绕“思政课程”与“课程思政”实践教学的网络阵地建设

在互联网+、大数据、全媒体蓬勃发展的今天，高校网络阵地建设已成为各高校思想政治教育中发挥着至关重要作用的一环。高校网络阵地建设在“思政课程”与“课程思政”实践教学中展现出的育人功能日益凸显。特别是通过建立网络课程教学平台，延伸了课堂教学、课外实践教学的空间。围绕“思政课程”与“课程思政”实践教学的协同发展问题，思政课教师与各专业课教师可通过网络课程教学平台进行在线交流和答疑，双方在课程网络资源展示平台中，共同挖掘、运用、补充、整合德育元素，弥补彼此之间的知识空白；同时，“思政课程”与“课程思政”实践教学的网络阵地建设也便于教师实时把握实践教学的状态和学生的思想状况，拓宽师生互动空间，提高师生互动效率，从而为进行正确的舆论引导起到了积极作用。

最后，教材体系、社会实践基地与网络平台是三位一体、不可孤立的，三者共同推进“思政课程”与“课程思政”实践教学协同育人。因此，要打破条块分割界限，将三者作为育人工作的子系统同频共振，最终实现协同效果的最大化和协同方法的最优化，构建方法实施多途径培养教育模式。

第二章

“大思政课”视域下“思政课程”与“课程思政”实践教学体系探索

“大思政课”是落实“立德树人”根本任务的重要路径和方式，是高校思想政治教育工作的重大理论和实践创新。“大思政课”要求“思政课程”与“课程思政”实践教学紧密结合实际，在多样化的社会生活中讲授。要厘清“大思政课”场域下“思政课程”与“课程思政”实践教学体系，探索“思政课程”与“课程思政”实践教学体系融合的路径。只有不断改进和创新“实践育人”教学方式，将“课程育人”与“实践育人”有机结合，让学生在“思政课程”的理论教学和实践教学、“专业课程”的理论学习和课程思政等教学环节中接受思想政治教育，才能在守正创新中实现“立德树人”的整体教学目标。

一、“大思政课”提出的时代背景和现实要求

（一）“大思政课”提出的时代背景

党的十八大以来，以习近平同志为核心的党中央站在党和国家事业发展全局的高度谋划教育工作，围绕“培养什么人、怎样培养人、为谁培养人”这个教育的根本问题，把立德树人作为教育的根本任务，强调要培养德智体美劳全面发展的社会主义建设者和接班人，“培养一代又一代拥护中国共产党领导和我国社会主义制度、立志为中国特色社会主义事业奋斗终身的有用人才”①，为推进中国式现代化、实现中华民族伟大复兴提供强有力的人才支撑。

上好“大思政课”是落实立德树人根本任务的本质要求。育人的根本在于立德，“要用好课堂教学这个主渠道，思想政治理论课要坚持在改进中加强，提升思想政治教育亲和力和针对性，满足学生成长发展需求和期待，其他各门课都要守好一段渠、种好责任田，使各类课程与思想政治理论课同向同行，形成协同效应。”② 党的十八大以来，党中央高度重视“思政课程”建设，习近平总书记对此发表过重要讲话、作出过重要指示，明确指出：“办好思政课，是我非常关心的一件事。”③ 在学校思想政治理论课教师座谈会上，习近平进一步强调指出：“思政课是落实立德树人根本任务的关键课程”④，将学校思政课建设摆在尤为突出的位置。2021 年 3 月 6 日，习近平在看望参加全国政协会议的医药卫生界教育界委员时指出，“‘大思政课’我们要善用之”，强调

① 《习近平主持召开学校思想政治理论课教师座谈会》，https://www.gov.cn/xinwen/2019-03/18/content_5374831.htm。

② 《习近平在全国高校思想政治工作会议上的讲话》，https://news.12371.cn/2016/12/08/ARTI1481194922295483.shtml?10000skip=true。

③ 习近平：《思政课是落实立德树人根本任务的关键课程》，人民出版社，2020 年版。

④ 同③。

“思政课不仅应该在课堂上讲，也应该在社会生活中来讲”①。习近平总书记这些重要论述，为新时代更好地践行全员育人、全过程育人、全方位育人理念，构建高校“大思政课”工作格局提供了根本指南。“大思政课”是把思想政治教育贯穿在教学育人全过程的重要抓手。无论是“思政课程”，还是“课程思政”，都统一于青年学生的思想政治教育，归根结底是做人的工作，用科学的理论和雄辩的事实讲清中国共产党为什么能，中国特色社会主义为什么好，马克思主义为什么行，让社会主义核心价值观扎根在学生心中，教育引导学生树牢理想信念，砥砺责任担当，切实加强做中国人的志气、骨气、底气，做到听党话、跟党走，成为可堪大用、能担重任的时代新人。

（二）“大思政课”提出的现实要求

青年学生思维活跃、情感丰富、精力充沛，加强对青年学生的教育引导，关键是把握好“大思政课”之“大”，整合大资源、构建大平台，在主体、内容、形式等方面强化协同、汇聚合力，推动“大思政课”守正创新、提升育人实效。

1. “大思政课”主体之“大”，是大学生思想政治教育主体的多方力量。

“大思政课”是一门系统工程，不仅仅是思政课堂上的理念灌输，而是需要课内课外、校内校外各个主体通力配合、协同一致面对的课题。一是在课堂阵地，“大思政课”是思政课教师与专业课教师互相配合，通过“思政课程”与专业“课程思政”教学，让党的理论和路线方针政策向专业领域浸润，从把握社会发展规律的角度，让专业知识的时空背景、理论运用、发展方向同社会生活相结合，为专业知识赋予实践伟力。二是在高校内部，构建“思政课程”与“课程思政”实践教学工作体系。高校要建立党委统一领导，马克思主义学院积极协调，宣传部、教务处、学工部、团委等职能部门密切配合的实践教学工作体系；在马克思主义学院指定专人负责，建立健全安全保障机制，积极整合思政课教师、专业课教师、辅导员队伍，共同参与组织指导“思政课程”与“课程思政”实践教学。“大思政课”是党委落实立德树人根本任务的重要抓手，高校各部门要在师资建设、课程建构、教材建设、条件保障方面共同发力，使高校成为坚持党的领导的重要阵地。将思政课教师、专业课教师、辅导员指导学生开展实践活动等纳入教学工作量。设立实践教学专项经费。三是在社会层面，“大思政课”要求党委统一领导、党政齐抓共管、有关部门各司其责，为理论教育和实践教学提供有效支撑；要求构建学校、家庭和社会一体化的思想政治教育模式，构建协同育人新生态。

2. “大思政课”内容之“大”，是大学生思想政治教育内容的博大精深

一是实现“大思政课”“魂”与“根”相统一。马克思主义是“大思政课”的

① 杜尚泽：《“‘大思政课’我们要善用之”（微镜头·习近平总书记两会“下团组”·两会现场观察）》，《人民日报》，2021年3月7日。

“魂”，作为中国共产党的指导思想，闪耀着耀眼的真理光芒。马克思主义深刻改变了世界，与中国革命的实际相结合，又深刻地改变了中国。“大思政课”就是要讲好马克思主义为什么行，中国化时代化的马克思主义为什么行，让马克思主义吸引学生、武装学生，让学生坚定中国特色社会主义道路自信、理论自信、制度自信、文化自信。中华传统文化是“大思政课”的“根”。中华传统文化传承千年而历久弥新，要在“大思政课”中用好这一中华民族的宝贵财富，帮助学生树立历史自信，增强历史主动。二是拓展“思政课程”与“课程思政”教学内容。各高校围绕新时代的伟大实践，充分挖掘地方红色文化、校史资源，将伟大建党精神和抗疫精神、科学家精神、载人航天精神等伟大精神，生动鲜活的实践成就，以及英雄模范的先进事迹等引入课堂，推动党的创新理论和历史融入教学内容中，为“大思政课”注入鲜明的时代性特点。三是实现“大思政课”的思想教育目标与专业特色教育的有机统一。根据不同专业的人才培养目标，根据学生知识储备与能力素养的要求。“思政课程”与“课程思政”的理论教学和实践教学就是要挖掘专业知识体系与专业教育中的思想政治教育元素，让课程思政的“精准滴灌”与思政课程的“浸润浇灌”有机结合、融会贯通，统一于立德树人的根本任务，努力培养具备优良品德和扎实学识的中国特色社会主义时代新人。

3. “大思政课”方式之“大”，是大学生思想政治教育方式的多样化

“大思政课”必然包含理论灌输环节，讲深讲透科学的世界观和方法论，讲清思政之“道”。一是把“大思政课”讲活，就要创新课堂教学方式方法。各高校要加强对学生思想、心理及关心的热点难点问题的研究，制定科学的针对性教学方案。运用多样化的教学方式方法，注重发挥学生主体性作用，科学运用小组研学、专题研讨、情景展示等方式组织课堂实践。深化翻转课堂、案例教学、互联网技术等教学方法的运用，做到课内课外、线上线下互相融通，提升“大思政课”的现实性、实效性。二是组织开展多样化的“思政课程”与“课程思政”实践教学。积极参与和组织教育部持续组织开展的中国国际“互联网+”大学生创新创业大赛青年红色筑梦之旅、习近平新时代中国特色社会主义思想“大学习领航计划”、“小我融入大我，青春献给祖国”等主题社会实践、“技能成才，强国有我”主题教育等活动。紧扣“思政课程”与“课程思政”实践教学目标和要求，利用志愿服务、社会调研、理论宣讲等开展实践教学。注重总结实践教学成果，推动实践教学规范化。三是建好用好“思政课程”与“课程思政”实践教学基地。利用现有基地（场馆），分专题设立一批“大思政课”实践教学基地。发挥根据高校实际，积极建设“大思政课”条件下的“思政课程”与“课程思政”实践教学基地。开发现场教学专题，加强研究和资源开发，开展好实践教学。因此，在“大思政课”视域下构建“思政课程”与“课程思政”实践教学的协同育人体系，是按照习近平总书记关于“大思政课”建设要求，开拓新的路径、探索新的方法、突破新的关键点的现实选择。

二、“大思政课”视域下实践教学协同机制的构建

（一）“大思政课”视域下“思政课程”实践教学体系

1. 大学生“思政课程”实践教学的内涵

国家在有关文件中要求，“社会实践是大学生思想政治教育的重要环节，对大学生成长成才具有无可替代的作用”。① “高校‘思政课程’要加强实践环节，要通过丰富多彩的实践教学活动，提高大学生思想政治素质，深化教育教学的效果。”② “思政课程”是高校教学的必修环节，是落实立德树人根本任务的重要载体。“思政课程”实践教学以思政课教师为主体、面向大学生开展的一系列实践性教育教学活动，青年学生在课堂教学、校园文化活动、社会实习实践等阵地，强化学习体验，深化对理论的理解和运用，达到深入社会、了解社会、奉献社会的目的。

2. “大思政课”视域下思政课实践教学的模式

“思政课程”实践教学是思想政治理论课教学的重要组成部分，是高校落实实践育人的重要手段和有效途径。为了更好地提高思政课教学的实效性，努力让思想政治理论课成为大学生真心喜欢、终身受益、毕生难忘的优秀课程，就需要建立科学化、体系化的实践教学模式，从而发挥思政课实践教学的育人功能。

3. “思政课程”实践教学主要内容

“思政课程”实践教学主要包括课堂实践教学、校园实践教学、社会实践教学和网络实践教学四个维度。“思政课程”实践教学是课内外的协同、校内外的协同、说与做的协同，是基于理论的学理性内容而进行的体验式、实践式教学，完善优化“思政课程”实践教学模式是为了更好地组织实践教学，达到“思政课程”实践教学的教育目标。确立“四维一体”的实践教学理念，从学生的主体性角度出发，强调学生的认知体验、情感反思，运用声、光、电、模、图和网络虚拟技术等多种教学方法和手段，构建“情浸”式四维一体的实践教学模式。挖掘思政课“温度”，构建“情浸”式实践体验教学。学校也可以充分整合校园文化资源或区域资源协同共享等机制打造情景化思政课校内外实践基地，完成外在刺激、感官体验和氛围营造。教师在这种“情浸”式教学理念指导下，将课内外实践、校内外实践结合起来，合理选择课题，带领学生开展选题讨论，同时带领学生走出校园，走入革命老区，参观历史博物馆，追寻红色

---

① 中共中央、国务院：《关于进一步加强和改进大学生思想政治教育的意见》，中华人民共和国教育部网站，2004年10月15日。

② 中共中央宣传部：《关于进一步加强和改进高等学校思想政治理论课的意见》(教社政〔2005〕5号)。

印记，体验红色岁月，感知革命先烈的崇高精神和革命斗志。开展“思政课程”实践教学社会实践，发挥高校“校企合作、工学结合”的优势，走进企业一线，感受社会主义现代化建设的蓬勃生机和新时代发展的时代精神，激发学生主人翁的精神，使学生认识到自身的使命和担当。需要注意的是基于“思政课程”课堂实践、校园实践、社会实践和网络实践教学四个维度，应把握好各自的特性，确定连续性、分层次的实践教学课题，使学生在感知体验中形成稳定的价值认同和正确的价值取向。

4. 构建“四维一体”的“思政课程”实践育人模式

“思政课程”实践教学的开展是一项系统工程，需要整合多方资源和系统规划。根据课程内容和教学目标进行系统化、规范化的教学设计，构建课堂实践、校园实践、社会实践、网络实践“四维一体”的综合实践教学体系。从四个维度整合实践教学资源，设计实践课题，引导学生主动参与到实践课题或项目中，在共同完成实践课题或项目的过程中加深对所学基本理论和基本观点的理解，从而有效提升学生综合素质和思想素质。具体要求是：立足第一课堂实践教学，落实“双主体”的育人模式；依托校园实践，发挥第二课堂实践育人作用；拓展社会实践平台，夯实“思政课程”的实践育人资源；构建网络交流平台，营造网络实践育人空间。通过社会调查，可以引导青年大学生探索新时代中国特色社会主义建设和发展成就、优秀的企业文化、乡村振兴的成就等，进一步提升大学生的“四个自信”，增强大学生为实现中华民族伟大复兴的担当精神和拼搏力量。

（二）“大思政课”视域下专业“课程思政”实践教学体系

在高校教育教学实践中，“专业课程”教学与“思政课程”教学分工明确，然而，也逐渐出现了思想政治教育与专业教育相互分离的现象。根据“培养什么样的人、如何培养人、为谁培养人”这个教育的根本性问题和现实要求，在专业教学中不仅要注重培养学生的专业技能，更要注重培养学生过硬的专业素养和思想素质，因此，把思想政治教育融入专业教育就具有必然性。

部分研究者认为，目前大学生思想政治教育与专业教学融合的研究有一定的成果，且针对性需要进一步增强；认为通过思想政治教育与专业认知教育相结合，与专业实践教学相结合、与学生就业指导相结合。① 也有学者提出从专业理论课程体系渗透融入思想政治理论教育内容、专业社会实践与思想政治教育有机衔接两个方面来解决。② 这些研究说明，思想政治教育需要用潜移默化的“润物细无声”的方式开展教育教学，需要将思想政治教育与专业教学有机融合。

---

① 宋星、张博萍：《专业教育融入思想政治教育的对策研究——以高职建筑类专业为例》，《学校党建与思想教育》，2013 年第 9 期，第 12-13，36 页。

② 张守连：《思想政治教育视角下的专业教育问题探析》，《观察与思考》，2014 年第 11 期，第 77-80 页。

1. 思想政治教育与专业教学融合意识的确立

在人才培养目标上，思想政治教育与专业教学融合还需要进一步融入人才培养计划中；在融合育人的体制机制上，还需要进一步构建专业育人、实践育人的体制和机制；在教师的重视程度上，学生关心的重大理论问题和现实热点问题的关注度和重视度还很不够，部分教师对思想政治教育的重要性和相关理论的把握还不够。再者，部分教师对怎样在专业课教学中融入思想政治教育元素，缺少有效方法和思路。一些“思政课程”专业课教师缺少企业实践经验，不能理论联系实际，与学生思想实际结合不紧，与“课程思政”教师的协同也不够。

2. 思想政治教育与专业教学融合机制需要完善

高校大学生思想政治教育的主体主要是宣传部、学生工作（部）处、校团委等党政部门负责。学校的教务处、各学院主要负责和推进大学生的课堂教学、专业实习等工作，主要负责学科发展规划和专业培养计划的制订，以及人才培养目标和教学评价体系的制订和完善，把思想政治教育元素有机融入教学过程以及推进“三全育人”的协同作用发挥还不够。

3. 思想政治教育与专业教学融合的主要内容

在新时代，大学生思想政治教育的主要内容体现在：“要坚持用习近平新时代中国特色社会主义思想铸魂育人，以政治认同、家国情怀、法治意识、文化素养、道德修养等作为培育的重点内容，以爱党、爱国、爱社会主义、爱集体、爱人民为主线，坚持爱国和爱党爱社会主义相统一，系统开展马克思主义理论教育，系统进行中国特色社会主义和中国梦教育、社会主义核心价值观教育、法治教育、劳动教育、心理健康教育、中华优秀传统文化教育”。①

因此，要在“大思政”教育理念下，把思想政治教育内容与专业人才培养有机结合。实际上，专业化培养的大学生作为社会生产的重要组成部分，需要将个人专业素养和能力最大限度地转化为社会价值，因此，要引导青年大学生增强家国情怀，主动融入社会、关心社会、服务社会，不断实现个人价值与社会价值的有机统一。学校各部门和单位要更好地确立“三全育人”的理念和责任感，在专业教学和实践教学中注重培养大学生的爱岗敬业、诚信友善优秀品德，加强对大学生的传统美德、社会公德与职业道德的教育，注重培养学生的科学精神和工匠精神，引导他们立足专业领域，求真务实、躬身力行，努力实现个人价值。

（三）“思政课程”与“课程思政”实践教学融合的一致性

“思政课程”与专业“课程思政”的实践教学存在着密切的本质联系。两者都承

① 中共中央办公厅、国务院办公厅：《关于深化新时代学校思想政治理论课改革创新的若干意见》，中华人民共和国中央人民政府网站，2019 年 8 月 14 日。

担着育人功能，在人才培养的目标和任务上具有一致性，在实践育人的载体和途径上具有一致性，在实践育人的内容和原则具有一致性。因此，需要把握好二者的关系，充分发挥二者有机协同的协同育人功能，形成协同效应，不断形成强大的育人合力。主要包括以下方面：

1. 两者在“实践育人”的目标和任务上的一致性

2017年10月18日在中国共产党第十九次全国代表大会上，习近平总书记又强调：“要全面贯彻党的教育方针，落实立德树人根本任务，发展素质教育，推进教育公平，培养德智体美全面发展的社会主义建设者和接班人。”2018年5月2日在北京大学师生座谈会上，习近平总书记指出：“培养社会主义建设者和接班人，是我们党的教育方针，是我国各级各类学校的共同使命。”可以看出，培养社会主义建设者和接班人就是社会主义教育的重要目标和任务。“办好思政课，就是要开展马克思主义理论教育，用新时代中国特色社会主义思想铸魂育人，引导学生增强中国特色社会主义道路自信、理论自信、制度自信、文化自信，厚植爱国主义情怀，把爱国情、强国志、报国行自觉融入坚持和发展中国特色社会主义、建设社会主义现代化强国、实现中华民族伟大复兴的奋斗之中”。[①] 因此，“思政课程”及其实践教学是大学生进行思想政治教育的重要手段，要把培养社会主义建设者和接班人作为工作的根本目标和任务。

在传统意义上，高校的大学生专业教学主要是传授专业知识和技能。即使开展的专业实践教学，也是以到企业和科研院所实习为主，往往没有明确的思想政治教育内容。但是，从时代发展和“大思政课”的要求来看，需要把思想政治工作规律、教书育人规律和学生成长成才规律更进一步融入专业教育和专业实践教学过程中。教育部印发的《高等学校课程思政建设指导纲要》(教高〔2020〕3号）明确指出：“高校主要负责同志要直接抓人才培养工作，统筹做好各学科专业、各类课程的课程思政建设。要紧紧围绕国家和区域发展需求，结合学校发展定位和人才培养目标，构建全面覆盖、类型丰富、层次递进、相互支撑的课程思政体系。要切实把教育教学作为最基础最根本的工作，深入挖掘各类课程和教学方式中蕴含的思想政治教育资源，让学生通过学习，掌握事物发展规律，通晓天下道理，丰富学识，增长见识，塑造品格，努力成为德智体美劳全面发展的社会主义建设者和接班人。”[②] 因此，“思政课程”与“课程思政”在“实践育人”的目标和任务上具有一致性。

2. 两者在“实践育人”内容与原则上的一致性

《关于加强和改进新形势下高校思想政治工作的意见》指出：“要强化思想理论教育和价值引领，就要培育和践行社会主义核心价值观，把社会主义核心价值观体现到

---

① 习近平：《思政课是落实立德树人根本任务的关键课程》，人民出版社，2020年版。

② 教育部：《高等学校课程思政建设指导纲要》(教高〔2020〕3号)。

教书育人全过程，引导师生树立正确的世界观、人生观、价值观。”①中共中央办公厅、国务院办公厅发布的《关于深化新时代学校思想政治理论课改革创新的若干意见》明确指出：“统筹推进思政课课程内容建设。坚持用习近平新时代中国特色社会主义思想铸魂育人，以政治认同、家国情怀、道德修养、法治意识、文化素养为重点，以爱党、爱国、爱社会主义、爱人民、爱集体为主线，坚持爱国和爱党爱社会主义相统一，系统开展马克思主义理论教育，系统进行中国特色社会主义和中国梦教育、社会主义核心价值观教育、法治教育、劳动教育、心理健康教育、中华优秀传统文化教育。”② 因此，“思政课程”的理论教学和实践教学作为思想政治教育的重要手段，就是要把这些重要内容的教育和实践落实到教学活动中去，把理论与实际有机结合，把知识与价值相结合，引导青年大学生树立正确的世界观、人生观和价值观。

教育部发布的《高等学校课程思政建设指导纲要》(教高〔2020〕3号）也明确要求：“课程思政建设内容要紧紧围绕坚定学生理想信念，以爱党、爱国、爱社会主义、爱人民、爱集体为主线，围绕政治认同、家国情怀、文化素养、宪法法治意识、道德修养等重点优化课程思政内容供给，系统进行中国特色社会主义和中国梦教育、社会主义核心价值观教育、法治教育、劳动教育、心理健康教育、中华优秀传统文化教育”。③ 要求要在“课程思政”教学内容和实践教学过程中，不断推进习近平新时代中国特色社会主义思想进教材进课堂进头脑；培育和践行社会主义核心价值观；加强中华优秀传统文化教育；深入开展宪法法治教育；深化职业理想和职业道德教育。因此，“专业课程”与“课程思政”相结合的实践教学就是要根据专业课程特点，充分挖掘课程内在的政治教育元素，结合学生的特点组织学生参加各种社会实践活动，在活动中引导学生树立正确的世界观、人生观和价值观。

3. 两者在“实践育人”载体和路径上的一致性

实践的观点是马克思主义认识论的基本观点，注重“思政课程”与专业“课程思政”“实践育人”是马克思主义实践观在教学中的体现。一是“思政课程”与专业“课程思政”实践教学都需要运用实践载体开展教学活动。要建好和用好实践教学基地。要在“大思政课”理念下，分专题设立一批实践教学基地。开发现场教学专题，开展实践教学。加强实践教学载体的协同研究和资源开发。比如，可以建立“科学精神专题实践教学基地”“工业文化专题实践教学基地”“美丽中国专题实践教学基地”“中华优秀传统文化、革命文化、社会主义先进文化专题实践教学基地”“脱贫攻坚、乡村振兴专题实践教学基地”，以及“党史新中国史教育专题实践教学基地”等。要以

① 中共中央、国务院：《关于加强和改进新形势下高校思想政治工作的意见》，《人民日报》，2017年2月28日。

② 中共中央办公厅、国务院办公厅：《关于深化新时代学校思想政治理论课改革创新的若干意见》，中华人民共和国中央人民政府网站，2019年8月14日。

③ 教育部：《高等学校课程思政建设指导纲要》(教高〔2020〕3号)。

重大纪念日、重大历史事件为契机，邀请新时代先进人物进校园，开展论坛讲坛、讲座报告会等，组织专题“思政大课”。二是“思政课程”与专业“课程思政”实践教学都可以多种路径开展实践教学活动。“思政课程”与专业“课程思政”“第一课堂”的实践教学活动在教学路径和方法上可以相互借鉴和融通，不仅在教学内容上具有一致性，而且在路径上结合专业特点可以多样化；“第二课堂”的实践教学可以把学校常态化和多样化的文化和科技等系列展览、反映学校发展历史和行业历史的校史馆、学校的多种文艺汇演、科学家和企业家等多种论坛结合起来；“第三课堂”可以将各种实践教育基地的资源进行科学设计和规划，构建梯级性、多样化和系统化的实践教育路径；通过“第四课堂”，打造网络实践教育云平台。组织开展“大思政课”视域下的文化、科技等网络主题宣传活动，鼓励师生把握时代脉搏，创作微电影、动漫、音乐、短视频等，建设集资源共享、在线互动、网络宣传等为一体的“云上大思政课”平台；组织开展“同上一堂思政大课”活动等。因此，“思政课程”与专业“课程思政”实践教学作为理论教学的有机组成部分，都以丰富多样的实践基地为载体，以社会实践活动为路径，共同推进“实践育人”工作协同发展。

（四）高校“思政课程”与“课程思政”实践教学“三全育人”格局

高校立德树人不仅是“思政课程”教师的本职工作，而且专业课教师、党政机关和行政工作人员也应当参与其中。因此，高校思政工作不仅要推动“思政课程”的教育教学和实践育人，而且要推动“课程思政”与其同向同行，通过两者的有机融合，促进高校思想政治工作融入教学育人全过程，实现多维度、宽领域、深层次的“三全育人”新格局。

1.“第一课堂”的高校“思政课程”与“课程思政”实践育人的有效融合

从整体性视角看待高校大学生思想政治教育，需要高校“思政课程”与“课程思政”教学在“第一课堂”有效呈现。不仅在高校“思政课程”教学中“讲深、讲透、讲活”理论内容，还要把课堂实践教学开展好；不仅要把专业课程的理论内容讲透、讲生动，还要与生产实际、专业实际、社会实际有机结合，让专业课具有“思政味道”。因此，在专业建设的目标方面，不仅要对专业知识和技能教学有明确的要求，而且要明确专业理想、价值理念、职业道德和行业精神的要求和教育。在专业建设的内容方面，不仅要有明确的专业教学内容，而且更要深入挖掘专业知识和专业发展中的思想政治教育内容，用生动的专业发展的科学技术史、行业发展的精神文化、学科发展的优秀科学家故事等把专业教育和思想政治教育有机融合。在讲课的方式方法方面，“课程思政”和“思政课程”的理论教学不仅要按照理论联系实际的要求体现生动性，而且实践教学的方式方法后更要体现灵活性，要通过启发式的方式方法，让专业知识活起来，让思想政治教育的元素融进来。在教师队伍建设方面，高校“思政课程”与“课程思政”的教师要提高协同推进理论教学和实践育人的认同感、参与度和执行力，各司其责、有效协同，全面落实教书育人、立德树人的使命和责任。

2.“第二课堂”的高校“思政课程”与“课程思政”实践教学的精神力量

开展高校思想政治教育“三全育人”，校园文化建设和实践活动是重要一环。高校大学生思想政治教育的目标实现、教学内容的要求等都需要由“第一课堂”的教学实践向校园延伸。校园文化是学校物质文化、精神文化和制度文化。整体呈现，对提升校风、学风和教风水平，促进学生综合素质和综合素质拓展具有重要价值。同时，校园文化既是高校思想政治工作的重要载体，也是高校“思政课程”与“课程思政”实践教学的重要平台。一是探索高校“思政课程”与“课程思政”的校内实践教学呈现方式。可以通过学校举办的“企业家讲坛”“学术沙龙”等活动让企业家、科学家等把时代精神、行业精神、科学家精神与校园文化、大学精神有机融合，对大学生进行思想政治教育。二是探索高校“思政课程”与“课程思政”的校内实践教学的校园文化呈现方式。通过融合专业教育、行业精神的“红色文艺汇演”，比如话剧、音乐、舞蹈等多种校园文化创建活动，构建“三全育人”的校园文化实践育人活动。

3.“第三课堂”的高校“思政课程”与“课程思政”企业实践的文化力量

“第三课堂”是大学生走向社会、走向生产一线、走向人民群众火热的现实生活的实践平台和载体。“第三课堂”在落实和促进“三全育人”工作中发挥着独特作用。一是利用好学校、社会和企业等多种教育资源，把理论课程学习、企业社会实践和社会调查研究等有机结合，构建“知识+能力+素质”的多样化人才培养模式，以及“政产学研有机结合的育人模式”。通过企业工作站、行业精神文化教育基地，以及红色教育基地考察学习、社会调查研究等多种路径来开展。二是学校的“思政课程”和专业课程教师、学校的党员干部，包括后勤服务部门的人员，与企业和社会的多方力量有机融合，构建更为广泛的“大思政课”视域下的“全员育人”队伍。三是大学生从入学到毕业成长发展的“全过程”，受到了来自学校、企业、社会、政府以及家庭等“全方位”“实践育人”的思想政治教育。

4.“第四课堂”的高校“思政课程”与“课程思政”网络载体的传播平台

高校思想政治教育的有机融入和实践延伸，就是要将网络载体运用到高校“思政课程”与“课程思政”的实践教学之中。互联网+、人工智能、信息技术赋能驱动是高校“思政课程”与“课程思政”实践教学改革的大趋势。因此，要把握时代大势、遵循大学生思想政治教育的规律，在学生成长成才规律基础上推动信息技术与教育教学、实践教学的深度融合，深化实践教学推动质量革命。一是基于信息技术促进高校“思政课程”与“课程思政”实践育人理念转变。教学理念的更新，是新媒体新技术助推高校“思政课程”与“课程思政”实践教学改革的前提。要坚持以学生发展为中心，从学生实际出发，打造具有亲和力、具有获得感的实践育人模式。不仅在课堂上要改变传统的“一言堂”“填鸭式”“满堂灌”教学模式，更要“在实践中点燃一把火”，让青年大学生的“星星之火”形成燎原之势。因此，在高校“思政课程”与“课程思政”实践教学中，“全员育人”“主导性”要以大学生的“主体性”为中心，为“主体性”服务，大学生的“主体性”要以“全员育人”的“主导性”为引领，遵循“主导性”指导，贯穿于思想政治教育实践育人“全过程”。二是互联网把传统教室内的课堂教学延展到线上等新的网络空间。互联网为课堂教学和实践教学带来了革命性转变，智慧课堂、慕课和网络实践平台等新型教学载体和方式为高校“思政课程”与“课程思政”实践育人提供了新的手段和工具。教师在课外也可以作为参与者共同营造网络生态。这就要求教师人格要正，做到课上课下一致、网上网下一致，要言传身教、行为世范。同时，要利用互联网，注意学生关注的热点和讨论的话题，用正确的思想观念引导学生。三是要运用好网络和大数据技术分析并做好大学生思想教育工作。传统的高校思想政治教育不管是在调查研究还是在效果评估方面，大多是用感性的方法，缺少精确的数据支撑。根据研究分析，人类的社会行为93%是可以预测分析的，因此，通过大数据技术可以分析行为背后的思想认知模式。在信息化时代，网络上留下的观点和痕迹，可以构成大数据分析的基本元素。因此，通过网络言行、网络事件来分析预测个人、群体、社会行为，进而分析预测社会舆情和思想动态，从而促进高校大学生思想政治教育“实践育人”取得更好的实效。

综上所述，结合高校在“大思政课”视域下的“思政课程”与“课程思政”教学内容和要求，通过“三全育人”在“四个课堂”的有效实施，开展课内课外、校内校外、线上线下相结合的“实践育人”，推动专业教育同思想政治教育的有机衔接、专业知识同价值观教育的有机衔接，帮助大学生树立正确的世界观、人生观和价值观，将专业知识、技能传授与大学生的思想政治教育有机结合，最终实现多维度融合的“全员全过程全方位育人”的高校人才培养新模式。

第三章

高校“思政课程”与“课程思政”实践教学体系的现状和问题

2017 年 2 月 27 日，中共中央、国务院发布《关于加强和改进新形势下高校思想政治工作的意见》(中发〔2016〕31 号) 指出：“坚持全员全过程全方位育人”“把思想价值引领贯穿教育教学全过程和各环节，形成教书育人、科研育人、实践育人、管理育人、服务育人、文化育人、组织育人长效机制”。①

“全员全过程全方位育人”即“三全育人”，是新时代加强高校思想政治工作，全面落实立德树人根本任务的战略举措，也是构建“思政课程”与“课程思政”实践教学体系的现实要求。凝聚高校内外各种大学生教育资源，实现在“思政课程”与“课程思政”课堂教学和实践教学的“育人主体”“育人时间”“育人空间”的有效协同，从而形成人人、时时、处处育人的合力和体制机制。探索高校“思政课程”与“课程思政”实践教学体系是学校“三全育人”工作体系的重要组成部分，也是对学校“三全育人”工作的整体提升。探索高校“思政课程”与“课程思政”实践教学体系建构的重要基础，分析其现实状况和存在问题是进一步提升工作质量和水平的现实选择。

一、“三全育人”促进高校“思政课程”与“课程思政”实践育人基本要求

加强高校“思政课程”与“课程思政”实践教学的“三全育人”建设，就是在主体上“全员育人”，在时间上“全过程育人”，在空间上“全方位育人”。“三全育人”是落实高校立德树人根本任务的重要举措，因此，高校“思政课程”与“课程思政”理论教学和实践教学的“根本点”是培养担当民族复兴大任的时代新人，“中心点”在于“育”，“关键点”在于“全”。“三全育人”促进高校“思政课程”与“课程思政”实践育人的基本要求主要体现在以下几方面：

(一) 高校“思政课程”与“课程思政”实践育人“目标任务”

多年来，为了进一步加强高校“思政课程”的宏观指导，规范组织管理、教学管理、队伍管理和学科建设，发布了“思政课程”理论教学和实践教学的一系列重要文件。

2011 年教育部印发的《高等学校思想政治理论课建设标准（暂行)》的表述是：“实践教学纳入教学计划，落实学分（本科 2 学分，专科 1 学分)、教学内容、指导教

① 中共中央、国务院：《关于加强和改进新形势下高校思想政治工作的意见》(中发〔2016〕31 号)。

师和专项经费。建立相对稳定的校外实践教学基地。实践教学覆盖大多数学生。”①

2015 年印发的《高等学校思想政治理论课建设标准》与之相比，有几点明显不同。一是实践教学的覆盖面，由大多数学生拓展为全体学生；二是“统筹思想政治理论课各门课的实践教学”②，这显然是针对 2005 年意见中的“高等学校思想政治理论课所有课程都要加强实践环节”而言的。

2018 年印发的《新时代高校思想政治理论课教学工作基本要求》则进一步明确为：“从本科思想政治理论课现有学分中划出 2 个学分、从专科‘思政课程’现有学分中划出 1 个学分，开展本专科‘思政课程’实践教学。”③ 显然，从强调所有“思政课程”都加强实践环节，到统筹“思政课程”各门课的实践教学，再到开展统一组织的“思政课程”实践教学，教育部关于“思政课程”实践教学的要求和设计在逐步向体系化、规范化方向发展。

教育部发布了《高等学校思想政治理论课建设标准（2021 年本）》(教社科〔2021〕2 号)，明确要求：“实践教学纳入教学计划，统筹思想政治理论课各门课的实践教学、落实学分、教学内容、指导教师和专项经费。实践教学覆盖全体学生，建立相对稳定的校外实践教学基地。”④ 其中，对“思政课程”实践教学提出了非常明确的要求。

近年来，中共中央办公厅、国务院办公厅、中央宣传部、教育部等多部门又发布了多个重要文件，对高校思想政治工作、大学生思想政治教育、“思政课程”与“课程思政”理论教学和实践育人等多项工作提出了明确要求，其中对作为大学生思想政治教育整体部分的“思政课程”与“课程思政”理论教学和实践教学的“目标任务”等作出了明确规定。为了更好地体现这些重要文件的精神，现对这些重要文件的部分内容进行列举分析，如表 3-1~表 3-3 所示。

表 3-1　重要文件部分内容列举分析（一）

文件名称	中共中央办公厅、国务院办公厅印发《关于深化新时代学校思想政治理论课改革创新的若干意见》(2019)
基本内容	为深入贯彻落实习近平新时代中国特色社会主义思想和党的十九大精神，贯彻落实习近平总书记关于教育的重要论述，特别是在学校思想政治理论课教师座谈会上的重要讲话精神，全面贯彻党的教育方针，解决好培养什么人、怎样培养人、为谁培养人这个根本问题，坚持不懈用习近平新时代中国特色社会主义思想铸魂育人，现就深化新时代学校思想政治理论课（以下简称思政课）改革创新提出如下意见。

① 教育部：《高等学校思想政治理论课建设标准（暂行）》(教社科〔2011〕1 号)。
② 教育部：《高等学校思想政治理论课建设标准》(教社科〔2015〕3 号)。
③ 教育部：《新时代高校思想政治理论课教学工作基本要求》(教社科〔2018〕2 号)。
④ 教育部：《高等学校思想政治理论课建设标准（2021 年本）》(教社科〔2021〕2 号)。

续表

文件名称	中共中央办公厅、国务院办公厅印发《关于深化新时代学校思想政治理论课改革创新的若干意见》(2019)
基本内容	**指导思想。**全面贯彻党的教育方针，坚持马克思主义指导地位，贯彻落实习近平新时代中国特色社会主义思想，坚持社会主义办学方向，落实立德树人根本任务，坚持教育为人民服务、为中国共产党治国理政服务、为巩固和发展中国特色社会主义制度服务、为改革开放和社会主义现代化建设服务，扎根中国大地办教育，同生产劳动和社会实践相结合，加快推进教育现代化、建设教育强国、办好人民满意的教育，努力培养担当民族复兴大任的时代新人，培养德智体美劳全面发展的社会主义建设者和接班人

文件分析：

(1) 中共中央办公厅、国务院办公厅发布的这份文件，就说明了党和国家对“思政课程”改革创新的高度重视。

(2) 这份文件非常明确地指出了“扎根中国大地办教育，同生产劳动和社会实践相结合”的路径选择，也明确了“思政课程”与“课程思政”协同开展“立德树人”包括开展生动活泼和丰富多彩的社会实践的必然要求。

(3) “意见”明确了“努力培养担当民族复兴大任的时代新人，培养德智体美劳全面发展的社会主义建设者和接班人”的“育人目标”，这也是“思政课程”与“课程思政”协同实践育人的“目标任务”。

表 3-2 重要文件部分与内容列举分析（二）

文件名称	教育部等八部门《关于加快构建高校思想政治工作体系的意见》(教思政〔2020〕1号)
基本内容	各省、自治区、直辖市教育厅（教委)、党委组织部、党委宣传部、党委政法委、网信办、财政厅（局)、人力资源社会保障厅（局)、团委，新疆生产建设兵团教育局、党委组织部、党委宣传部、党委政法委、网信办、财政局、人力资源社会保障局、团委，部属各高等学校、部省合建各高等学校： 为深入贯彻落实习近平新时代中国特色社会主义思想，贯彻落实党的十九大和十九届二中、三中、四中全会精神，学习贯彻习近平总书记关于教育的重要论述，加快构建高校思想政治工作体系，努力培养担当民族复兴大任的时代新人，培养德智体美劳全面发展的社会主义建设者和接班人。 **目标任务。**健全立德树人体制机制，把立德树人融入思想道德、文化知识、社会实践教育各环节，贯通学科体系、教学体系、教材体系、管理体系，加快构建目标明确、内容完善、标准健全、运行科学、保障有力、成效显著的高校思想政治工作体系

文件分析：

（1）教育部、中共中央组织部、中共中央宣传部、中共中央政法委员会、中央网络安全和信息化委员会办公室、财政部、人力资源和社会保障部、共青团中央等八部门联合发布的这份文件，说明了党和国家机关以及政府部门的多部门协同和高度重视。

（2）文件明确了“加快构建高校思想政治工作体系，努力培养担当民族复兴大任的时代新人，培养德智体美劳全面发展的社会主义建设者和接班人”的“育人目标”。

（3）强调了具体的“目标任务”，即把“立德树人”融入思想道德、文化知识、社会实践教育等各环节。其中就明确了“社会实践教育”在立德树人工作中的重要地位和作用，同时也是高校“思政课程”与“课程思政”实践育人的“目标任务”和“应有之义”。

表 3-3　重要文件部分内容列举分析（三）

文件名称	教育部关于印发《高等学校课程思政建设指导纲要》的通知（教高〔2020〕3号）
基本内容	各省、自治区、直辖市教育厅（教委），新疆生产建设兵团教育局，有关部门（单位）教育司（局），部属各高等学校、部省合建各高等学校： 为深入贯彻落实习近平总书记关于教育的重要论述和全国教育大会精神，贯彻落实中共中央办公厅、国务院办公厅《关于深化新时代学校思想政治理论课改革创新的若干意见》，把思想政治教育贯穿人才培养体系，全面推进高校课程思政建设，发挥好每门课程的育人作用，提高高校人才培养质量，特制定本纲要。 **一、全面推进课程思政建设是落实立德树人根本任务的战略举措** 培养什么人、怎样培养人、为谁培养人是教育的根本问题，立德树人成效是检验高校一切工作的根本标准。落实立德树人根本任务，必须将价值塑造、知识传授和能力培养三者融为一体、不可割裂。全面推进课程思政建设，就是要寓价值观引导于知识传授和能力培养之中，帮助学生塑造正确的世界观、人生观、价值观，这是人才培养的应有之义，更是必备内容。这一战略举措，影响甚至决定着接班人问题，影响甚至决定着国家长治久安，影响甚至决定着民族复兴和国家崛起。要紧紧抓住教师队伍“主力军”、课程建设“主战场”、课堂教学“主渠道”，让所有高校、所有教师、所有课程都承担好育人责任，守好一段渠、种好责任田，使各类课程与思政课程同向同行，将显性教育和隐性教育相统一，形成协同效应，构建全员全程全方位育人大格局。
基本内容	**二、课程思政建设是全面提高人才培养质量的重要任务** 高等学校人才培养是育人和育才相统一的过程。建设高水平人才培养体系，必须将思想政治工作体系贯通其中，必须抓好课程思政建设，解决好专业教育和思政教育“两张皮”问题。要牢固确立人才培养的中心地位，围绕构建高水平人才培养体系，不断完善课程思政工作体系、教学体系和内容体系。高校主要负责同志要直接抓人才培养工作，统筹做好各学科专业、各类课程的课程思政建设。要紧紧围绕国

续表

文件名称	教育部关于印发《高等学校课程思政建设指导纲要》的通知（教高〔2020〕3号）
基本内容	家和区域发展需求，结合学校发展定位和人才培养目标，构建全面覆盖、类型丰富、层次递进、相互支撑的课程思政体系。要切实把教育教学作为最基础最根本的工作，深入挖掘各类课程和教学方式中蕴含的思想政治教育资源，让学生通过学习，掌握事物发展规律，通晓天下道理，丰富学识，增长见识，塑造品格，努力成为德智体美劳全面发展的社会主义建设者和接班人

文件分析：

（1）可以看出这份文件是教育部按照党中央的要求，进一步贯彻落实中共中央办公厅、国务院办公厅印发《关于深化新时代学校思想政治理论课改革创新的若干意见》（2019）精神和要求的具体举措。

（2）这份文件从多个维度进一步明确了加强和做好大学生思想政治教育的重要性和紧迫性。对大学生“努力成为德智体美劳全面发展的社会主义建设者和接班人”的育人“目标任务”作了明确要求。

（3）这份文件通过一系列重要表述，即“让所有高校、所有教师、所有课程都承担好育人责任”“使各类课程与思政课程同向同行，将显性教育和隐性教育相统一”“形成协同效应，构建全员全程全方位育人大格局”明确了“课程思政”建设的主体责任、实施路径，也明确了与“思政课程”同向同行的必然路径选择。

因此，可以看到，随着近年来党和国家对大学生思想政治教育工作的高度重视以及出台的一系列重要文件要求，各地高校进一步深刻意识到大学生思想政治教育包括“思政课程”建设的重要性和紧迫性；并且，随着教育部专门就“课程思政”建设的重要文件，即教育部关于印发《高等学校课程思政建设指导纲要》的通知（教高〔2020〕3号）的发布，高校“思政课程”与“课程思政”同向同行，并且进一步构建理论教学和实践教学一体化的育人体系已就成为新时代高校的重要责任和历史使命。

（二）高校“思政课程”与“课程思政”实践育人体系的“整体认知”

整体性是新时代高校“思政课程”与“课程思政”实践育人体系建构的基本要求。既要注重顶层设计的统一性、实践内容的一体化，又要注重个体性和差异性。在尊重高校“思政课程”与“课程思政”实践育人规律、全面把握实践过程的基础上，整体推进实践育人有序有效开展是落实党和国家人才培养目标的现实要求，也是实践教学立德树人功能发挥的有效途径。

1. 整体性视域下高校“思政课程”与“课程思政”实践育人的理论依据

马克思主义认为，用普遍联系的整体性视角来认识和把握世界是最基本和最重要的方法论。整体性是马克思主义理论体系的内在特质与根本属性，它“要求人们对每一个原理都要历史地，都要同其他原理联系起来，都要同具体的历史经验联系起来加以考察”①，整体性中的“整体”是相对于孤立、片面、静止来说的，既包含时空维度的全面性，也包含逻辑的有序性与目标的统一性。一是“全面性”特征要求高校“思政课程”与“课程思政”实践育人全盘考量，做到“全员全过程全方位育人”。二是“有序性”特征是整体性的外化与表述，是要素反复反馈、协调、制约、互动朝着共同目标的有序运行和动态平衡结构。实践育人的“三全育人”要求在目标设置上需遵循育人的层次性，循序渐进，相互补充。三是“统一性”特征是整体性的目标与归宿，是各要素的对立统一关系，是规律性和目的性的统一。“实践育人”目标的确立是一个实践问题。“劳动过程结束时得到的结果，在这个过程开始时就已经在劳动者的表象中存在着，即已经观念地存在着。”②

2. 整体性是高校“思政课程”与“课程思政”“实践育人”的根本要求

整体性是思想政治教育的根本要求。整体性是思想政治教育社会属性与阶级属性的本质属性和要求。高校“思政课程”与“课程思政”“实践育人”作为一种特殊的教育实践活动，“是社会或社会群体用一定的思想观念、政治观点、道德规范，对其成员施加有目的、有计划、有组织的影响，使他们形成符合一定社会所要求的思想品德的社会实践活动。”③ 对高校“思政课程”与“课程思政”“实践育人”政治性的忽视，也使育人目标失去目标，造成混淆“培养什么样的人，为谁培养人”的问题。在协同“实践育人”中让大学生体悟社会发展与个人的关系，增强他们的家国情怀意识以及对社会主义核心价值观的价值认同等，从而丰富了思想政治教育的整体性要求。

3. 整体性是高校“思政课程”与“课程思政”整合实践育人资源的根本保障

按照马克思主义整体性思想的要求整合高校“思政课程”与“课程思政”实践育人资源，是提升教育实效性的重要基础和保证。一是随着高校“思政课程”与“课程思政”实践育人的深入发展，人们认识到“三全育人”的必要性和重要性。大学生作为成长和发展中的社会人，需要来自学校、社会和家庭多种资源的整体性力量协同其全面发展和成长成才。学生需要在学校接受教育，“读万卷书”，也需要在社会这个大环境下不断拓宽视野，培养社会责任感；“行万里路”，增强为社会主义现代化强国的报国之志。二是要充分挖掘高校“思政课程”与“课程思政”整合实践育人的多种资源，将物质资源和精神资源有机结合，将有形资源与无形资源紧密结合。正如苏联教育家苏霍姆林斯基提出的，既要“要让学校的每一面墙壁都会说话”，也要通过社会实践把有形教育资源与无形教育资源相融合，把学校资源和社会资源相融合。

---

① 中央编译局：《列宁专题文集·论马克思主义》，人民出版社，2009 年版。

② 《马克思恩格斯选集》第 2 卷，人民出版社，2012 年版。

③ 陈万柏、张耀灿：《思想政治教育学原理》，高等教育出版社，2015 年版。

（三）高校“思政课程”与“课程思政”“三全育人”的基本要求

“三全育人”建设是针对高校思想政治工作的整体提出的要求，也是构建高校“思政课程”与“课程思政”实践育人体系的现实要求。总体工作就是构建目标明确、内容完善、标准科学、运行顺畅、机制健全、保障有力、成效显著的育人工作体系，使高校“思政课程”与“课程思政”实践育人体系贯通于学科体系、教学体系、内容体系、载体体系、管理体系等全方位、系统化的育人格局。高校“思政课程”与“课程思政”实践育人体系的多维度要求体现在以下几方面：

一是主体维度。高校“思政课程”与“课程思政”实践育人的“全员”。“三全育人”中的“全员育人”涉及的是育人过程中主体维度的问题。“全员育人”的理念认为，学校、家庭、社会以及学生等多方面的力量都应当是高校“思政课程”与“课程思政”实践育人体系的参与者和实施者。“全员育人”理念下的高校“思政课程”与“课程思政”实践教学体系不仅是高校“思政课程”与“课程思政”教师的职责，也是高校学生工作部门、宣传部以及各学院行政管理人员、后勤工作人员的职责。因此，高校“思政课程”与“课程思政”实践育人体系是高校的“全员共在”。

二是时间维度。高校“思政课程”与“课程思政”实践育人的“全过程”。“三全育人”中的“全过程育人”指的是育人过程中的时间维度。“全过程育人”的理念认为，高校“思政课程”与“课程思政”实践育人体现为学生从入学到毕业在校学习的全过程。这种“全过程”体现为“思政课程”与“课程思政”实践教学体系的持续性和连贯性，体现为教育实践活动的教育资源与教育成果可以“全过程”共享。

三是空间维度。高校“思政课程”与“课程思政”实践育人的“全方位”。“三全育人”中的“全方位育人”是指育人过程的空间维度。其一，高校“思政课程”与“课程思政”“实践育人”的内容是多样的。既体现为“思政课程”的理论教学和实践相互结合的教学内容，也体现为基于教育部印发的《高等学校课程思政建设指导纲要》的“课程思政”理论传授和实践教学的具体内容。其二，高校“思政课程”与“课程思政”“实践育人”的方法是多种的。既可以采用问卷调查法、案例讲授法、田野调查法；也可以到红色基地学习实践、到基层部门和单位实习实践等。其三，从高校“思政课程”与“课程思政”“实践育人”的“空间范围”上来说，可以采用“第一课堂”的实践教学、“第二课堂”的校园实践教学、“第三课堂”的社会实践教学、“第四课堂”的融媒体网络实践教学。其四，高校“思政课程”与“课程思政”“实践育人主体”是多维度和多方面的，可以体现为“教书”实践育人、“科研”实践育人、“管理”实践育人、“服务”实践育人、“文化”实践育人等，体现在高校“思政课程”与“课程思政”“实践育人”的内容、方法和路径等全方位共建上。

二、实践教学“全员育人”体系的现状和问题

（一）实践教学“全员育人”体系的主要因素

加强高校“思政课程”与“课程思政”实践教学“三全育人”的“全员育人”，就是指参与“实践教学”主体的多元性、整体性和一体化。主要包括以下层面：一是在高校领导层，学校党委是高校思想政治工作尤其是大学生思想政治的领导者、组织者，也是高校“思政课程”与“课程思政”理论教学和实践教学的领导主体和指导主体。二是高校各部门的负责人是高校“思政课程”与“课程思政”实践教学的积极协同者和执行者。三是高校各学院的负责人包括学院党组织的书记、院长、团委书记和辅导员等也是高校“思政课程”与“课程思政”实践教学的积极协同者和执行者。四是马克思主义学院的负责人和全体思政课教师是“思政课程”与“课程思政”实践教学非常重要的力量，在实践教学内容确定、方法选择和路径设计等方面发挥着非常重要的作用。五是高校“思政课程”与“课程思政”实践教学也需要学生和家庭的参与和配合。学生既是社会实践活动的课题，也是参与组织和协同的重要力量。同时，学生家长也可以为实践教学提供多方面的参与和支持。

因此，高校“思政课程”与“课程思政”实践教学“全员育人”的要求应当是：“全员同在”“全员参与”“全员推进”和“全员落实”。教育部关于《高等学校课程思政建设指导纲要》明确了高校“思政课程”与“课程思政”“全员育人”的必要性、重要性和紧迫性，如表 3–4 所示。

表 3–4 《高等学校课程思政建设指导纲要》部分内容

文件名称	教育部《高等学校课程思政建设指导纲要》（教高〔2020〕3 号）
主要内容	**一、全面推进课程思政建设是落实立德树人根本任务的战略举措** 培养什么人、怎样培养人、为谁培养人是教育的根本问题，立德树人成效是检验高校一切工作的根本标准。落实立德树人根本任务，必须将价值塑造、知识传授和能力培养三者融为一体、不可割裂。全面推进课程思政建设，就是要寓价值观引导于知识传授和能力培养之中，帮助学生塑造正确的世界观、人生观、价值观，这是人才培养的应有之义，更是必备内容。这一战略举措，影响甚至决定着接班人问题，影响甚至决定着国家长治久安，影响甚至决定着民族复兴和国家崛起。要紧紧抓住教师队伍“主力军”、课程建设“主战场”、课堂教学“主渠道”，让所有高校、所有教师、所有课程都承担好育人责任，守好一段渠、种好责任田，使各类课程与思政课程同向同行，将显性教育和隐性教育相统一，形成协同效应，构建全员全程全方位育人大格局

（二）实践教学“全员育人”体系存在的问题

通过调查研究和分析，“思政课程”与“课程思政”实践教学体系存在以下主要问题：

1. 对于高校“思政课程”与“课程思政”实践教学协同推进思想政治教育的功能认识不足

随着信息技术的发展和工业社会的进一步发展，对工具人格的培养和形成带来了重要影响，教育也要面对效率和竞争等市场机制等新的转变方向发展。为了让大学生在社会分工进一步发展中拥有更为专业化的技能，许多高校针对就业目标导向把教学目标与社会发展需求相结合，进一步把未来职业发展需要的专业技能作为教育的重要目标之一。因此，当工具理性成为需求的重要方面时，课堂教学也更为注重培养学生的“外化能力”，促使学生成为“有用零件”并具有“工具属性”。这样就导致了课堂教学的价值理性逐渐降低，课堂教学加强了对学生知识、技能和方法的培养，而家国情怀教育、人生观教育、价值观教育等思想政治教育容易被淡化或者削弱。因此，作为“全员育人”主体，不同程度地存在对“思政课程”与“专业课程”实践育人融合的必要性和紧迫性认识不足的问题。

2. 高校各部门在“思政课程”与“课程思政”实践教学的主体责任还存在不够明确的问题

目前，高校各部门和单位对“思政课程”与“课程思政”实践教学理念认识存在差异，造成各高校的推进策略各有不同。有的高校对于“思政课程”与“课程思政”实践教学能够从全方位的角度制定较为完善的工作体系和实施细则，并且带动学校各部门和单位积极参与，制定科学合理的考核评价机制。然而，有部分高校的育人主体认为“课程思政”实践教学仅仅是增加综合素养的一个环节，认为没有必要和“思政课程”实践教学进行协同。

实际上，高校各部门和单位应当尽到各自的职责和义务，形成全员参与、协同配合、有机运作、主体责任明确的运行机制。然而有的高校各职能部门、基层党组织、二级学院职责各有不同，岗位存在差异，目标不够统一，有的高校形成了“各自为政”的情况，造成了高校的部门和单位主体责任不明确的问题，造成了“思政课程”与“课程思政”理论教学和实践教学教育合力不足的问题。

3. 高校“思政课程”与“课程思政”实践教学的教育主体之间还存在协同合力不足的问题

高校课堂教学是实施大学生思想政治教育的主渠道，因此，各类课程都要通过“课程思政”种好大学生思想政治教育的“责任田”。拓展“课程思政”实践教学的育人效力，需要与“思政课程”实践教学的各种育人主体和育人要素形成育人合力。以“思政课程”协同“课程思政”实现实践教学改革的实效性，需要高校党委发挥领导作用，发挥各部门和各学院协同构建“思政课程”与“课程思政”实践教学的育人平台，引导和鼓励“专业课程”教师和“思政课程”教师的协同协作，凝聚形成思想政治教育的育人合力。

总之，“思政课程”与“课程思政”实践教学真正发挥育人实效需要高校全员力量，所有单位部门同心合力创建协同育人的“大思政”格局氛围。“思政课程”与“课程思政”实践教学是一项长期复杂的工程，实践育人不仅需要各级领导、各部门和学院的教师形成合力达到育人效果的有力保障，也需要高校教育主体应各司其职，形成协同育人机制。

（三）实践教学“全员育人”体系问题的原因

存在以上“思政课程”与“课程思政”实践教学全员融合育人问题的原因在于以下几方面：

1. 对于“课程思政”与“思政课程”实践教学融合的“全员育人”的认识还不够

“全员育人”理念要求高校领导和教师都要作为大学生思想政治教育的教育者，参与到大学生思想政治教育中。“全员育人”就是指“全员同在”推进协同实践育人工作。根据马克思主义的观点，人的本质是社会关系的总和，是人与他人协同认识世界和改造世界的活动。人类的社会实践活动构成了世界的多样性、丰富性和整体性，也使人的社会关系表现为“共在的状态”。实际上，“思政课程”与“课程思政”实践教学的“全员同在”理念是对教育主客体关系不断深化的认知过程。在传统的思想政治教育关系中，教师是实践教学过程中的主体，学生是实践教学过程中的客体。而在“全员育人”“师生同在”的理念之下，“思政课程”与“课程思政”实践教学的师生都是教育关系中平等的关系，这种教育关系不是单一向度的关系，而是双向或者多向度的关系。因此，高校“思政课程”与“课程思政”教师都是以个体共在的状态参与教育活动的主体。在这种理念之下，“课程思政”与“思政课程”实践育人的力量不仅包括机关党团工作人员、“思政课程”教师、辅导员等传统的高校思想政治教育相关人员，而且包括其他任课教师、兼职教师、行政管理人员、后勤工作人员，同时包括学生家长、校友、学校聘请的专家学者等多方面的力量。①

2. “思政课程”与“课程思政”实践教学的育人主体责任落实不够到位

在传统的思想政治教育理念影响下，高校教师往往各在其位、各司其责，教师的

① 刘瑞、周海亮：《以立德树人为根基的高校“三全育人”工作机制建构研究》，《学校党建与思想教育》，2019年第3期，第82-84页。

知识传授身份与思想教育身份是相对割裂和疏离的。在新的历史条件下，教育者的身份和职责日益多元化和一体化，是学生知识、能力和觉悟相统一的引领者。在传统意义上，高校大学生思想政治教育者主要包括“思政课程”教师以及党团组织和相关领导与工作人员。在新的历史条件下，大学生思想政治教育的整体性和系统性要求日益提升，对于“全员育人”的“全员同在”“全员推进”的要求也提上更加重要的日程。但是，“思政课程”与“课程思政”实践教学的“全员育人”主体责任的落实不够到位。实际上，“思政课程”教师不仅担当着大学生“思政课程”主渠道的育人职责，而且担当着协同学校相关部门和单位开展大学生思想政治教育的主体责任，尤其是将与专业课教师协同开展“课程思政”课堂教学的内容、方式方法等方面需要发挥主体引导责任，而且在“课程思政”实践教学的实践主体、实践内容、实践路径等方面要参与科学设计。

3. “思政课程”与“课程思政”协同运行的体制机制还不够健全

这主要体现在以下两方面：(1)“思政课程”与“课程思政”理论教学和实践教学“全员育人”的主体协同不够。学校党委制定的大学生思想政治教育的制度和要求，需要各部门和各单位有效落实和认真协同组织实施。但是，在不同部门之间、不同单位（即二级学院）之间、马克思主义学院和其他专业院系之间协同的深度和广度存在差异和不足。(2)“思政课程”与“课程思政”实践教学“全员育人”的运行体制和机制协同不够。协同实践育人的有效开展需要学校各部门和单位有机联系、密切协调，进行科学规划；也需要学校与校外实践基地、企事业单位，相关基地和单位的科学家、工程师、英模人物做好大学生思想政治教育实践育人的统筹规划和运行协调工作。但是，在学校内部和校内外之间由于协同的体制机制不够健全会出现实践效果不佳和实施的广度、深度不够等问题。

三、实践教学“全过程育人”体系的现状和问题

（一）实践教学“全过程育人”体系构成和要求

“三全育人”中的“全过程育人”涉及的是育人过程中时间维度的问题。“全过程育人”的理念认为，思想政治教育要覆盖学生在校学习的全过程，从入学到毕业，要全过程地对学生进行思想政治教育。在这种“全过程”的理念下，思想政治教育活动是具有“连贯性”的，思想政治教育活动相关的教育资源与教育成果可以“全过程”共享。也就是说，作为思想政治教育实践活动的“课程思政”和“思政课程”，可以在教育实践过程中“全过程”共享教育资源、教育成果。

高校“思政课程”与“课程思政”实践教学育人体系的“全过程育人”具体体现在：一是本科生大学四年思想政治教育“全过程”实践育人；二是本科生“思政课程”理论教学和实践教学的大学四年“全过程”实践育人；三是本科生大学四年“课程思政”理论教学和实践教学的“全过程”实践育人；四是本科生大学四年“思政课程”与“课程思政”理论教学和实践教学“全过程”实践育人；五是硕士研究生三年“思政课程”与“课程思政”理论教学和实践教学“全过程”实践育人；六是博士研究生四年“思政课程”与“课程思政”理论教学和实践教学“全过程”实践育人。在以上六个方面的“全过程育人”过程中，还要有育人内容、育人方法、育人手段等方面的过程性体现和过程性特点。

在高校“思政课程”与“课程思政”实践教学育人体系“全过程育人”的原则性要求上要做到：一是全过程的系统性和整体性。大学阶段包括本科生、硕士研究生和博士研究生的思想政治教育是一个有机统一的系统，不仅与其在小学和中学阶段的思想政治教育存在一体化的要求和密切联系，而且在高校本硕博各阶段也要形成一个统一的整体。二是全过程的阶段性和层级性。不仅大中小学思政课课程目标需要进行一体化设计，而且大学本科四年以及本硕博各阶段的思想政治教育尤其是实践育人体系也需要具有循序渐进的层级性，并呈现为阶段性特点（见表 3–5）。

表 3–5 《新时代学校思想政治理论课改革创新实施方案》部分内容

文件名称	中共中央宣传部教育部关于印发《新时代学校思想政治理论课改革创新实施方案》的通知（教材〔2020〕6 号）
主要内容	**二、课程目标体系。**按照循序渐进、螺旋上升的原则，立足于思政课的政治性属性，对大中小学思政课课程目标进行一体化设计，以了解学习、理解把握习近平新时代中国特色社会主义思想为课程主线，在政治认同、家国情怀、道德修养、法治意识、文化修养等方面提出明确要求，引导学生坚定“四个自信”，做德智体美劳全面发展的社会主义建设者和接班人。 （一）小学阶段重在培养学生的道德情感。 （二）初中阶段重在打牢学生的思想基础。 （三）高中阶段重在提升学生的政治素养。 （四）大学阶段重在增强学生的使命担当。 **三、课程体系。**根据学生成长规律，结合不同年龄段学生的认知特点，构建大中小学一体化思政课课程体系。在小学及初中阶段“道德与法治”、高中阶段“思想政治”、大学阶段“思想政治理论课”中落实课程目标要求，重点推进习近平新时代中国特色社会主义思想融入课程，实现整体设计、循序渐进、逐步深化，切实提高课程设置的针对性实效性。

续表

文件名称	中共中央宣传部教育部关于印发《新时代学校思想政治理论课改革创新实施方案》的通知（教材〔2020〕6号）
主要内容	要求：大学阶段开设“选择性必修课程”；明确了“各高校要规范实践教学，把思想政治教育有机融入社会实践、志愿服务、实习实训等活动中，切实提高实践教学实效。” **四、课程内容。**在各学段现有课程内容基础上，重点强化习近平新时代中国特色社会主义思想进课程进教材，培育和践行社会主义核心价值观，推进法治教育、劳动教育、总体国家安全观教育、公共卫生安全教育等方面内容的全面融入，实现学段纵向衔接、逐层递进，学科、课程协同联动

三是全过程的融合性和有机性。思想政治教育不仅是一个系统，而且在运行过程中要体现融合性和有机性。在实践育人过程中，不仅要求采用“显性教育”，而且要与“隐性教育“有机结合，凸显育人“润物细无声”的特点与作用。高校“思政课程”与“课程思政”实践教学育人体系更要体现在按照知识体系、认知规律、育人目标的融合性和有机性，而不是在实践育人上的随意性和主观性。

（二）实践教学“全过程育人”体系存在的问题

通过调查研究和分析，“思政课程”与“课程思政”实践教学开展情况以及存在的问题主要有以下几方面：

1. 本科生大学四年思想政治教育“全过程”实践育人的现状和问题

在大学四年一贯制的思想政治教育“全过程”实践育人主要体现在：一是作为学校学生工作（部）处、学校团委、马克思主义学院、各专业学院的负责人和教师在协同推进“全过程”实践育人，可以说许多学校都在积极推进这一工作。但是，在“全过程”实践育人的过程衔接、实践主题探索、人员协调沟通等方面存在差异和不同程度的问题。二是基于实践育人规律实践主题的选择需要综合考虑和设计，比如，大一年级要开展以理想信念、专业发展、人生规划、家国情怀、责任担当等为主题方向的社会实践活动，因为这是大学四年人生发展的重要基础；大二、大三年级要开展以专业发展、行业实际、职业理想、国家战略等为主题方向的社会实践活动；大四年级要开展以事业理想、行业未来、国家战略等为主题方向的社会实践活动。但是，不同高校、不同部门和单位在实施过程中对大学四年不同阶段的实践育人设计存在不同程度的随意性，大学四年学段的衔接存在不够紧密的问题。

2. 本科生大学四年“思政课程”理论教学和实践教学“全过程”实践育人的现状和问题

本科生大学四年“思政课程”主要包括“思想道德与法治”“马克思主义基本原

理”“中国近现代史纲要”“习近平新时代中国特色社会主义思想”“毛泽东思想和中国特色社会主义理论体系概论”以及“形式与政策”六门课程。这六门课程在不同高校开设情况和存在的问题主要有：一是不同高校在大学一年级和二年级开设的课程存在差异，不同课程的思政课教师虽然有集体备课制度等，但是在六门思政课的“理论教学和实践教学”统一协调方面存在差异。另外，六门思政课的“理论教学和实践教学”设计和安排，与高校大学生整体的社会实践设计和安排协同的深度和广度存在不足。二是“形势与政策”课虽然是大学四年一贯制教学，但是在与其他五门“思政课程”的“理论教学和实践教学”的统筹设计和安排上存在不足。

3. 本科生大学四年“课程思政”理论教学和实践教学“全过程”实践育人的现状和问题

作为大学四年“课程思政”理论教学和实践教学“全过程”理论教学过程，虽然有教育部印发的《高等学校课程思政建设指导纲要》作为统一的指导，在不同学科门类等方面都提出了明确要求。但是，专业课、基础课和通识课等课程在“课程思政”理论教学和实践教学方面的教学内容协同、教学方法协同、实践路径协同等方面存在不足。

4. 本科生大学四年“思政课程”与“课程思政”理论教学和实践教学“全过程”实践育人的现状和问题

目前，许多高校在“思政课程”与“课程思政”的教学协同和一体化建设方面做了大量的工作，也取得了不同进展。但是，部分高校在“思政课程”与“课程思政”的教学协同和实践育人协同方面还存在不足。这主要体现为：“思政课程”教师在教学协同和实践育人中的引领作用还没有更好地发挥出来；“课程思政”教师在理论教学内容、实践教学设计方面协同度不够，在过程衔接上没有量化的标准和测评的标准。

5. 硕士研究生三年“思政课程”与“课程思政”理论教学和实践教学“全过程”实践育人的现状和问题

硕士研究生三年“思政课程”理论教学和实践育人环节的现状和存在的问题主要在于：一些高校在理论教学和实践教学的时间段上都进行了设计，一般是理论教学 24 学时，实践教学 8 学时；但是，实践教学的实施过程中不同高校的做法存在较大差异；另外，在“思政课程”与“课程思政”的理论教学和实践育人环节方面协同力度不够。在教学过程中，部分高校“课程思政”教师做了大量的工作，在教学设计和教学比赛等方面取得了成绩；但是，一些“课程思政”教师协同度不够，“课程思政”教师与“思政课程”教师在“全过程”实践育人环节方面协同度不够。

6. 博士研究生四年“思政课程”与“课程思政”理论教学和实践教学的“全过程”实践育人的现状和问题

博士研究生在高校人才培养中居于特殊位置，具有高阶型、研究型和创新型人才培养特点。博士研究生在企业研究所、高校实验室和专门科研院所的工作占有其学业的大部分时间，另外深入生产一线的机会和时间也会更多。因此，博士研究生四年

“思政课程”与“课程思政”理论教学和实践教学的“全过程”实践育人更需要从实际出发，科学设计。这就需要：研究生院要基于国家发展战略、行业发展需求等人才培养需要，协同学校制定符合博士研究生培养实际的“实践育人”方案；博士研究生导师在“实践育人”中发挥着引领者和第一责任人作用；研究生工作（部）处在“全过程”育人中发挥着全程的引导实施作用。但是，博士研究生“全过程”实践育人在过程衔接、路径协同等方面还存在衔接不够紧密、实施路径不够清晰等问题。

（三）实践教学“全过程育人”体系问题的原因

高校“思政课程”与“课程思政”实践教学“全过程育人”体系存在问题的原因，主要体现在以下几方面：

一是缺乏对“全过程育人”的“过程设计”。毛泽东在《论持久战》中指出：“‘凡事豫则立，不豫则废’，没有事先的计划和准备，就不能获得战争的胜利。”[①] 因此，在高校“思政课程”与“课程思政”实践教学“全过程育人”过程中需要按照青年大学生成长特点和育人规律做好全程的设计和规划工作。

二是缺乏对“全过程育人”的“过程控制”。在“全过程育人”管理中的控制可以在“行动开始之前”“行动进行之中”“行动结束之后”进行，称作三种“控制模型”：第一种是“预先控制”，第二种是“过程控制”或“同期控制”，第三种是“反馈控制”或“事后控制”。因此，“全过程育人”的程序控制法就是要求“全员育人”的育人主体按规定的“过程设计”的要求和程序来完成，以实现和达到育人的目标和要求。根据图 3-1 所示的“过程控制”原理和路径，高校“思政课程”与“课程思政”实践教学“全过程育人”包括“启动”“规划”“执行”和“收尾”等各阶段，为了更为有效地实施，需要学校各部门和单位有机协同，多方位保证环环相扣。

图 3-1 过程控制原理和路径

---

① 《毛泽东文集》，人民出版社，1996 年版。

四、实践教学“全方位育人”体系的现状和问题

（一）实践教学“全方位育人”体系的主要方面

“三全育人”中的“全方位育人”是指育人过程的空间维度。一是高校“思政课程”与“课程思政”“实践育人”的内容是多样的。既体现为“思政课程”的理论教学和实践相互结合的教学内容，也体现为基于教育部印发的《高等学校课程思政建设指导纲要》的“课程思政”理论传授和实践教学的具体内容。二是高校“思政课程”与“课程思政”“实践育人”的方法是多种的。既可以采用问卷调查法、案例讲授法、田野调查法；也可以到红色基地学习实践、到基层部门和单位实习实践等。三是以高校“思政课程”与“课程思政”“实践育人”的“空间范围”上来说，可以采用“第一课堂”的实践教学、“第二课堂”的校园实践教学、“第三课堂”的社会实践教学、“第四课堂”的融媒体网络实践教学。四是高校“思政课程”与“课程思政”“实践育人主体”是多维度和多方面的，可以体现为“教书”实践育人、“科研”实践育人、“管理”实践育人、“服务”实践育人、“文化”实践育人等，体现在高校“思政课程”与“课程思政”“实践育人”中运用语料库辅助教学等“全方位共建”上。

（二）实践教学“全方位育人”体系存在的问题

1. 高校“思政课程”与“课程思政”“实践育人”的内容是多样的，但是在理论和实践探索的融合性上成果还不够

（1）许多高校在“思政课程”的理论教学和实践相互结合方面进行了较为深入的探索。戴钢书（2015）等著，由中国人民大学出版社出版的《高校思想政治理论课实践教学论》；河南财经政法大学王红阳（2020）著，由经济管理出版社出版的《高校思想政治理论课实践教学创新研究》；2018 年天津市高校思想政治理论课教学改革创新示范团队项目，王媛、郭旭（2020）著，由中国民族文化出版社出版的《高职院校思政课实践教学研究——以毛泽东思想和中国特色社会主义理论体系概论为例》；康瑜、董杨（2020）主编，由高等教育出版社出版的《思想政治理论课实践教程》；尹红霞、康慧、刘淑云（2021）主编，由北京师范大学出版社出版的《思想政治理论课实践教程》；饶旭鹏、刘海霞（2019）著，由人民日报出版社出版的《理工科大学思政课实践教学的理论与实践研究》；陈刚（2019）等主编，由高等教育出版社出版的《高校思想政治理论课实践教学实用教程》等，可以看出这些著作的“思政课程”实践教学的有

关做法和探索，是“思政课程”实践育人非常积极的系列成果。但是从“思政课程”与“课程思政”实践教学体系探索的理论和实践成果还非常少。

（2）许多高校在按照教育部印发的《高等学校课程思政建设指导纲要》的“课程思政”理论传授和实践教学的具体内容方面也进行了积极探索。比如，北京联合大学编辑出版了《课程思政案例选编》、上海出版印刷高等专科学校出版了《“课中课”融汇，德智技贯通》的“课程思政改革探索和实践”作品、上海电机学院吕小亮编著的《思政与课程教改访谈录》；杜震宇（2020）主编，由华东师范大学出版社出版的《生物学科课程思政教学指南》；叶勇、康亮（2019）著，由西南交通大学出版社出版的《新时代高职院校工科专业课程思政教育探索》，以及楚国清、孙善学（2020）主编，由首都经济贸易大学出版社出版的《课程思政“三金”优秀教学设计案例》等，都是这些学校以及相关专家对“课程思政”教学的研究和探索成果。可以看出，这些理论研究成果主要集中在“课程思政”教学的理论与实践方面。

（3）一些高校在“思政课程”与“课程思政”“实践育人”的内容、路径设计上采用了多样化的做法。比如，谢瑜等（2021）著，由西南交通大学出版社出版的《思政课程与课程思政融合的教学研究》；傅畅梅等（2020）著，由东北大学出版社出版的《课程思政建设背景下思想政治理论课实践教学研究》等研究成果，是高校在“思政课程”与“课程思政”“实践育人”方面探索的非常有益的成果。

可以看出，这些理论研究成果对深化“思政课程”与“课程思政”“实践育人”相融合带来了非常积极的影响。但是这些研究成果还不够，关于“思政课程”与“课程思政”“实践育人”相融合的研究论文还比较少。同时，许多高校在“思政课程”与“课程思政”“实践育人”相融合的规律性、系统性经验总结还很不够。

2. 在高校“思政课程”与“课程思政”“实践育人”的“空间范围”上，可以采用“第一课堂”的实践教学、“第二课堂”的校园实践教学、“第三课堂”的社会实践教学、“第四课堂”的融媒体网络实践教学，但是在“四个课堂”的实践教学上还存在不同程度的问题

（1）在“思政课程”与“课程思政”实践育人的“第一课堂”建设方面，部分教师在发挥课堂教学的主体和主导作用方面不足，教学的针对性、实效性、连续性和整体性不够。对于协同开展“协同实践育人”的理论和实践探索还比较少。

（2）在“思政课程”与“课程思政”实践育人的“第二课堂”建设方面，还存在程度不一、融合不够深入等问题。高校“思政课程”与“课程思政”实践育人在结合时代发展和重大事件、重要节日等纪念活动方面，在结合我国社会主义现代化建设中的政治、经济、文化、社会和生态文明建设的重要主题，通过纪念征文、知识竞赛、演讲比赛、歌咏会、报告会、座谈会、红色实践、主题教育活动等形式方面，都做了不同程度的积极探索。但是，部分高校在“思政课程”与“课程思政”校园文化实践育人的内容、路径和方式方法等方面还存在“议程设置”的主题不够明晰、融合度不够深入等问题。

（3）在“思政课程”与“课程思政”实践育人的“第三课堂”建设方面，还存在主题选择的代表性、深入性和广泛性不够等问题。许多高校“思政课程”与“课程思政”实践育人的“第三课堂”建设采用了多样化的做法：组织大学生参观爱国主义示范教育基地、重要革命遗址遗迹和纪念设施、红色经典艺术教育示范基地以积累经验；组织大学生就地、就近参加多种结合专业、未来发展的面向企业、科研院所等的社会实践活动，将个人变化、家庭变化同家乡变化结合起来，通过纵向和横向比较，激发大学生的家国情怀，以及热爱中国共产党、热爱社会主义的真挚情感；积极探索和建立健全社会实践与专业学习和专业实习相结合、与服务社会相结合、与勤工助学相结合、与择业就业相结合、与创新创业相结合的实践育人体制机制。但是，作为实践育人重要载体和路径的“第三课堂”的系统性、整体性设计和建构还需要深入和加强。

（4）在“思政课程”与“课程思政”实践育人的“第四课堂”建设方面取得了积极进展。在信息化时代，网络媒介是“思政课程”与“课程思政”实践育人的重要阵地；运用好报纸、广播、电视、网络、手机等新旧媒介，大力建设融思想性、知识性、趣味性、服务性于一体的“思政课程”与“课程思政”实践育人主题网站或网页或微平台。在形成网上网下教育合力，积极构建网络工作体系，牢牢把握网络思想教育的主动权和话语权等方面发挥了重要作用。但是，在“思政课程”与“课程思政”实践育人的“第四课堂”建设方面，还存在网络媒介作品的制作技术和水平、媒介传播规律探索不足的问题。

3. 高校“思政课程”与“课程思政”“实践育人”的方法是多种的，但是方法的创新需要加强

一些高校在“思政课程”与“课程思政”“实践育人”方法上，采用了问卷调查法、案例讲授法、田野调查法；一些高校在“思政课程”与“课程思政”“实践育人”方法上，采用到红色基地学习实践、到基层部门和单位实习实践等方法。但是，在高校“思政课程”与“课程思政”“实践育人”方法的科学性选择、方法的融合多样、方法的有效比较方面仍然需要深化和探索。

4. 高校“思政课程”与“课程思政”“实践育人主体”是多维度与多方面的综合、立体和全方位的建设，但是协同机制还需加强

这具体体现在：一是高校“思政课程”与“课程思政”“实践育人”中运用语料库辅助教学等“全方位共建”。自 2017 年以来，进行了“思政课程”的理论教学和实践教学语料库的探索和建设，收到了比较好的教学效果。目前正在结合“课程思政”的理论教学和实践教学探索“一体化”的教学路径和教学方法。二是“思政课程”与“课程思政”“实践育人主体”在“教学”实践育人、“科研”实践育人、“管理”实践育人、“服务”实践育人、“文化”实践育人等方面，许多高校都进行了多种探索和实践。

但是，在“教学”实践育人方面，“思政课程”与“课程思政”“实践育人”有机协同不够。尤其是没有充分认识到专业课程的教育功能；在专业课程教学方案和培养体系方面弱化了育人功能；还没有充分挖掘和运用专业课程所蕴含的思想政治教育元素。专业课程之间未真正形成有机的协同效应。“思政课程”与“课程思政”实践教学实施方案还不够系统。“思政课程”与“课程思政”实践教学的培训指导还不够到位，相关的制度保障和实践教学的资金等有待深化和落实，教学评估亟待完善。“教学”实践育人、“科研”实践育人、“管理”实践育人、“服务”实践育人、“文化”实践育人有机融合的路径和方法上还不够。

（三）实践教学“全方位育人”体系问题的原因

1. 高校“思政课程”与“课程思政”“实践育人”与传统实践育人类型和途径融合优化不够

传统的高校实践课程和实践活动类型主要有三类。实践课程即“思政实践”“专业实践”和“社会实践”。这三类实践课程的实施主体不同。“思政实践”的实施主体是各校马克思主义学院及其教师；“专业实践”的实施主体是各专业院系及其教师；“社会实践”的实施主体是各高校学工、团委等部门。目前，这三类实践课程均取得了较大的成绩和显著的进步，但不可否认，其中的问题还有很多。但是，目前在部分高校还没有处理好“思政课程”与“课程思政”“实践育人”的关系，在新条件下实现有机融合。

2. 高校“思政课程”与“课程思政”实践教学“全方位”育人体系不够健全的原因

这具体体现在以下几个方面：

（1）参与“实践育人”的教师经验缺乏，主导作用不够，协同度不足；开展“实践育人”制度设计和物质条件保障机制还有不足；在参与实践教学育人的思想认识上还需要加强。

（2）“实践育人”中对大量思想政治教育资源的利用和挖掘还不够。以理工科为例，各专业“课程思政”实践教学可以利用本专业、本领域和本行业最新最前沿的发展成果和技术，也可以利用对大学生进行思想政治教育特别是爱国主义教育的重要资源，如英国著名的科学史专家李约瑟著的《中国科学技术史》中列举了历史上几百项中国科学技术的世界第一，这对于激发大学生民族自豪感具有重要价值。同时，在《中国近现代史纲要》和《思想道德与法治》课程以“爱国主义教育”为主线的教学中，可以将中国近现代科学技术史，尤其是将新时代科学技术发展的战略需要等内容结合起来。因此，“思政课程”与“课程思政”实践教学“全方位”育人的实践活动，可以到大型企业、科研院所、展览馆和博物馆等社会实践基地开展。但是，部分高校对“全方位”实践育人的认识不够到位，资源挖掘和路径创新探索不够，影响了思想政治教育的效果。

第四章

构建“思政课程”与“课程思政”实践教学体系原则和逻辑关系研究

构建“思政课程”与“课程思政”实践教学体系的直接目的在于形成“思政课程”实践教学和“课程思政”实践教学协同效应，即在政治方向、文化认同以及育人方向等方面实现协同发展，进而实现二者有效补充、互促发展。为此，推动“课程思政”与“思政课程”实践教学体系建设，要根据思想政治工作规律、教书育人规律、学生成长规律，进一步明确构建这一体系的基本原则与内在逻辑，实现高校思想政治工作因事、因时、因势的创新发展。

一、实践教学体系融合建设的基本原则

“思政课程”与“课程思政”实践教学体系融合建设，是推进高校思想政治工作的创新发展之一。当前，为大力推动两个渠道同向发力、育人共振，高校在融合建设“思政课程”与“课程思政”实践教学体系的过程中，要遵循系统性与动态性原则、理论性和实践性原则、特殊性和协同性原则，以正确处理各种矛盾和关系，保障两个渠道融合建设的方向性、科学性和有效性。

（一）系统性与动态性原则

马克思主义经典作家把一切历史本身和历史运动看成是“系统的运动”，最终形成马克思主义的唯物辩证法理论。运用系统性与运动性的观点和原则，去看待一事物的本质及其发展，也成为马克思主义的方法论之一。在“思政课程”与“课程思政”实践教学体系融合建设过程中，首先要坚持系统性原则。系统性原则又体现在整体性与逻辑性两个方面。“思政课程”与“课程思政”实践教学体系融合建设的整体性是指两者实践教学融合体系的建设、完善和实施是一项系统工程，包含着复杂而不可分割的因素和环节，必须从整体上把握。系统建设本身就是长期性的过程，两者实践教学体系必然要在长时间内贯彻落实“立德树人”根本任务且可持续发展的框架结构。

“思政课程”与“课程思政”实践教学体系融合建设的逻辑性强调循序渐进原则。由于系统性原则是由科学知识本身的系统性和严密性所决定的，还由于学生认识能力的发展存在生理和心理发展的阶段性，此外，学生认识活动进程本身也是有序的，是由简单到复杂的。因此，循序渐进的“序”既包括“思政课程”与“课程思政”实践教学体系中教材的逻辑顺序，又包括学生在实践教学中，思想政治素质与社会实践能力发展的“序”。从方法上看，只有遵循“思政课程”与“课程思政”实践教学体系融合的逻辑，按照学科的逻辑系统和学生认识发展的顺序进行，循序渐进，才能使学生有效地掌握系统的知识内容，形成严密的逻辑思维能力。具体来说，要推进“思政课程”与“课程思政”实践教学体系融合与协同发展常态化，首先，用系统论观点认识实践育人思想。运用系统性思维，从培养德智体美劳全面发展的社会主义建设者和接班人整体目标出发，立足思想政治教育贯穿于教育教学全过程的高度，确定塑造大学生正确价值观的维度，深刻理解“思政课程”与“课程思政”实践教学体系融合协同发展的育人思想。其次，加强整体顶层设计，整体把握二者协同发展的育人功能，系统性整合校内外资源。通过网络媒体、书刊报纸、主题讲座等手段，协调各部门、各高校和广大师生，共同参与到“思政课程”与“课程思政”实践教学体系融合发展过程中，摒弃“两张皮”的割裂思想，营造一种自上而下协同发展的育人氛围。

除了系统性原则，在“思政课程”与“课程思政”实践教学体系融合建设过程中，还要坚持动态性原则。“思政课程”与“课程思政”实践教学体系融合建设是不断发展的具体过程。一方面，无论是专业课教师还是思政课教师，对“思政课程”与“课程思政”实践教学体系融合协同发展的思想认识都是不断发展变化的。另一方面，通过各种变换形式的实践课程所要传授给学生的知识、技能、情感、态度等也呈动态性发展。因此，坚持动态性原则是专业课教师、思政课教师在开展“思政课程”与“课程思政”实践教学过程中，克服教条主义、机械主义的保障。为此，要加强对教师的马克思主义理论教育，特别是专业课教师，帮助其了解马克思主义的方法论，使其在教学过程中能主动克服主观主义，坚持动态性原则，开展实践教学。

（二）理论性和实践性原则

“思政课程”与“课程思政”实践教学体系建构，从字面上看，“实践”是问题的关键。然而，实践教学并非只强调“实践”。科学、规范的实践教学是理论与实践相统一，“知”和“行”相结合的教育活动。在“思政课程”与“课程思政”实践教学过程中，需要将科学理论融入实践活动，为实践活动增加施行依据，赋予其价值导向。同时，在具体的实践活动中，总结经验，凝聚集体智慧，将经验总结上升为理论，进而更好地指导未来的实践教学。这也是毛泽东关于实践认识的辩证关系理论，即“知行统一观”的现实体现。实践、认识、再实践、再认识，这种形式，循环往复以至无穷，而实践和认识之每一循环的内容，都比较地进到了高一级的程度。① 中共中央关于“知行统一观”的落实，见于教育部对高校思想政治课的具体指导。早在 20 世纪 50 年代初，教育部对思想政治课便有具体指示：“理论学习还在可能的情形下，酌量配合实际行动，如参加劳动生产群众斗争及社会活动，使感性认识与理论知识相印证，取得巩固提高的效果”②。“05” 方案中明确提出：“加强实践环节，要建立和完善实践教学

① 《毛泽东选集》第 1 卷，人民出版社，1991 年版。

② 教育部社会科学司：《普通高校思想政治理论课文献选编（1949—2008）》，中国人民大学出版社，2008 年版。

保障机制，探索实践育人的长效机制”①。2019 年 3 月 18 日，习近平总书记在学校思想政治理论课教师座谈会上提出“八个统一”，其中，“要坚持理论性和实践性相统一，用科学理论培养人，重视思政课的实践性，把思政小课堂同社会大课堂结合起来，教育引导学生立鸿鹄志，做奋斗者。”② 在“课程思政”新概念提出以后，2020 年 5 月 28 日，教育部出台《高等学校课程思政建设指导纲要》，指出了“加强课程思政建设的具体举措”的实践教学问题，也开始新的发展。总之，“思政课程”与“课程思政”实践教学体系的建构，需要对现实实践进行深度概括和高度抽象，彰显一定的理论深度，从而有效解决教师与学生在实践活动中的疑难问题；同时，将课程小课堂与社会大课堂结合，在实践教学中检验知识、技能是否正确，检验当前教育是否能培养出适应社会需要的人才。

（三）特殊性和协同性原则

“思政课程”与“课程思政”实践教学体系融合建设的第三个基本原则是特殊性和协同性原则。关于特殊性原则，“思政课程”实践教学与“课程思政”实践教学有其自身的不同内涵属性，作为实践育人的不同途径，在实践育人过程中承担着不同的功能。“思政课程”实践教学依托于高校思想政治理论课，在思政课教师的引导之下，掌握马克思主义的真理与中国特色社会主义的实践，将马克思主义的立场观点方法等直接应用于实践活动，因此，“思政课程”实践教学更强调政治性，在思政育人价值的展现上是直接的、显性的，对于实践活动中德育元素的挖掘是丰富多样的，知识体系与价值引领的结合也更具科学化与常态化。而“课程思政”实践教学主要是挖掘各专业课中的德育元素，因此，一方面，“课程思政”实践教学相对于前者，更侧重基于现代复杂性社会需要，在思维方式、创新发展等方面灵活地运用各专业课中的多元化德育元素；另一方面，“课程思政”实践教学在思政育人价值的展现上是间接的、隐性的；对于实践活动中德育元素的挖掘缺乏系统性，常表现为偶发性特征。因此，二者在实践教学体系中存在融合不够、协同不足的问题，这就要求关注“思政课程”与“课程思政”实践教学体系融合建设的协同性原则，即求同存异，互相补充，把握协同边界。

坚持协同性原则，主要立足于“思政课程”实践教学与“课程思政”实践教学的实践育人这一共性，进而调动两方面的积极性，求同存异，协同发力。从客观需求上看，构建“思政课程”实践教学与“课程思政”实践教学协同创新体系，是高校思想政治工作推进与发展的重要路径。然而，在“课程思政”概念尚未正式提出时，思政课教师与专业课教师在一些大学生实践活动中，围绕高校思想政治工作已或多或少开

① 《毛泽东选集》第 1 卷，人民出版社，1991 年版。

② 习近平：《主持召开学校思想政治理论课教师座谈会强调：用新时代中国特色社会主义思想铸魂育人贯彻党的教育方针落实立德树人根本任务》，中华人民共和国中央人民政府网站，2019 年 3 月 18 日。

展过合作。"课程思政"概念提出以后，上述合作未见明显变化，甚至增加了更多形式化的合作，完全背离了教育部关于高校"思政课程"与"课程思政"协同发力的要求。作为一线承担具体实践指导工作的教师，无法切实体会到协同创新带来的合力效应。"思政课程"实践教学与"课程思政"实践教学的协同创新不是粗放式的各部门一起撸起袖子埋头干，而是在保证二级学院与承担思政课教学部门职责范围内工作的正常运转前提下，充分发挥二者的自身优势，围绕实践育人这一核心目标，给予政策支持，优化办事流程，联合推进，构建二者实践教学的协同创新机制。

同时，坚持协同性原则还要强调把握二者协同创新的边界。"协同"不是"同化"，明确"思政课程"实践教学与"课程思政"实践教学的协同边界，主要是为了保障在开展实践育人工作的同时，减轻二级学院与马克思主义学院、思政教学部等部门日常运转的负担，避免因积极性的缺乏而导致协同创新的形式化。为此，要围绕实践育人目标，形成"思政课程"实践教学与"课程思政"实践教学协同创新机制，以制度形式将协同形式、职责范围、分工方式等确定下来，而不只是简单成立某种临时性的工作组。譬如，武汉纺织大学对大学生社会实践项目有明确的要求，每一个社会实践项目必须由一名思政课教师担任理论指导。即通过制度将"思政课程"实践教学与"课程思政"实践教学协同模式明确起来，形成制度依据。

总之，"思政课程"实践教学与"课程思政"实践教学既要充分体现各自的特殊性，又要明确协同创新的必然性，探索协同育人的共同性、一致性和深度融合性，同时，在协同中坚守各自边界，确保二者实践教学融合建设的有序化进行，更好地推进高校思想政治工作的健康化发展，达成育人目标。

二、"思政课程"与"课程思政"实践教学体系融合建设的逻辑

从学理上厘清"思政课程"与"课程思政"实践教学体系融合建设的内在逻辑，探究这一逻辑在实践教学中的显现方式，进而思考解决"思政课程"与"课程思政"实践教学两张皮的问题。新时代，"思政课程"与"课程思政"实践教学体系融合建设的逻辑主要基于"思政课程"的课堂教学和实践教学关系的科学把握，"思政课程"与"课程思政"实践教学体系内容、方法和路径的把握，"思政课程"与"课程思政"实践教学过程中教师教与学生学的关系的把握。

（一）"思政课程"实践教学与课堂教学的辩证关系

"思政课程"体系是立德树人根本任务的核心部分，发挥着主渠道作用。课堂教学

和实践教学作为“思政课程”的两翼。其中，课堂教学是主渠道主阵地，发挥着理论引导的作用。党的十八大以来，高校思政课发展进入了历史新阶段，特别是习近平新时代中国特色社会主义理论的形成与发展，为新时代思政课注入了新的理论血液。在党中央的领导下，高校思政课从教材体系、教学模式、师资队伍等方面实现新变革。以教师、学生、教学内容、教学方法为主体要素构成的“思政课程”课堂教学，已成为一个有机动态整体。在这个有机整体中，各要素的积极性被挖掘与发挥，思政课课堂教学的政治性、思想性、引导性愈益显现。思政课课堂教学之主渠道主阵地作用名副其实。

实践教学是“思政课程”的另一翼。实践教学是主渠道辅助阵地，发挥着践行真知的作用。2021 年 11 月 30 日，教育部印发了《高等学校思想政治理论课建设标准(2021 年本)》，在一级指标“教学管理”下，明确了二级指标“实践教学”：“实践教学纳入教学计划，统筹思想政治理论课各门课的实践教学，落实学分（本科 2 学分，专科 1 学分)、教学内容、指导教师和专项经费。实践教学覆盖全体学生，建立相对稳定的校外实践教学基地”，同时，确定为 B 级指标类型，明确教务处、财务处、学生处、团委、思想政治理论课教学科研机构为责任部门。又明确了二级指标“改革创新”，包括：“建设‘大思政课’，调动各种教务处资源用于思想政治理论课建设，把思政小课堂与社会大课堂相结合，突出实践教学，将生动鲜活的实践引入课堂教学，将课堂设在生产劳动和社会实践一线，全面提升育人效果”，确定为 A 级指标类型，明确教务处、思想政治理论课教学科研机构为责任部门。由此可见，“思政课程”的实践教学也越来越被置于关键位置，并且迈入体系化建设阶段。

“思政课程”实践教学和课堂教学的关系是互动互补的有机整体。一方面，理论指导实践，有正确的理论才能符合目的、符合规律地开展实践，尽可能避免实践活动的盲目性。“思政课程”实践教学不能泛化为简单的社会实践。“思政课程”是有边界的课程。它的独特属性要求其实践教学应区别于一般性的社会实践，要根据马克思主义基本原理、中国化的马克思主义理论，帮助学生有针对性地认识、体验、了解中国特色社会主义改革并投身到建设实践中去，为将来步入社会做好准备。因此，“思政课程”的实践教学不能脱离课堂教学，实践教学与课堂教学“两张皮”的现象，必然导致实践教学流于形式，而形式化的实践教学将遮蔽马克思主义理论的真理性，背离高校思政课的初衷。另一方面，马克思主义理论内容体系庞大，几乎涵盖人类社会的方方面面，青年学生对理论的正确理解，将存在时间和空间的局限性。例如，青年学生不能仅仅凭借几节课堂教学，就全面了解世情、国情、党情；不能仅仅凭借几节课堂教学，就确立正确的世界观、人生观和价值观。“对一种理论的深入理解和把握同样离不开实践，而要最终确立对一种理论的坚定信念更需要实践的力量。理论的丰富内涵和真理性只有在实践中才能得到充分彰显和验证。[①]”“思政课程”的实践教学是培养青年学生未来发展所需要的知识、技能、思想、情感、态度的小型“试验场”。因此，学校各部门与思政教师，要配合课堂教学，有步骤、有计划地给学生创造实践教学阵地。作为课堂教学的补充和延伸，实践教学能在很大程度上缩小青年学生正确理解马克思主义理论而在时间和空间所面临的局限性。今天，“思政课程”的实践教学已成为“思政课程”教学的基本途径，它延伸了“思政课程”教学的时间与空间、广度与深度，成为高校思政课教学管理的重要一级指标。“思政课程”实践教学和课堂教学统一于“思政课程”有机体，课堂教学引领实践教学，实践教学深化课堂教学。

（二）“思政课程”与“课程思政”实践教学体系的内容

2016 年 12 月 7 日至 8 日，习近平总书记在全国高校思想政治工作会议上指出：“高校思想政治教育工作关系高校培养什么样的人、如何培养人以及为谁培养人这个根本问题。”[②] 习近平总书记在全国高校思政工作会议上的讲话，为新时代高校思想政治工作指明方向。为贯彻会议精神与指示，各高校在继续深化高校思政课教学改革之外，极力推进专业课程德育元素的挖掘与发挥，“课程思政”议题成为高校思想政治工作的重要方面。在此大背景下，关于“思政课程”与“课程思政”两种课程体系的课堂教学改革与实践教学探索逐渐展现新的活力，“思政课程”与“课程思政”实践教学融合建设的具体问题逐渐明确，即“思政课程”实践教学与“专业课程”各类实践活动实行重组。

传统的“思政课程”实践教学在具体任务的设置上，一般是从思政课的理论知识点学习内容出发，选择理论知识点中较为重要内容的来设计实践教学方案。这种传统的“思政课程”实践教学，短期内会取得相应的教学成果，但从长远看，这种设计理论容易对“思政课程”实践教学贴上“思政”标签，而与其他“专业课程”各类实践活动区分。“思政课程”实践教学成为单独服务于思政课的实践活动。2019 年 3 月 18 日，习近平总书记在学校思想政治理论课教师座谈会上指示：“挖掘其他课程和教学方式中蕴含的思想政治教育资源，实现全员全程全方位育人。”[③] 习近平总书记关于“全员全程全方位育人”的思政教育理念正是对上述现实问题的解决。即实行“思政课程”实践教学与“专业课程”各类实践活动重组。“思政课程”实践教学不仅仅是为思政课理论教学服务，还是以思政课的理论为引领，帮助同一课堂内不同专业的青年学生

---

① 黄伟力：《论“马克思主义基本原理概论”课堂教学与实践教学的关系》，《思想理论教育》，2008 年第 7 期，第 53-57 页。

② 习近平：《把思想政治工作贯穿教育教学全过程开创我国高等教育事业发展新局面》，《人民日报》，2016 年 12 月 9 日。

③ 习近平：《用新时代中国特色社会主义思想铸魂育人贯彻党的教育方针落实立德树人根本任务》，《人民日报》，2019 年 3 月 19 日。

学会将思政课上的理论融入自身的专业课、通识课中。具体来说，“思政课程”实践教学任务的设置要紧密联系学生整个大学期间可能要进行的各种专业实践和社会实践活动，统筹谋划，循序渐进地结合思政课的理论内容来设计实践教学。为了实现上述任务要求，仅仅依靠传统的“思政课程”实践教学在时效性方面还存在不足。在现实教学过程中，学生仅为了完成一门公共课的实践教学，投入精力有限，往往“课完”“人散”，流于形式，时效性不强。因此，将“思政课程”实践教学与“专业课程”各类实践活动实行重组，意在将显性思政教育与隐性思政教育相结合，从而发挥全要素育人的合力作用。为实现上述任务，必须要加强顶层设计，提高认识，形成各部门有机联动的局面。“思政课程”实践教学与“专业课程”各类实践活动实行重组，无疑是一项庞大的系统工程，需要学校统筹谋划、系统设计，需要学校各个部门，尤其是学工处、教务处、宣传部等部门与马克思主义学院密切配合，提高教学管理部门、思政课教师、学生处、校团委、广大青年学生关于两大课程体系实践教学融合问题的正确认识，积极推动并逐渐形成一套较为成熟有效的顶层设计。

（三）“思政课程”与“课程思政”实践教学中的教师与学生

“思政课程”实践教学与“课程思政”实践教学的协同体系建设不是增设一门新课程，也不是几项实践活动的叠加，而是以“嵌入”的形式将两种实践教学有机融入“思政课程”与“专业课程”教学和改革的各个环节，以实现德育育人的目标。因此，“思政课程”与“课程思政”实践教学体系的融合需要高校“自上而下”互相配合，才能得出成果。“思政课程”与“课程思政”实践教学体系的融合更离不开教师与学生的积极配合。

1. 教师要强化思想引领，提高学生实践主动性

学生是“思政课程”实践教学与“课程思政”实践教学的活动主体。一些高校的学生在学习与生活中社会责任感、沟通能力及自我管理能力相对薄弱，其中社会责任感需要经过思政工作的灌输，沟通能力则需要社会实践各种活动来锤炼，从专业实践来进行自我专业管理。如果学生缺乏积极性，那么工作无论如何也不能有效开展。提高学生实践主动性是自我意识提升—德育目标践行—自我审视完善的过程。所谓自我意识提升，即德育自觉意识。学生的德育自觉意识更多来自学校、学院与任课教师（包括专业课教师与思政课教师）的思想引领。例如，思政课教师通过对近代中国革命史、改革开放史的讲授，激发学生爱国、爱党的热情与敢为人先投身社会实践的勇气。专业课教师则以专业课程内容为载体，以人生哲理故事为开端，引出专业理论知识，使学生能对自己人生有针对性的思考。此外，教师的思想引领还在于坚持以德立身、以德施教，不断提高专业能力，提升个人魅力，以身作则，言传身教等方面。总之，学生在参与实践教学过程中，将课堂上所接受的思想引领逐渐转化为实际行动。从自

发式对德育元素的关注到自觉式对德育元素的学习，事实上强化了学生对思政工作的认同感，从而主动地践行自觉确定的关于自身发展的德育目标，积极投身于“思政课程”实践教学与“课程思政”实践教学，从理论与思考转变为实践与行为。

2. 学校要树立实践模范，构建多方联动条件

高校要在教师和学生中找寻“思政课程”实践教学与“课程思政”实践教学模范，给予相关人员相应的嘉奖，引导他们争前恐后学模范、做模范。让教师和学生深入社会实践，理论联系实际、接触普通群众、了解国情、了解社会主义现代化建设中出现的新情况、新挑战，在一次又一次的实践中不断提高发掘问题、剖析问题和解决问题的意识。与此同时，在实践学习中加深对国家政策、方针的理解，不断提高自己的政治业务素质，这也是在大体了解社会实际情况下，有针对性地看待问题，以发散性的思维带动教师的学术思考，这将对高校教师积极性的提高起到促进作用。此外，高校要出台支持“思政课程”与“课程思政”实践教学的鼓励政策，引导更多优秀的教师和学生加入实践教育队伍。例如，对教师在实践想法、技术、人才等方面进行支援，包括在社会实践活动建设、专业知识讲解等方面提供引导和服务人员。鼓励学生运用校园社团活动、微信公众号平台等参与到“思政课程”与“课程思政”实践教学中去。最后，高校要构建多方联动条件。今天，高校学科分类过多，导致各位教师没有足够交往的机会。新时代实践教学模式，更多推崇合作式教学。“思政课程”与“课程思政”实践教学体系需要思政教师、专业课教师以及学生参与，通过构建学习共同体，教师具有互相合作的基本意识，通过信息交流、经验分享，教师在专业上有更好的发展，同时教师的交际圈会相应扩大，思维方式也能进一步优化。学生不需要疲惫奔波就可以获得思政课教师、专业课教师的理论与实践指导，及时答疑解惑。在正确认识国家大政方针与国际、国内形势下，能够正确把握本专业未来发展方向，真正站在巨人的肩膀上发展自己。

3. 发挥师生独特优势，促成唇齿相依结果

教师与学生作为两种不同的角色，在整个“思政课程”与“课程思政”实践教学过程需发挥各自独特优势，紧密友好配合。首先，要正确发挥教师在“思政课程”与“课程思政”实践教学过程中的主导作用。教师职业倦怠现象是绝对不允许出现的，如对教书育人产生厌恶感或排斥感，这不仅仅会单方面影响自身的身心健康、学术专业发展，而且会将消极的态度传染给学生，让朝气蓬勃的学生陷入纠结与彷徨中。所以对专业课教师与思政课教师来说，要增强教师在实践教学工作中的荣誉感和责任感。例如，高校加大对“思政课程”与“课程思政”实践教学的重视，重视专业课和思政课的实践育人方式，督促教师在提高学生专业知识的同时，重视德育教育的进行。此外，将“思政课程”与“课程思政”实践教学纳入高校考核评估体系、职称评审、科研经费申报等方面，由高校系统组织培训，提高“思政课程”与“课程思政”实践教学体系科研力度。其次，要积极发挥学生在“思政课程”与“课程思政”实践教学过程中的主体作用。学生作为新时代的新生力量，在求知的道路上，他们对有积极意义的实践教学更有耐心与动力；同时，对实践教学形式的选择也更有创新力。譬如，网络课程是现代教学中十分便捷的授课方式，借助网络特点能实时更新课程、补充热点话题、扩展课程信息广度，使教学内容更具多元性、前沿性。网络平台作为“思政课程”与“课程思政”实践教学的主要阵地之一，更符合新时代青年学生的兴趣。基于网络平台的“思政课程”与“课程思政”实践教学更容易发挥学生在“思政课程”与“课程思政”实践教学过程中的主体作用。再次，学生作为求学者，对一种新教学模式的认同感，来源于获得感，学生充分地感受到有意义的内容，才能激发后续学习的主动性。这就需要教师及时对学生答疑解惑。因此，师生协作实践模式有助于发挥学生在“思政课程”与“课程思政”实践教学过程中的积极性。“协作学习”不仅能让学生体验“思想交锋”，还能让学生分辨“消极对抗”与“积极沟通”的界限，这种互助共赢的学习模式比以往教学中所采取的“辩论”更进一步，因为它创设了师生、生生之间积极的同伴关系。”① 例如，学生要在“思政课程”与“课程思政”实践教学过程中积极与教师接触，听从教师从专业角度思考问题的方式，辩证思考教师所提出的问题。教师要将专业课程与思政基础内容结合，创造安定有序的学术学习和课程育人氛围，让学生能自主地从实际出发，选择课程，完成研究，使“思政课程”与“课程思政”实践教学的实效性得到充分发挥。

总之，“思政课程”与“课程思政”实践教学中的教师与学生问题，实质上就是调动学生主体能动性，提高“思政课程”与“课程思政”实践教学的教学实效；制定激励政策，不断鼓励思政教师与专业课教师更积极地参与到“思政课程”与“课程思政”实践教学中。作为“思政课程”与“课程思政”实践教学的重要组成部分，“教师”与“学生”既是相互联系的共同体又是相对独立的两部分，客观认识和把握两者之间的辩证关系，有助于完成以育人为目标的根本任务，使青年学生成为新时代的同行者、开创者。

---

① 赵建华、李克东：《信息技术环境下基于协作学习的教学设计》，《电化教育研究》，2000 年第 4 期，第 7-13 页。

第五章

“课程思政”协同“思政课程”实践教学体系的内容和路径探索

高校大学生思想政治工作是具有系统性和整体性的重要工作。其中“思政课程”与专业“课程思政”是需要同向同行的课程体系和探索内容。根据多年的教学实践，通过语料库及其技术和方法，运用计算机技术等信息化教学手段和工具，可以建立“课程思政”与“思政课程”协同的关于思想政治教育内容的专门语料库或者“多模态”语料库；也可以建立“课程思政”协同“思政课程”实践教学的专门语料库或者“多模态”语料库；并且可以运用语料库辅助教学手段探索和创新“课程思政”协同“思政课程”实践教学“教”与“学”的话语体系。本章要探索以“思政课程”及其实践教学为主体的“课程思政”协同其构建“实践教学体系”的内容和路径。

一、“思政课程”与“课程思政”实践教学体系的语料库建设原则和方法

对于“思政课程”与“课程思政”实践教学体系的内容、方法和路径研究，本课题组结合近五年来的教学实践，运用教育学、心理学、语料库语言学、认知科学等系列交叉学科的理论和方法开展创新研究。这一研究是在相关交叉学科的理论发展和实践研究的基础上提出的。因此，在报告的这一部分重点阐述了这一方法的运用。从教学效果来看，“思政课程”的课堂教学和实践教学紧密相关，运用语料库和语言学的理论可以形成一套系统的理论工具。近年来，运用语料库语言学等工具和方法收到了很好的教学效果。同时，结合教学实践以及行业特色高校的特点，在“工程力学”的“课程思政”教学中适当运用了语料库语言学等工具和方法，同时运用文化人类学的理论，在“压杆”等力学理论教学实践中把“课程思政”的方法有机融入，起到了比较突出的教学效果。

语料库作为系统性的语言数据库，是语言研究和话语创新的重要工具。运用语料库探索高校“思政课程”与“课程思政”教学尤其是实践教学融合的路径和方法，是新时代高校思想政治教育改革创新的重要课题。依据语料库语言学建构的哲学基础、建构主义心理学、认知科学、计算机科学等理论和工具，破解高校“思政课程”与“课程思政”教学融合包括实践教学过程中存在的教师之间、内容之间、实践教学之间的“疏离现象”。通过语料库的建库、加工和话语分析三个阶段以及“语料库驱动”“基于语料库”等方法论，探索创新高校“思政课程”与“课程思政”教学包括实践教学融合的“语料库辅助话语体系”与语料库数据驱动学习模式。

（一）“思政课程”与“课程思政”实践教学体系的语料库建设原则

一是目标性原则。高校“思政课程”与“课程思政”相融合包括将实践教学的语

料库建设放在“努力培养担当民族复兴大任的时代新人，培养德智体美劳全面发展的社会主义建设者和接班人”的统一育人目标下建设，放在“大思政课”的目标和要求下建设。

二是阶梯性原则。高校“思政课程”与“课程思政”相融合包括实践教学的语料库建设要按照“大中小学思想政治教育一体化建设”的阶梯性要求，按照高校大学生专科生三年、本科生四年、本硕博学生的阶梯性教学要求进行科学设计。

三是系统性原则。高校“思政课程”与“课程思政”相融合包括实践教学的语料库建设要根据大学生的人才培养目标以及不同学校、年级和专业背景，在课堂教学、教学内容、教学方法和实践教学等环节进行系统性设计。

四是整体性原则。高校“思政课程”与“课程思政”相融合包括实践教学的语料库建设要在各学校的教学管理体系、制度设计、工作体系等方面进行整体性的规划、设计和有效实施。

五是融合性原则。高校“思政课程”与“课程思政”的语料库建设和有效促进教学要体现融合性。这体现在高校“思政课程”与“课程思政”教师要通过学校制度和体制机制的融合和建立，通过部门和学院集体协同、集体备课制度、教学内容协同、实践教学开展等方面进行有效实施。

（二）“思政课程”与“课程思政”实践教学体系的语料库建设类型

高校“思政课程”与“课程思政”相融合包括实践教学的语料库按照不同标准可以分为若干类型。

一是根据语料库所代表的整体不同，可分为通用语料库和专门语料库。比如，最新的国内外形势、党和国家的重大方针政策以及人才培养的思想政治教育整体性要求的语料库，就是高校“思政课程”与“课程思政”相融合包括实践教学的通用语料库；要根据整体性建设要求，建设高校不同学段和专业的“思政课程”专门语料库，不同学段和专业的“课程思政”专门语料库。

二是按照语言传播媒介的不同，可分为书面文本语料库和口语语料库。比如“思政课程”的教材语料库，“课程思政”的教学案例文本语料库；“思政课程”音频、视频等的语料库，体现“课程思政”科学精神、工匠精神等的视频、音频语料库。

三是按照语料产生年代划分，可分为共时语料库和历时语料库。“思政课程”与“课程思政”的共时语料库就是相同周期内产出的语言，而历时语料库中收集的则是不同时期内产出的语言。

四是按照语言类型的不同，可分为单语语料库、平行（双语）语料库和多语语料库。有学者指出，“依据语篇信息理论建立信息处理系统语料库展示语言信息处理水平，其以语篇信息理论为指导探索教材和教学语言信息传递模式及其规律。”比如，高校“思政课程”与“课程思政”相融合的语料库“语言类型”可以有机结合进行设计，高校“思政课程”平行（双语）语料库可以根据教学需要，对《习近平谈治国理政》(1~4卷）进行平行语料库或者多语语料库建设；对于英语专业的学生来说，英语专业“课程思政”教师可以将《习近平谈治国理政》的平行语料库或者多语语料库运用于教学，也可以通过内容分析对学生进行思想政治教育。同时，在人才培养目标和教学内容要求的基础上，高校“思政课程”与“课程思政”相融合包括实践教学的专用语料库正在建设和完善。其中多模态语料库，以及涉及社会语言学和计算机语言学的网络语料库、信息处理语料库继续得到完善。

高校“思政课程”与“课程思政”相融合包括实践教学的语料库加工处理技术研究不断推进。近年来在教学实践中对语料库中的词频进行了统计分析，基于文化人类学和中外比较的高校“思政课程”与“课程思政”相融合包括实践教学的词语教学、统计和实验；高校“思政课程”与“课程思政”教学内容包括对实践教学进行了“标注”，对词汇、句子和文本内容进行了话语分析；对课堂教学路径、话语表达方式和师生互动的翻转课堂教学等进行了有效探索，并收到了很好的教学成效。但是，目前专门的“思政课程”与“课程思政”相融合包括实践教学的语料库标注、分析和检索软件有待进一步研发；语料库应用于“思政课程”与“课程思政”相融合的话语表达方法、范式和语料处理规范，用系统论、信息论和控制论，以及马克思主义唯物论和辩证法观点分析语料库和话语创新都在教学实践中不断得到探索和深化。

（三）“思政课程”与“课程思政”实践教学体系的语料库建设方法

基于语料库语言学研究高校“思政课程”与“课程思政”相融合包括实践教学的教学话语问题，其依赖于自然数据。因此，依据对语料库依赖程度的不同，把高校“思政课程”与“课程思政”语料库教学话语的研究方法分为三类。

1.“基于语料库”的方法

高校“思政课程”与“课程思政”的“基于语料库”的研究，主要是通过对高校“思政课程”与“课程思政”相融合包括实践教学的语料标注处理，从而展示其语言特征和语言规律，为高校“思政课程”与“课程思政”相融合包括实践教学话语的择取提供依据。托尼尼-博内利（Elena Tognini-Bonelli）认为，“基于语料库”的方法特征是对语料进行语法标注、语义标注以及语料附码进而发挥语料价值。在语言实践中，“基于语料库”的方法具体为，以现有语言研究成果（包括词频、概率、标注）为基础，提出假设，再回归语料库中的语言实例验证假设，将常规概念与理论进一步延伸。首先对“思政课程”与“课程思政”相融合包括实践教学的语料库整体内容进行语言计算和整体性分析。其次结合课堂教学内容和实践教学等需要，对内容进行分解，在不同专业、不同年级、不同课程等教学中实施精准教学。最后通过科学有效的测评，对高校“思政课程”与“课程思政”相融合包括实践教学的效果进行测评反馈，从而形成动态的有效教学目标和目的。

2.“语料库驱动”的方法

托尼尼-博内利指出，“语料库驱动”的方法特征是将语料库作为原始文本进行理论建构，不进行语料标注。在语言实践中，“语料库驱动”的方法并不提前假设，而是通过对语料库中的语言事实采取“观察—假设一归纳—理论整合”的思维过程，得出目标语言使用情况的假设乃至结论。比如，将中国共产党的重要文献、党和国家重大的路线方针和政策、相关专业课程的科技文献和学科发展史等，渗透到高校“思政课程”与“课程思政”相融合包括实践教学的课堂教学内容和实践教学环节过程中。

3.“语料库辅助话语研究”的方法

可以看出，“基于语料库的”研究从既定设想出发，运用语料库进行验证，属于演绎法；“语料库驱动”的研究不从特定的设想出发，而是从语料库的分析结果出发作进一步分析，属于归纳法。“语料库辅助话语研究”的方法则是淡化前两种研究方法的区别，实现演绎法与归纳法、定量的语料库语言学分析方法和定性的话语分析方法平衡的交叉融合。比如，在高校“思政课程”与“课程思政”的教学融合包括实践教学中，要构建和完善党和国家的重大方针政策、课堂教学内容、实践教学要求、教学案例，以及音频和视频等多模态语料库。在系统分析和定量研究的基础上，建构教师教学和学生认知的阶梯性、层次性、逻辑性有机统一的话语体系。

二、“课程思政”协同“思政课程”实践教学体系的内容和路径

（一）《习近平新时代中国特色社会主义思想概论》

1.“课程思政”协同“思政课程”《习近平新时代中国特色社会主义思想概论》实践教学的内容（见表5-1）

表5-1 实践教学的内容

“课程思政”	“思政课程”	实践教学体系内容
按照《高等学校课程思政建设指导纲要》(以下简称《指导纲要》)的要求，要“推进习近平新时代中国特色社会主义思想进教材进课堂进头脑”	专题1：习近平新时代中国特色社会主义思想及其历史地位	通过实践教学，使学生认识习近平新时代中国特色社会主义创立的社会历史条件，了解习近平新时代中国特色社会主义思想的核心要义、主要内容和理论特质，理解其历史地位

续表

“课程思政”	“思政课程”	实践教学体系内容
按照《指导纲要》的要求，要“推进习近平新时代中国特色社会主义思想进教材进课堂进头脑”	专题2：坚持和发展中国特色社会主义的总任务	通过实践教学，使学生认识中国梦的科学内涵及实现路径，了解建成社会主义现代化强国“两步走”的战略安排，认识建设社会主义现代化国家的战略导向
按照《指导纲要》的要求，要“推进习近平新时代中国特色社会主义思想进教材进课堂进头脑”	专题3：“五位一体”总体布局	通过实践教学，使学生了解中国特色社会主义在经济、政治、文化、社会、生态文明建设五个方面的总体布局、实现路径和发展思路，增强学生分析问题、解决问题的能力，自觉投身于伟大实践中
按照《指导纲要》的要求，要“推进习近平新时代中国特色社会主义思想进教材进课堂进头脑”	专题4：“四个全面”战略布局	通过实践教学，使学生了解全面建设社会主义现代化国家、全面深化改革、全民依法治国、全面从严治党“四个全面”战略布局的目标要求
按照《指导纲要》的要求，要“推进习近平新时代中国特色社会主义思想进教材进课堂进头脑”	专题5：实现中华民族伟大复兴的重要保障	通过实践教学，使学生认识国家安全的重要性，坚定走中国特色国家安全道路，掌握习近平强军思想的内容，理解坚持“一国两制”，推进祖国统一的重要性
按照《指导纲要》的要求，要“推进习近平新时代中国特色社会主义思想进教材进课堂进头脑”	专题6：中国特色大国外交	通过实践教学，使学生认识、掌握习近平外交思想的内容和意义，了解坚持独立自主的和平外交政策以及推动建设新型国际关系的内容和实施路径，掌握人类命运共同体的内涵以及“一带一路”国际合作的重要性
按照《指导纲要》的要求，要“推进习近平新时代中国特色社会主义思想进教材进课堂进头脑”	专题7：坚持和加强党的领导	通过实践教学，使学生认识实现中华民族伟大复兴关键在党，明确中国共产党的领导地位是历史和人民的选择，是中国特色社会主义最本质的特征，坚持党对一切工作的领导

2.“课程思政”协同“思政课程”《习近平新时代中国特色社会主义思想概论》实践教学的路径（见表5-2）

表5-2 “课程思政”协同“思政课程”社会实践活动“路径设计”

“思政课程”实践内容	《习近平新时代中国特色社会主义思想概论》
“课程思政”实践内容	相关学科
“思政课程”实践内容方向	1. 实现经济高质量发展
	2. 建设美丽中国
“课程思政”实践内容方向	1. 经济学 我国经济已由高速增长阶段转向高质量发展阶段，在课程教学中融入习近平经济思想的理论知识，在宏观层面指导经济学专业课程，灌输经济发展以人民为中心的思想，帮助学生了解经济学专业和经济领域的国家战略，引导学生深入社会实践活动，培育学生经世济民、诚信经营与服务的职业素养①
	2. 农学 要在课程教学中加强生态文明教育，引导学生树立和践行绿水青山就是金山银山的理念。要注重培养学生的“大国三农”情怀，引导学生以强农兴农为己任，“懂农业、爱农村、爱农民”，树立把论文写在祖国大地上的意识和信念，增强学生服务农业农村现代化、服务乡村全面振兴的使命感和责任感，培养知农爱农创新人才②
实践路径： **路径1：** **实践项目：**观看电视纪录片《辉煌中国》 **实践目的：**电视纪录片《辉煌中国》分别以创新、协调、绿色、开放、共享的新发展理念为主题，全面反映党的十八大以来中国经济社会发展取得的巨大成就。本专题通过让学生观看纪录片的方式使学生表达自己的观点，同时使学生深切体会到在以习近平同志为核心的党中央带领下，全国各族人民取得的历史性巨大成就、中国人民更多的获得感、安全感、幸福感、自豪感以及中华民族实现了从站起来、富起来到强起来的历史性飞跃。③ **实践方案：** 1. 任课教师在观看前向学生讲解《辉煌中国》纪录片的背景； 2. 教师与学生共同观看电视纪录片《辉煌中国》； 2. 以6~8人为一组，并确定一名组长； 3. 撰写心得体会，字数在1 000字以上。	

① 教育部：《高等学校课程思政建设指导纲要》（教高〔2020〕3号）。

② 同①。

③ 《辉煌中国》，https://www.gov.cn/zhuanti/2017hhchina/hhzg.htm。

续表

“思政课程”实践内容	《习近平新时代中国特色社会主义思想概论》
实践成果：每位学生需在活动结束后撰写一篇 1 000 字以上的心得体会，并由组长收齐后提交给任课教师，内容包括本次实践教学的时间、地点以及记录此次活动的视频和照片，材料内容作为教师评定成绩的依据	
路径 2： **实践项目**：举办“保护环境，人人有责”演讲比赛 **实践目的**：培养学生爱护生态环境的文化素养，了解目前我国生态环境的基本情况，传播环保知识，动员全班同学积极参与环保行动，共同建设美丽校园。 **实践方案**： 1. 师生共同制定演讲会的时间、地点、演讲人员与观众名单，并在入场时签到； 2. 实践活动开始前，教师讲解演讲比赛规则与奖项； 3. 实践活动进行中，评委为每位参赛成员打分并于评比时逐一评价； 4. 实践活动结束后，师生进行总结、反思并撰写活动报告。 **实践成果**：每位学生需在演讲比赛活动结束后撰写一篇 1 000 字以上的活动报告，并由组长收齐后提交给任课教师，内容包括本次实践教学的时间、地点以及记录此次活动的视频和照片，材料内容作为教师评定成绩的依据	

(二)《思想道德与法治》

1. “课程思政”协同“思政课程”《思想道德与法治》实践教学的内容（见表 5-3）

表 5-3　实践教学的内容

“课程思政”	“思政课程”	实践教学体系内容
按照《指导纲要》的要求，要“培育和践行社会主义核心价值观”	专题 1：担当复兴大任成就时代新人	通过实践教学，使学生认识所处的新时代新征程及其蕴含的机遇和挑战、责任和使命，明确新的历史方位和新发展起点，理解立志担当、勤奋学习、吃苦奋斗的真义，不断提升思想道德素质和法治素养
按照《指导纲要》的要求，培养学生的职业理想和事业追求	专题 2：领悟人生真谛把握人生方向	通过实践教学，使学生正确认识人的本质，准确把握个人与社会的辩证关系，正确认识人生观的主要内容及其与世界观、价值观的关系，树立正确的人生观、反对错误的人生观，保持认真务实、乐观向上、积极进取的人生态度，正确评价自己的人生价值并创造有意义的人生

续表

“课程思政”	“思政课程”	实践教学体系内容
按照《指导纲要》的要求，要在培养职业理想时坚定对马克思主义、共产主义的信仰，对中国特色社会主义的信念	专题3：追求远大理想坚定崇高信念	通过实践教学，使学生认识理想信念的内涵和重要作用，坚定对马克思主义、共产主义的信仰，对中国特色社会主义的信念，对实现中华民族伟大复兴的信心，科学把握理想与现实的辩证统一关系，在实现中国梦的实践中放飞青春梦想
课程思政建设内容要紧紧围绕坚定学生理想信念，以爱党、爱国、爱社会主义、爱人民、爱集体为主线	专题4：继承优良传统弘扬中国精神	通过实践教学，使学生充分把握中国精神的丰富内涵，理解中国共产党是中国精神的忠实继承者和坚定弘扬者以及中国共产党人精神谱系的重要性，准确把握爱国主义的基本内涵和要求，认识以爱国主义为核心的民族精神和以改革创新为核心的时代精神，坚定历史自信和民族自信，做忠诚的爱国者
按照《指导纲要》的要求，要“培育和践行社会主义核心价值观”	专题5：明确价值要求践行价值准则	通过实践教学，使学生明确价值观和社会主义核心价值观的内涵和时代意义，了解培育和践行社会主义核心价值观的重要性，理解社会主义核心价值观的显著特征，认清西方“普世价值”的实质，引导学生积极践行社会主义核心价值观，在激扬青春、奉献社会的进程中迸发力量
按照《指导纲要》的要求，要“深化职业理想和职业道德教育”	专题6：遵守道德规范锤炼道德品格	通过实践教学，使学生了解道德的起源、本质、功能与作用，理解社会主义道德的核心和原则，把握中华传统美德的基本精神，发扬革命道德，加强社会公德、职业道德、家庭美德、个人品德建设，投身崇德向善的道德实践
按照《指导纲要》的要求，要“深入开展宪法法治教育”	专题7：学习法治思想提升法治素养	通过实践教学，使学生认识法律的含义及其历史发展，掌握我国社会主义法律的本质特征及运行，了解习近平法治思想的主要内容及走中国特色社会主义法治道路的必要性和必须遵循的原则，了解宪法的形成、发展、地位和基本原则，积极培养

续表

“课程思政”	“思政课程”	实践教学体系内容
按照《指导纲要》的要求，要“深入开展宪法法治教育”	专题7：学习法治思想提升法治素养	法治思维，正确理解依法行使权利和履行义务，不断提升法治素养，自觉尊法学法守法用法，成为社会主义法治的忠实崇尚者、自觉遵守者、坚定捍卫者

2. “课程思政”协同“思政课程”《思想道德与法治》实践教学的路径（见表5-4）

表5-4 “课程思政”协同“思政课程”社会实践活动“路径设计”

“思政课程”实践内容	《思想道德与法治》
“课程思政”实践内容	相关学科
“思政课程”实践内容方向	1. 遵守道德规范锤炼道德品格
	2. 学习法治思想提升法治素养
“课程思政”实践内容方向	1. 教育学 要在课程教学中注重加强师德师风教育，突出课堂育德、典型树德、规则立德，引导学生树立学为人师、行为世范的职业理想，培育爱国守法、规范从教的职业操守，培养学生传道情怀、授业底蕴、解惑能力，把对家国的爱、对教育的爱、对学生的爱融为一体，自觉以德立身、以德立学、以德施教，争做有理想信念、有道德情操、有扎实学识、有仁爱之心的“四有”好老师，坚定不移走中国特色社会主义教育发展道路①
	2. 法学 要在课程教学中坚持以马克思主义为指导，加快构建中国特色哲学社会科学学科体系、学术体系、话语体系。要帮助学生了解法律专业和领域的国家战略、法律法规和相关政策，引导学生关注现实问题，不断提升法治素养，培育学生德法兼修的职业素养②
实践路径： **路径1：** **实践项目：**实践活动——“生活中的小善举” **实践目的：**要求每位学生在日常生活中做五件善举并通过文字、照片或视频记录下来。在拍摄前要注意需征得对方同意方可拍摄，不得侵犯他人肖像权。这一活动能够使大学生形成良好的道德风尚，传递社会正能量，规范大学生的道德文明行为。 **实践方案：** 1. 实践活动开始前，教师需要向学生讲明此次活动的目的和要求；	

① 教育部：《高等学校课程思政建设指导纲要》(教高〔2020〕3号)。

② 同①。

续表

“思政课程”实践内容	《思想道德与法治》
2. 以6 ~8人为一小组，并确定一名组长； 3. 每位学生需要用文字、照片或视频记录自己的善举； 4. 实践活动结束之后，师生共同反思、总结并撰写主题报告。 **实践成果：**每位学生需在实践活动结束后撰写一篇1 000字以上的主题报告，并由组长收齐后提交给任课教师，内容包括本次实践教学的时间、地点以及记录善举的文字、照片或视频，材料内容作为教师评定成绩的依据	
路径2： **实践项目：**互联网法律法规知识竞赛 **实践目的：**营造文明健康、积极健康的网络环境，提升大学生的网络文化素养与法律意识，从而达到提高大学生法治素养与宣传法律的目的。 **实践方案：** 1. 任课教师向学生讲解此次竞赛的比赛规则与注意事项。 2. 采用现场答题形式，根据报名情况抽签分组，在组内进行淘汰对抗赛。 3. 比赛由必答、抢答两部分组成。在必答环节，教师宣读完题目计时开始，比赛双方需在规定的时间内完成答题，无人作答或答错题则不计分。在抢答环节，教师宣读题目，比赛双方在教师宣布开始抢答之后可按抢答器进行抢答，无人抢答或答错题则不计分。必答和抢答环节均需在规定时间内完成。 4. 比赛结束后，由任课教师搜集错题和无人作答的题目，并于下节课师生共同讨论。 **实践成果：**每位学生需在实践活动结束后撰写一篇800字以上的活动报告，并由班长收齐后提交给任课教师，内容包括本次实践教学的时间、地点以及记录此次活动的照片或视频，材料内容作为教师评定成绩的依据	

（三）《马克思主义基本原理》

1. “课程思政”协同“思政课程”《马克思主义基本原理》实践教学的内容（见表5-5）

表5-5 实践教学的内容

“课程思政”	“思政课程”	实践教学体系内容
按照《指导纲要》的要求，在实践教学中“把马克思主义立场观点方法的教育与科学精神的培养结合起来”	专题1：坚定马克思主义科学信仰	通过实践教学，使学生理解马克思主义的科学内涵、创立与发展、基本特征及其当代价值，引导学生自觉学习和运用马克思主义，坚定理想信念，树立科学的世界观、人生观和价值观，提高分析和解决问题的能力

续表

“课程思政”	“思政课程”	实践教学体系内容
按照《指导纲要》的要求，在实践教学中“把马克思主义立场观点方法的教育与科学精神的培养结合起来”	专题 2：世界的物质性及发展规律	通过实践教学，使学生学习和掌握辩证唯物主义基本原理，了解物质及其存在方式，正确把握物质与意识的辩证关系，世界的物质统一性，事物的普遍联系和变化发展的规律，坚持科学的世界观和方法论，运用唯物辩证法分析和解决问题，增强思维能力
按照《指导纲要》的要求，在实践教学中“把马克思主义立场观点方法的教育与科学精神的培养结合起来”	专题 3：实践与认识及其发展规律	通过实践教学，使学生学习科学的实践观、认识论和价值论的基本观点，掌握实践、认识、真理、价值的本质及其相互关系，树立实践第一的观点，树立正确的价值观，在改造客观世界的同时改造主观世界，努力实现理论创新和实践创新的良性互动
按照《指导纲要》的要求，发挥青年大学生在新时代的创造精神，为建设社会主义现代化强国贡献力量	专题 4：人类社会及其发展规律	通过实践教学，使学生学习和把握历史唯物主义的基本原理，着重了解社会存在和社会意识的辩证关系、社会基本矛盾及其运动规律、社会发展的动力以及人民群众和个人在社会历史中的作用，提高运用历史唯物主义正确认识历史和现实、正确认识社会发展规律的自觉性和能力
按照《指导纲要》的要求，在实践教学中“把马克思主义立场观点方法的教育与科学精神的培养结合起来”	专题 5：资本主义的本质及规律	通过实践教学，使学生运用马克思主义的立场、观点和方法，准确认识资本主义生产方式的基本矛盾，深刻理解资本主义经济制度的本质，正确把握社会化大生产和商品经济运动的一般规律，正确认识和把握资本主义政治制度、意识形态及其本质
按照《指导纲要》的要求，正确把握世界局势和科学技术革命的变化，“培养学生探索未知、追求真理、勇攀科学高峰的责任感和使命感”	专题 6：资本主义的发展及其趋势	通过实践教学，使学生了解资本主义从自由竞争发展到垄断的进程，科学认识国家垄断资本主义和经济全球化的本质，正确认识第二次世界大战后资本主义的变化及其发展实质，以及 2008 年国际金融危机以来资本主义的矛盾与冲突，深刻理解资本主义的历史地位及其为社会主义所代替的历史必然性，坚定资本主义必然灭亡、社会主义必然胜利的信念

续表

“课程思政”	“思政课程”	实践教学体系内容
按照《指导纲要》的要求，“引导学生了解世情国情党情民情，增强对党的创新理论的政治认同、思想认同、情感认同，坚定中国特色社会主义道路自信、理论自信、制度自信、文化自信”	专题 7：社会主义的发展及其规律	通过实践教学，使学生学习和了解社会主义五百年的发展历程，把握科学社会主义基本原理，认识经济文化相对落后国家建设社会主义的必然性和长期性，明确社会主义发展道路的多样性，遵循社会主义在实践中开拓前进的发展规律，以昂扬奋进的姿态推进社会主义事业走向光明未来
按照《指导纲要》的要求，“要切实把教育教学作为最基础最根本的工作，深入挖掘各类课程和教学方式中蕴含的思想政治教育资源，让学生通过学习，掌握事物发展规律，通晓天下道理，丰富学识，增长见识，塑造品格，努力成为德智体美劳全面发展的社会主义建设者和接班人”	专题 8：共产主义崇高理想及其最终实现	通过实践教学，使学生学习和掌握预见未来社会的科学方法论原则，把握共产主义社会的基本特征，深刻认识实现共产主义的历史必然性和长期性，把握共产主义远大理想与中国特色社会主义共同理想的辩证关系，坚定理想信念，积极投身新时代中国特色社会主义事业

2. “课程思政”协同“思政课程”《马克思主义基本原理》实践教学的路径（见表 5–6）

表 5–6 “课程思政”协同“思政课程”社会实践活动“路径设计”

“思政课程”实践内容	《马克思主义基本原理》
“课程思政”实践内容	相关学科
“思政课程”实践内容方向	1. 学习唯物辩证法，培养辩证思维方法
	2. 人民群众在社会历史发展中的作用
“课程思政”实践内容方向	1. 理学 要在课程教学中把马克思主义立场观点方法的教育与科学精神的培养结合起来，提高学生正确认识问题、分析问题和解决问题的能力。要注重科学思维方法的训练和科学伦理的教育，培养学生探索未知、追求真理、勇攀科学高峰的责任感和使命感①

① 教育部：《高等学校课程思政建设指导纲要》（教高〔2020〕3 号）。

续表

<table>
<tr><th>“思政课程”实践内容</th><th>《马克思主义基本原理》</th></tr>
<tr><td>“课程思政”实践内容方向</td><td>2. 艺术学
坚持马克思主义在意识形态领域指导地位的根本制度，要在课堂教学中教育引导学生立足时代、扎根人民、深入生活，树立正确的艺术观和创作观。美育是新时代培养德智体美劳全面发展的社会主义建设者和接班人的重要着力点，而艺术是美育最集中、最典型的形态。要坚持以美育人，发展学生道德情操；丰富学生知识，发展学生智力；积极弘扬中华美育精神，增强文化自信①</td></tr>
<tr><td colspan="2">实践路径：
路径 1：
实践项目：“理学沙龙”
实践目的：开展“理学沙龙”容易拉近学生与社会的距离，使学生获得全面、深刻、感性的体验，引导学生从物理学的视角来理解社会的发展。
实践方案：
1. 准备阶段：邀请或者聘请学者参加此次沙龙活动。可以邀请校内教师或者聘请校外知名学者，并在邀请/聘请时介绍此次沙龙活动的主题和要求。
2. 开展过程：主持人开场发言后介绍嘉宾和活动主题。嘉宾带领大家回顾热力学系统科学思想的知识，让学生认识到自然界中的物质和能量的转化以及系统的稳定性和动态性，然后引导学生将这些思想应用到社会中。例如，了解社会的各种动态变化和稳定状态，以及社会的内部结构和相互作用，使学生从物理学的视角去理解社会的运作和发展，培养学生的综合分析和判断能力。主持人应适机活跃沙龙气氛，使大家轻松愉快地讨论。
3. 反思总结：主持人总结此次沙龙活动，请到场嘉宾对沙龙的准备、讨论过程等进行点评。
实践成果：每位学生需在实践活动结束后撰写一篇 800 字以上的活动报告，并由班长收齐后提交给任课教师，内容包括本次实践教学的时间、地点以及记录此次活动的照片或视频，材料内容作为教师评定成绩的依据</td></tr>
<tr><td colspan="2">路径 2：
实践项目：红色经典品读会
实践目的：引导学生，了解红色经典的创作背景，扩展音乐知识，了解人民群众和英雄人物对推动社会发展的重要作用，以红色文化强大的精神感染力培育学生的高尚品质、远大信念及爱国情怀。</td></tr>
</table>

① 教育部：《高等学校课程思政建设指导纲要》（教高〔2020〕3 号）。

续表

<table>
<tr><td>“思政课程”实践内容</td><td>《马克思主义基本原理》</td></tr>
<tr><td colspan="2">**实践方案：**
1. 师生共同确定品读会的开展时间和活动主题；
2. 确定品读的红色经典内容。例如，交响清唱剧《江姐》、华南理工大学原创交响清唱剧《先行者——孙中山》，以及交响组歌《我的家我的国》和原创歌剧《刑场上的婚礼》等；
3. 以6~8人为一小组，并确定一名组长，负责联系组员搜集与品读会主题相关的资料并进行讨论活动；
4. 活动结束后，师生共同交流组内研究与讨论结果并与其他小组互动交流。
实践成果：每位学生在品读活动结束后撰写一篇1 000字以上的品读报告，并由组长收齐后提交给任课教师，内容包括本次实践教学的时间、地点以及记录此次活动的照片或视频，材料内容作为教师评定成绩的依据</td></tr>
</table>

（四）《中国近现代史纲要》

1. “课程思政”协同“思政课程”《中国近现代史纲要》实践教学的内容（见表5-7）

表5-7 实践教学的内容

“课程思政”	“思政课程”	实践教学体系内容
按照《指导纲要》的要求，“公共基础课程”要“注重在潜移默化中坚定学生理想信念、厚植爱国主义情怀、加强品德修养、增长知识见识、培养奋斗精神，提升学生综合素质”	专题1：进入近代后中华民族的磨难与抗争	通过实践教学，使学生认识封建统治的腐败与西方列强的入侵给中华民族带来的深重灾难，了解中国人反抗外国武装侵略的英勇斗争，深刻理解中华民族为反抗侵略所进行的前赴后继、视死如归的战斗是帝国主义列强没有能够实现瓜分中国图谋的原因，深刻理解近代中国半殖民地半封建的社会制度和经济技术与作战能力的落后是近代中国反侵略战争失败的重要原因
按照《指导纲要》的要求，要在历史学专业的教学中结合历史和现实引导学生正确认识近代中国的国情，树立正确的历史观	专题2：不同社会力量对国家出路的早期探索	通过实践教学，使学生了解太平天国农民战争、洋务运动、维新运动的局限、失败原因和历史意义，理解“三个选择”的历史必然性

续表

“课程思政”	“思政课程”	实践教学体系内容
按照《指导纲要》的要求，要在文学专业、历史学专业、艺术学专业的教学中结合近代中国历史包括辛亥革命的历史，通过课堂教学和社会实践加深学生对中国近代历史的认识	专题3：辛亥革命与君主专制制度的终结	通过实践教学，使学生了解辛亥革命爆发的历史条件、指导思想、历史意义、失败的原因和教训，深刻理解以孙中山为代表的中国民主革命先驱者的业绩和不屈不挠的奋斗精神
按照《指导纲要》的要求，要结合历史学专业课程对学生进行“中共党史”的理论和实践教育	专题4：中国共产党成立和中国革命新局面	通过实践教学，使学生了解新文化运动和“五四运动”的兴起和意义，深刻理解中国的先进分子选择马克思主义，中国人民选择中国共产党的历史必然性，了解国共合作与大革命的进行、失败及其教训
按照《指导纲要》的要求，“要结合专业知识教育引导学生深刻理解社会主义核心价值观，自觉弘扬革命文化”	专题5：中国革命的新道路	通过实践教学，使学生了解中国共产党对中国革命新道路的探索，了解土地革命战争的发展、挫折及伟大转折，深刻理解红军长征的胜利及意义，继承和发扬长征精神
按照《指导纲要》的要求，在历史学专业课程教学中，要结合中国近现代史包括抗日战争历史的教育，增强学生的爱国主义情感	专题6：中华民族的抗日战争	通过实践教学，使学生了解中国人民抗击日本侵略者的历史，认识抗日民族统一战线的建立与全民族抗战打败侵略者的重大意义，理解中国共产党在抗战中发挥的中流砥柱作用，坚定忠于中国共产党的信念，掌握抗日战争的胜利及其意义，继承并弘扬伟大抗战精神
按照《指导纲要》的要求，要在文学和历史学专业课程中，融入“中共党史”的教育	专题7：为建立新中国而奋斗	通过实践教学，使学生了解抗日战争胜利后的国内外局势，明确中国革命的历史任务及中国共产党的历史使命，通过了解国共两党的较量，明晰历史线索，代表中国广大人民群众根本利益的政党终将承担历史重任

续表

“课程思政”	“思政课程”	实践教学体系内容
按照《指导纲要》的要求，结合文学和历史学专业课程对学生进行中华人民共和国成立初期的国情教育	专题8：中华人民共和国的成立与社会主义建设道路的探索	通过实践教学，使学生深刻了解中华人民共和国成立的意义与捍卫巩固新政权的斗争，了解过渡时期总路线的内容及社会主义改造的实施，了解全面建设社会主义的过程及成就，弘扬社会主义革命和建设时期形成的历久弥新的时代精神
按照《指导纲要》的要求，经济学、管理学、法学类专业课程要“引导学生了解世情国情党情民情，增强对党的创新理论的政治认同、思想认同、情感认同，坚定中国特色社会主义道路自信、理论自信、制度自信、文化自信”	专题9：改革开放与中国特色社会主义的开创和发展	通过实践教学，使学生明确党的十一届三中全会是中华人民共和国成立以来的伟大历史转折，深刻感受到改革开放以来的变化，认识到改革开放道路的正确性，明确改革开放是决定中国命运的抉择，是民族复兴的必由之路
按照《指导纲要》的要求，“推进习近平新时代中国特色社会主义思想进教材进课堂进头脑”	专题10：中国特色社会主义进入新时代	通过实践教学，使学生认识中国特色社会主义进入新时代是新的历史方位，认识新时代中国特色社会主义正不断向前推进，了解党和国家事业取得的历史性成就和历史性变革，为开启全面建设社会主义现代化国家新征程贡献青春力量

2. “课程思政”协同“思政课程”《中国近现代史纲要》实践教学的路径（见表5-8）

表5-8 “课程思政”协同“思政课程”社会实践活动“路径设计”

“思政课程”实践内容	中国近现代史纲要
“课程思政”实践内容	相关学科
“思政课程”实践内容方向	1. 改革开放与中国特色社会主义的开创与发展
	2. 中国特色社会主义进入新时代
“课程思政”实践内容方向	1. 工学 要注重学思结合、知行统一，增强学生勇于探索的创新精神、善于解决问题的实践能力，在亲身参与中增强创新精神、创造意识和创业能力。要注重强化工程伦理教育，培养学生精益求精的大国工匠精神，激发学生科技报国的家国情怀和使命担当①

① 教育部：《高等学校课程思政建设指导纲要》（教高〔2020〕3号）。

续表

<table>
<tr><td>“思政课程”实践内容</td><td>中国近现代史纲要</td></tr>
<tr><td>“课程思政”实践内容方向</td><td>2. 历史学
要在课程教学中帮助学生掌握马克思的世界历史观，从历史与现实、理论与实践等维度深刻理解人类历史发展的一般规律。用大历史观看待历史，弄清历史的全过程和来龙去脉，把握历史的厚重感和纵深感，善于总结历史经验和历史规律，把握历史大势，坚持从历史逻辑、理论逻辑和实践逻辑相结合的高度总结历史规律，揭示历史趋势①</td></tr>
<tr><td colspan="2">实践路径：
路径 1：
实践项目：主题讨论——如何爱党、爱国
实践目的：结合国家当下在工学领域的新技术、新进展，增加学生学习的乐趣，提高学生对工学专业的认同感和自信心；另一方面结合我国在工学某一领域的技术困境，讲解前辈先贤们是如何突破的，或者正在努力突破，增强学生的使命感和担当意识。
实践方案：
1. 师生共同确定主题讨论的内容：①华为等民族企业如何突破技术封锁进行自主创新，增强大国自信、文化自信②；②结合中兴被美国“封杀”事件，讲述我国目前半导体技术困境，增强学生的爱国热情和职业责任感③。
2. 以 6~8 人为一组，并推选一人为代表陈述小组观点。
3. 任课教师组织全班同学共同讨论、论证。</td></tr>
<tr><td colspan="2">实践成果：每位学生在品读活动结束后撰写一篇 800 字以上的心得体会，并由组长收齐后提交给任课教师，内容包括本次实践教学的时间、地点以及记录此次活动的照片或视频，材料内容作为教师评定成绩的依据
路径 2：
实践项目：观看影视资料《七七事变》
实践目的：了解七七事变的历史，激发学生的爱国情感，增强其民族精神与团结意识，进而深刻理解中国走社会主义道路的正确性，增强中国特色社会主义道路自信、理论自信、制度自信、文化自信。
实践方案：
1. 师生共同确定观看影视资料的时间并明确目标要求；
2. 以 6~8 人为一小组，并确定一名组长；</td></tr>
</table>

① 教育部：《高等学校课程思政建设指导纲要》(教高〔2020〕3 号)。

② 纪安平、张秀、罗锦洁等：《机械类专业课程“课程思政”教育改革研究——以“电工学”课程为例》，《高教学刊》，2020 年第 8 期，第 126-128 页。

③ 同②。

续表

“思政课程”实践内容	中国近现代史纲要
3. 观看结束后，每位学生需撰写一篇 1 000 字以上的心得体会。 **实践成果：**每位学生在观影活动结束后撰写一篇 1 000 字以上的心得体会，并由组长收齐后提交给任课教师，内容包括本次实践教学的时间、地点以及记录此次活动的照片或视频，材料内容作为教师评定成绩的依据	

（五）《毛泽东思想和中国特色社会主义理论体系概论》

1. “课程思政”协同“思政课程”《毛泽东思想和中国特色社会主义理论体系概论》实践教学的内容（见表 5-9）

表 5-9 实践教学的内容

“课程思政”	“思政课程”	实践教学体系内容
按照《指导纲要》的要求，要“在课程教学中帮助学生掌握马克思主义世界观和方法论”，分析和解决历史和现实问题	专题 1：马克思主义中国化时代化	通过实践教学，使学生把握马克思主义中国化的内涵、历史进程，掌握马克思主义中国化进程中的历史性飞跃，引导学生用实事求是的方法分析问题、解决问题
按照《指导纲要》的要求，在文学类、历史学类、艺术学类专业课中对学生进行“中国共产党历史”的教育，引导学生深刻理解并“自觉弘扬中华优秀传统文化、革命文化、社会主义先进文化”	专题 2：毛泽东思想及其历史地位	通过实践教学，使学生认识毛泽东思想的形成和发展、主要内容和活的灵魂、历史地位，正确认识毛泽东同志的功绩与错误
按照《指导纲要》的要求，在文学类、历史学类、艺术学类等专业课中对学生进行“中国共产党历史”的教育，融入“红色精神”的教育	专题 3：新民主主义革命理论	通过实践教学，使学生认识新民主主义革命理论形成的时代特征和实践基础，了解新民主主义革命的总路线和基本纲领，认识农村包围城市，武装夺取政权革命道路的必要性，了解三大法宝的内涵及重要性，增强党的领导信念
按照《指导纲要》的要求，在文学类、历史学类、艺术学类等专业课中对学生进行中华人民共和国成立初期阶段的国情教育	专题 4：社会主义改造理论	通过实践教学，使学生认识从新民主主义社会到社会主义社会的转变，了解党在过渡时期的总路线及其理论依据，社会主义改造道路及其历史经验，确立社会主义基本制度的理论依据及其重大意义

续表

“课程思政”	“思政课程”	实践教学体系内容
按照《指导纲要》的要求，在文学类、历史学类、艺术学类等专业课中对学生进行我国“社会主义建设史”的教育	专题5：社会主义建设道路初步探索的理论成果	通过实践教学，使学生认识初步探索的重要理论成果与时间成就，理解初步探索的意义，辩证看待初步探索的经验教训
按照《指导纲要》的要求，在文学类、历史学类、艺术学类专业课中对学生进行“改革开放史”的教育	专题6：中国特色社会主义理论体系的形成发展	通过实践教学，使学生正确认识邓小平理论的形成条件和形成过程、回答的基本问题和主要内容及其历史地位
按照《指导纲要》的要求，结合不同专业的育人目标，深度挖掘专业中蕴含的思想价值和精神内涵，科学拓展专业课程的广度、深度和温度，从课程所涉专业、行业、国家、国际、文化、历史等角度，增加课程的知识性、人文性，提升引领性、时代性和开放性	专题7：邓小平理论	通过实践教学，使学生正确认识“三个代表”重要思想的形成条件和形成过程、核心观点和主要内容及其历史地位
按照《指导纲要》的要求，结合不同专业的育人目标，深度挖掘专业中蕴含的思想价值和精神内涵，科学拓展专业课程的广度、深度和温度，从课程所涉专业、行业、国家、国际、文化、历史等角度，增加课程的知识性、人文性，提升引领性、时代性和开放性	专题8：“三个代表”重要思想	通过实践教学，使学生正确认识科学发展观的形成条件和形成过程、科学内涵和主要内容及其历史地位
按照《指导纲要》的要求，结合不同专业的育人目标，深度挖掘专业中蕴含的思想价值和精神内涵，科学拓展专业课程的广度、深度和温度，从课程所涉专业、行业、国家、国际、文化、历史等角度，增加课程的知识性、人文性，提升引领性、时代性和开放性	专题9：科学发展观	通过实践教学，使学生正确认识科学发展观的形成条件和形成过程、科学内涵和主要内容及其历史地位

2."课程思政"协同"思政课程"《毛泽东思想和中国特色社会主义理论体系概论》实践教学的路径（见表5-10）

表5-10 "课程思政"协同"思政课程"社会实践活动"路径设计"

"思政课程"实践内容	《毛泽东思想和中国特色社会主义理论体系概论》
"课程思政"实践内容	相关学科
"思政课程"实践内容方向	1. 文学 要在课程教学中帮助学生掌握马克思主义世界观和方法论，提高分析问题、解决问题的能力。要结合专业知识教育引导学生深刻理解社会主义核心价值观，自觉弘扬中华优秀传统文化、革命文化、社会主义先进文化①
	2. 医学 要在课程教学中注重加强医德医风教育，着力培养学生"敬佑生命、救死扶伤、甘于奉献、大爱无疆"的医者精神，注重加强医者仁心教育，在培养精湛医术的同时，教育引导学生始终把人民群众生命安全和身体健康放在首位，尊重患者，善于沟通，提升综合素养和人文修养，提升依法应对重大突发公共卫生事件的能力，做党和人民信赖的好医生②
实践路径： **路径1：** **实践项目：**制作短视频——参观博物馆，培养家国情怀③ **实践目的：**了解历史并感受民族博物馆的发展变化，增强大学生实现中华民族伟大复兴的历史责任感，培养家国情怀的情感认同。 **实践方案：** 1. 任课教师在实践活动开始前需向学生明确此次实践活动的目标要求。 2. 以6~8人为一小组，并确定一名组长，负责组织组员在假日或周末参观民族博物馆。 3. 以小组为单位，将参观详情制作成8~10分钟的视频，并配以图片、文字、音乐和字母解说。 **实践成果：**每位学生撰写一篇1 000字以上的心得体会，由组长收齐后提交给任课教师，内容包括本次实践教学的时间、地点以及记录此次活动的照片或视频，材料内容作为教师评定成绩的依据 **路径2：** **实践项目：**"弘扬抗疫精神，助力乡村振兴"暑期"三下乡"活动④	

① 教育部：《高等学校课程思政建设指导纲要》(教高〔2020〕3号)。
② 同①。
③ 尹红霞、康惠、刘淑云：《思想政治理论课实践教程》，北京师范大学出版社，2021年版。
④ 同③。

续表

“思政课程”实践内容	《毛泽东思想和中国特色社会主义理论体系概论》
实践目的：伟大抗疫精神融入“毛泽东思想和中国特色社会主义理论体系概论”课教学，是医学院校思政课教育教学改革的重要内容，将伟大抗疫精神嵌入医学生的社会实践活动中，有助于提高“概论”课实效性，培养新时代医学人才。 **实践方案：** 1. 组建实践小组。以 6~8 人为一小组，并确定一名组长。 2. 实践内容。 （1）确定活动实施计划，明确分工。 （2）拟定活动提纲，准备所需物资。 （3）选定活动村域，开展实践活动。 3. 实践方式。 组织医学生举办爱心医疗活动，为基层民众提供健康义诊、送医送药、保健知识、防疫常识及医疗政策宣讲等服务，在践行抗疫精神中提升职业认同①。 **实践成果：**每位学生在需要撰写活动日志并进行反思，每个小组撰写一篇 3 000 字以上的实践活动报告，两项作业由组长收齐后提交给任课教师，内容包括本次实践教学的时间、地点以及记录此次活动的照片或视频，材料内容作为教师评定成绩的依据	

① 许莹莹：《伟大抗疫精神融入医学院校思政课教学的思考——以“中国近现代史纲要”课为例》，《中国医学伦理学》，2023 年第 7 期，第 819-823 页，828 页。

第六章

“思政课程”协同“课程思政”实践教学体系的内容和路径探索

高校大学生思想政治工作实效性的增强需要通过持续的教学改革不断实现。高校“思政课程”与“课程思政”的理论教学和实践教学就是非常重要的途径和渠道。因此，本章主要是按照“思政课程”的教学内容和实践教学要求，探索“课程思政”协同“思政课程”实践教学，进一步促进两者实现“同向同行”的探索。在多年教学改革和探索研究的基础上，不断推进“思政课程”与“课程思政”实践教学体系的探索和实践，尤其是“思政课程”协同“课程思政”实践教学体系的内容和路径探索就是本章改革探索的重要内容和应有之义。

结合 2019 年 8 月，中共中央办公厅、国务院办公厅印发的《关于深化新时代学校思想政治理论课改革创新的若干意见》，以及教育部印发的关于《高等学校课程思政建设指导纲要》的通知（教高〔2020〕3 号）的要求，在开展“课程思政”课堂教学和实践教学过程中，可以结合“思政课程”的课程内容和实践教学要求，进行“思政课程”协同“课程思政”实践教学体系内容和路径的探索。

一、“思政课程”协同“课程思政”实践教学体系的目标和重点内容

2020 年 5 月，教育部印发《高等学校课程思政建设指导纲要》的通知（教高〔2020〕3 号），对高校协同推进“课程思政”建设提出了明确要求。高校各专业“思政课程”协同“课程思政”实践教学体系建设要紧紧围绕全面提高人才培养质量这个中心点，不仅要促使“思政课程”协同“课程思政”在队伍建设、教学内容、教学方法、教学路径等方面有机协同并形成广泛共识，而且要在“思政课程”协同“课程思政”实践教学体系创新探索的意识和能力等方面全面提升，形成协同推进的体制机制，促进高校立德树人的实效逐步提升。

（一）“思政课程”协同“课程思政”实践教学体系的“总体要求”

“思政课程”协同“课程思政”实践教学体系建设的内容要紧紧围绕：①坚定学崇高的理想信念；②以“五爱”即爱党、爱国、爱社会主义、爱人民、爱集体为主线；③紧密“围绕政治认同、家国情怀、文化素养、宪法法治意识、道德修养等重点优化课程思政内容供给”；④“系统进行中国特色社会主义和中国梦教育、社会主义核心价值观教育、法治教育、劳动教育、心理健康教育、中华优秀传统文化教育”①；⑤结合“思政课程”协同“课程思政”实践教学体系语料库建设的内容，进一步丰富和深化

① 教育部等十部门：《全面推进“大思政课”建设的工作方案》（教社科〔2022〕3 号）。

实践教学话语体系的内容（见表6-1）。

表6-1 实践教学体系内容

“思政课程”	“课程思政”	实践教学体系内容
1. 结合《马克思主义基本原理》中的导论和第七章“实现共产主义远大理想”的教学内容。 2. 结合《习近平新时代中国特色社会主义思想概论》中“我国社会主义现代化强国建设发展战略和目标”。 3. 结合《思想道德与法治》导论和第2章“树立远大理想”的内容开展教学	专题1：在新时代坚定崇高的理想和信念	1. 坚定对实现社会主义和共产主义的信念。 2. 坚定马克思主义的信仰。 3. 加强大学生“四个意识”和“四个自信”的教育。 4. 结合专业实际增强大学生的专业意识和职业理想。 5. 培养大学生投身于新时代我国社会主义现代化事业的科学精神、工匠精神
1. 结合《中国近现代史纲要》和《毛泽东思想和中国特色社会主义理论体系概论》对学生进行“四史”教育。 2. 结合《思想道德与法治》对学生进行“五爱教育”	专题2：以“五爱”即爱党、爱国、爱社会主义、爱人民、爱集体为主线的思想教育	1. 结合专业实际对学生进行专业发展和新时代中国特色社会主义建设奋斗目标关系的教育，培养学生的“五爱”意识。 2. 结合专业教育，对大学生进行团队精神、协作精神和科学家精神的培育
1. 结合《中国近现代史纲要》和《毛泽东思想和中国特色社会主义理论体系概论》对学生进行政治认同教育。 2. 结合《习近平新时代中国特色社会主义思想概论》教学中的“新时代中国特色社会主义事业的发展成就”对学生进行家国情怀教育	专题3：对大学生的政治认同、家国情怀教育	1. 大学生的政治认同，就是对中国特色社会主义政治的认同，对中国共产党领导的认同，对中国特色社会主义道路的认同以及对中国特色社会主义的政治原则、政治制度以及治国方略等的认同，就是坚持和发展中国特色社会主义，坚持和践行社会主义核心价值观。 2. 大学生具有家国情怀，就是树立家国一体意识，强化家国认同；以家国天下为重，以民族大义为念，把个人理想追求与国家民族命运维系在一起，强化责任担当意识，为实现中华民族伟大复兴中国梦不懈奋斗

续表

“思政课程”	“课程思政”	实践教学体系内容
1. 结合《马克思主义基本原理》中的“社会意识形态和文化的作用”。 2. 结合《毛泽东思想和中国特色社会主义理论体系概论》中的“社会主义文化建设的地位和作用”	专题4：对大学生的文化素养教育	1. 结合大学生专业学习对其进行专业素养在促进国家事业发展中的地位和作用的教育。 2. 结合我国科学技术进步事业讲述科学家精神
1. 结合《思想道德与法治》第六章“法治中国建设”的内容。 2.结合《习近平新时代中国特色社会主义思想概论》“全面依法治国”的内容	专题5：对大学生的宪法法治意识、法治教育	1. 增强大学生对宪法地位和作用的认识。 2. 增强大学生对“法治中国”建设的重要地位和作用的认识
结合《思想道德与法治》第四章和第五章的内容	专题6：对大学生的道德修养教育即社会主义核心价值观教育、中华优秀传统文化教育	1. 结合专业学习对“社会主义核心价值观”三个层面内容的深刻理解。 2. 在专业学习中汲取中华优秀传统文化的精髓和内涵
1. 结合《习近平新时代中国特色社会主义思想概论》中“我国社会主义现代化发展阶段”的教育。 2. 结合《毛泽东思想和中国特色社会主义理论体系概论》第五章~第八章的内容	专题7：对大学生的中国特色社会主义和中国梦教育	1. 结合专业教育对大学生进行中国特色社会主义建设历程和国情教育。 2. 结合专业课程学习对大学生进行为实现中华民族伟大复兴理想信念的教育。
1. 结合《毛泽东思想和中国特色社会主义理论体系概论》和《习近平新时代中国特色社会主义思想概论》中党的五代领导集体关于劳动教育的思想、关于青少年劳动教育的内容。 2. 结合大学生心理素质教育课程的内容	专题8：对大学生的劳动教育、心理健康教育	1. 结合大学生社会实践活动和专业实习对其进行劳动教育。 2. 结合大学生参加的社会实践活动，比如开展的“三下乡”调查研究和实践活动，以及到企业开展的实习活动，让其体会劳动实践在社会主义现代化强国建设中的地位和作用

（二）“思政课程”协同“课程思政”建构实践教学体系的“具体要求”（见表 6–2）

表 6–2 实践教学的具体要求

序号	主题	实践教学内容要求
1	推进习近平新时代中国特色社会主义思想进教材进课堂进头脑	坚持不懈用习近平新时代中国特色社会主义思想铸魂育人，引导学生了解世情国情党情民情，增强对党的创新理论的政治认同、思想认同、情感认同，坚定中国特色社会主义道路自信、理论自信、制度自信、文化自信
2	培育和践行社会主义核心价值观	教育引导学生把国家、社会、公民的价值要求融为一体，提高个人的爱国、敬业、诚信、友善修养，自觉把小我融入大我，不断追求国家的富强、民主、文明、和谐和社会的自由、平等、公正、法治，将社会主义核心价值观内化为精神追求、外化为自觉行动
3	加强中华优秀传统文化教育	大力弘扬以爱国主义为核心的民族精神和以改革创新为核心的时代精神，教育引导学生深刻理解中华优秀传统文化中讲仁爱、重民本、守诚信、崇正义、尚和合、求大同的思想精华和时代价值，教育引导学生传承中华文脉，富有中国心、饱含中国情、充满中国味
4	深入开展宪法法治教育	教育引导学生学思践悟习近平全面依法治国新理念新思想新战略，牢固树立法治观念，坚定走中国特色社会主义法治道路的理想和信念，深化对法治理念、法治原则、重要法律概念的认知，提高运用法治思维和法治方式维护自身权利、参与社会公共事务、化解矛盾纠纷的意识和能力
5	深化职业理想和职业道德教育	教育引导学生深刻理解并自觉实践各行业的职业精神和职业规范，增强职业责任感，培养遵纪守法、爱岗敬业、无私奉献、诚实守信、公道办事、开拓创新的职业品格和行为习惯

二、“思政课程”协同“课程思政”建构实践教学体系的内容“科学设计”

高校根据国民经济和社会发展要求以及时代的发展变化，要有针对性地修订人才培养方案，切实落实高等职业学校专业建设和教学标准、本科专业类教学的国家标准和研究生教学与学位建设的基本要求，不断深化和构建科学合理的“课程思政”教学体系。同时，结合实践教学要求，进行“思政课程”协同“课程思政”实践教学体系的内容和路径“科学设计”。要坚持以学生为中心，按照产出导向，以及持续深化改革创新的要求，不断提升大学生的课程学习体验、理论学习和实践教学效果，坚决防止“贴标签”和“两张皮”。

（一）公共基础课程

公共基础课程的实践教学体系内容如表 6-3 所示。

表 6-3 公共基础课程的实践教学体系内容

“思政课程”	“课程思政”	实践教学体系内容
1. 结合《思想道德与法治》第二章“追求远大理想，坚定崇高信念”和第六章“学习法治思想，提升法治素养”的内容。 2. 结合《马克思主义基本原理》第二章“实践与认识及其发展规律”的内容	大学生思想道德修养、人文素质、科学精神、宪法法治意识、国家安全意识和认知能力的课程	注重在潜移默化中坚定学生理想信念、厚植爱国主义情怀、加强品德修养、增长知识见识、培养奋斗精神，提升学生综合素质
1. 结合《思想道德与法治》第三章“继承优良传统，弘扬中国精神”的内容，融入中华优秀儿女在体育运动和奥林匹克运动中呈现出的爱国主义精神和拼搏精神。 2. 结合《中国近现代史纲要》《毛泽东思想和中国特色社会主义理论体系概论》教学，利用 CCTV“美术里的中国”“美术经典中的党史”等教学案例对大学生进行审美教育，提升审美素养	打造一批有特色的体育、美育类课程	帮助学生在体育锻炼中享受乐趣、增强体质、健全人格、锤炼意志，在美育教学中提升审美素养、陶冶情操、温润心灵、激发创造创新活力

（二）专业教育课程

“思政课程”协同“课程思政”实践教学体系的建构，要根据不同学科专业的特色和优势，根据和深入分析不同专业的育人目标，不断挖掘和提炼专业知识体系中所蕴含的“思想价值”和“精神内涵”，科学探索和合理拓展专业课程所具有的广度、深度和温度，从专业课程所体现的专业、行业、国家、国际，以及文化、历史等不同维度，增强专业课程的知识性和人文性，不断提升专业课程在时代发展中的引领性、时代性和开放性。专业教育课程的实践教学体系内容如表 6-4 所示。

表 6-4 专业教育课程的实践教学体系内容

“思政课程”	“课程思政”	实践教学体系内容
1. 结合《中国近现代史纲要》《毛泽东思想和中国特色社会主义理论体系概论》教学，带领学生研读毛泽东《在延安文艺座谈会上的讲话》，以及习近平《在文艺工作座谈会上的讲话》的内容。 2. 结合《马克思主义基本原理》第三章“人类社会及其发展规律”即“马克思主义的历史唯物论”以及第一章“世界的物质性及发展规律”等内容	1. 文学、历史学、哲学类专业的“课程思政”实践教学	1. 根据文学、历史学、哲学类专业的特色和优势设计实践教学内容。 2. 根据文学、历史学、哲学类专业的育人目标设计实践教学环节。 3. 深入挖掘文学、历史学、哲学类专业知识体系中的思想价值和精神内涵。 4. 在文学、历史学、哲学类专业教学中从课程所涉专业、行业、国家、国际、文化、历史等角度，体现其知识性和人文性。 5. 文学、历史学、哲学类课程要结合新时代中国特色社会主义建设的伟大实践体现理论教学和实践教学相统一的引领性、时代性和开放性
1. 结合《马克思主义基本原理》第四章和第五章融入“马克思主义政治经济学原理”的内容，充分认识资本主义的本质及其发展趋势。 2. 结合《毛泽东思想和中国特色社会主义理论体系概论》和《习近平新时代中国特色社会主义思想概论》的内容，对学生进行“社会主义市场经济”和“中国特色社会主义政治经济学”“习近平经济思想”等理论和实践的教学。	2. 经济学、管理学、法学类专业的“课程思政”实践教学	1. 根据经济学、管理学、法学类专业的特色和优势，开展实践教学。 2. 根据经济学、管理学、法学类专业的育人目标设计实践教学路径。

续表

“思政课程”	“课程思政”	实践教学体系内容
3. 结合《思想道德与法治》第六章“学习法治思想，提升法治素养”的内容	2. 经济学、管理学、法学类专业的“课程思政”实践教学	3. 在经济学、管理学、法学类专业教学中体现其中蕴含的思想价值和精神内涵。 4. 在经济学、管理学、法学类专业课程的教学中从课程所涉专业、行业、国家、国际、文化、历史等角度，体现其知识性和人文性价值。 5. 经济学、管理学、法学类专业课程要体现新时代中国特色社会主义建设伟大实践所体现的引领性、时代性和开放性
结合《毛泽东思想和中国特色社会主义理论体系概论》和《习近平新时代中国特色社会主义思想概论》的内容，融入教育、科技和文化的内容	3. 教育学类专业的“课程思政”实践教学	1. 根据教育学类专业的特色和优势，开展实践教学。 2. 根据教育学类专业的育人目标设计实践教学路径。 3. 在教育学类专业知识体系中体现其思想价值和精神内涵。 4. 教育学类课程教学要从课程所涉专业、行业、国家、国际、文化、历史等角度，体现其知识性和人文性价值。 5. 教育学类课程要体现教育事业在中国特色社会主义事业发展中的重要性、时代性和开放性
结合《马克思主义基本原理》，融入“马克思主义的唯物论、辩证法、认识论”的思想	4. 理学、工学类专业“课程思政”实践教学	1. 根据专业的特色和优势，开展实践教学。 2. 在理学、工学类专业课程中根据专业的育人目标设计实践教学路径。 3. 在理学、工学类专业知识体系中体现其思想价值和精神内涵。 4. 理学、工学类专业课程教学要从课程所涉专业、行业、国家、国际、文化、历史等角度，体现其知识性和人文性。 5. 理学、工学类专业课程要在新时代中国特色社会主义“强国建设”中发挥其引领性、时代性和开放性

续表

“思政课程”	“课程思政”	实践教学体系内容
结合《毛泽东思想和中国特色社会主义理论体系概论》和《习近平新时代中国特色社会主义思想概论》的内容，融入“三农问题”“乡村振兴”“新时代中国特色社会主义经济建设”等内容	5. 农学类专业的“课程思政”实践教学	1. 根据农学类专业的特色和优势，开展具有新时代特色的“乡村振兴”实践教学。 2. 根据农学类专业的育人目标，结合“思政课程”实践教学，组织大学生开展“三下乡”社会实践活动。 3. 结合农学类专业知识体系中的思想价值和精神内涵，开展学习袁隆平等优秀科学家精神教育；开展中华民族勤劳致富等优秀传统文化教育；开展以劳动教育为主题的社会事件活动。 4. 按照农学类课程的知识性和人文性，开展科学精神、乡村文化等特色社会实践活动。 5. 按照农学类课程的引领性、时代性和开放性，对学生进行“中国式现代化”中“我国乡村现代化的现状和发展路径”的社会调查实践活动
1. 结合《马克思主义基本原理》中“人的自由和全面发展”的内容。 2. 结合《思想道德与法治》职业道德的内容。	6. 医学类专业的“课程思政”实践教学	1. 根据医学类专业的特色和优势，开展结合我国医疗卫生事业、城市和乡村的医疗卫生事业的社会实践和调查研究。 2. 根据医学类专业的育人目标，培养新时代的医学人才，开展中华优秀医学教育、卓越医学科学家精神的教育和实践活动。 3. 医学类专业知识体系中的思想价值和精神内涵，在课堂教学和社会实践中融入“以人为本”、医者仁心的教育和实践活动。 4. 按照医学类课程的知识性、人文性，在医学实践中开展将医学科学精神和人文精神相互统一的社会实践探索。

续表

“思政课程”	“课程思政”	实践教学体系内容
3. 结合《毛泽东思想和中国特色社会主义理论体系概论》和《中国近现代史纲要》我国“医疗卫生事业”“社会建设中的民生问题”的内容	6. 医学类专业的“课程思政”实践教学	5. 按照医学类课程的引领性、时代性和开放性开展社会实践和调查研究；结合国务院办公厅印发的《关于加快医学教育创新发展的指导意见》(国办发〔2020〕34号)，开展住院医师培训、继续医学教育改革、我国医疗卫生事业改革的社会实践和调查研究
结合《毛泽东思想和中国特色社会主义理论体系概论》和《中国近现代史纲要》的内容，从马克思主义文艺政治学的视域开展红色文艺所呈现的思想内容和精神价值的教学活动	7. 艺术学类专业的“课程思政”实践教学	1. 根据艺术学类专业的特色和优势，深入挖掘和探索马克思主义艺术思想的理论基础，为专业学习打下重要的理论基础。 2. 根据艺术学类专业的育人目标，融合思政课程的内容，深入探索理论教学和实践教学的“课程思政”内容。 3. 艺术学类专业知识体系中的思想价值和精神内涵，要结合“思政课程”内容探索艺术类课程中体现的艺术哲学、马克思主义艺术思想及马克思主义中国化时代化的思想成果。 4. 按照艺术学类课程的知识性、人文性，探索“思政课程”协同“课程思政”实践教学体系的内容、路径和方法。 5. 按照艺术学类课程的引领性、时代性和开放性，促使“课程思政”教学和艺术学类专业课程的理论教学和实践教学相得益彰

（三）实践类课程

专业实验实践课程，要注重学思结合、知行统一，增强学生勇于探索的创新精神、善于解决问题的实践能力。创新创业教育课程，要注重让学生“敢闯会创”，在亲身参与中增强创新精神、创造意识和创业能力。社会实践类课程，要注重教育和引导学生弘扬劳动精神，将“读万卷书”与“行万里路”相结合，扎根中国大地了解国情民情，在实践中增长智慧才干，在艰苦奋斗中锤炼意志品质。实践类课程的实践教学体系内容如表6–5所示。

表6–5 实践类课程的实践教学体系内容

“思政课程”	“课程思政”	实践教学体系内容
1. 结合《马克思主义基本原理》第二章“实践与认识及其发展规律”的内容，对学生进行在实践中探索真理和在实践中创新创造的思想教育。 2. 结合党的二十大精神，对学生进行“实施科教兴国战略，强化现代化建设人才支撑”的教育	专业实验实践课程，要注重学思结合、知行统一，增强学生勇于探索的创新精神、善于解决问题的实践能力	1. 开展以“教育、科技、人才是全面建设社会主义现代化国家的基础性、战略性支撑”的社会实践活动和调查研究。 2. 在专业实验实践课中，结合“加快建设教育强国、科技强国、人才强国”的主题，开展科学精神、创新精神、科学家精神、工匠精神等系列教育活动和实践调查研究活动
结合《马克思主义基本原理》第一章第三节“唯物辩证法是认识世界和改造世界的根本方法”的内容；结合《思想道德和法治》的内容，融入“人生理想和信念”“人生价值”的内容开展思想教育和实践活动	创新创业教育课程，要注重让学生“敢闯会创”，在亲身参与中增强创新精神、创造意识和创业能力	1. 把创新创业课理论教学与实践教学有机结合，开展面向科研院所和企业的教学实践活动。 2. 结合大学生创新创业优秀人物和实践案例，进行创新创业实战案例分析、创新创业调查研究等实践活动
1. 结合《马克思主义基本原理》第二章“实践与认识及其发展规律”的内容，在教学中融入“认识世界和改造世界”的理论教学。 2. 结合《毛泽东思想和中国特色社会主义理论体系概论》和《习近平新时代中国特色社会主义思想概论》中“我国社会主义现代化强国建设和发展战略”开展思想教育	社会实践类课程，要注重教育和引导学生弘扬劳动精神，将“读万卷书”与“行万里路”相结合	1. 结合专业实际，注重引导学生在理论学习过程中的实践锻炼和对创新创造能力的培养。 2. 通过社会实践活动，联系各行业的劳动模范、技术能手等优秀模范人物，对学生进行劳动精神教育，培养体现“知行合一”的理论水平和实践能力

续表

“思政课程”	“课程思政”	实践教学体系内容
1. 结合《马克思主义基本原理》第二章“实践与认识及其发展规律”的内容，在教学中融入“认识世界和改造世界”的理论教学。 2. 结合《思想道德和法治》第四章“明确价值要求，践行价值准则”的内容，深化对大学生的价值观教育和引导	社会实践类课程，扎根中国大地了解国情民情，在实践中增长智慧才干，在艰苦奋斗中锤炼意志品质	让大学生在深入了解我国各行各业生动的社会实践中，了解国情、世情和民情，增强建设社会主义现代化强国的决心和斗志

“思政课程”协同“课程思政”建构实践教学体系的内容设计典型案例分析①（表见6-6）。

表6-6 典型案例分析

1. 总体情况说明。上海出版印刷高等专科学校在长期办学实践中，重视思想政治教育、专业实训与职业素养教育相互融合，形成了专业实训课与思想政治教育“同向同行”的“课中课”教学模式。该模式践行了习近平总书记在全国高校思想政治工作会议中提出的“提升思想政治教育亲和力和针对性，满足学生成长发展需求和期待，其他各门课都要守好一段渠、种好责任田，使各类课程与思想政治理论课同向同行，形成协同效应”的精神，实现了思想政治教育强化、职业素养培育和职业技能提高的“三促进效应”，达到了学生获得感增强、教师幸福感提升、行业认可度提高的“三满意成效”，取得了高素质技能型人才培养的丰硕成果 **2. 思想政治教育融入专业实训课的“课中课”同向同行模式。** （1）教学设计：将实训教学内容与思想政治理论课要点相结合，实现协同育人。思想政治理论课教师走进专业实训课堂，将提炼出的理想信念、实事求是、遵纪守法、工匠精神、团队合作、环境意识等六个思想政治教育微要点融入专业实训课，把思想政治理论课的教学要点具体化为实训操作体验，从而把专业实训教学与思想政治教育有机结合起来。学生在技能训练过程中体验六个思想政治教育微要点。例如将“毛泽东思想和中国特色社会主义理论体系概论”课中“实事求是”的教学要点，具体化为实训操作中“会就是会，不会就是不会；如果不会继续找原因、摸索规律、操作学习”的微行为。强化学生正直诚实的职业微素养。这样思政要点和实训技能与素养也对应起来，统合为微要点、微素养、微行为的三“微”一体育人架构，从而把思想政治教育的价值引领作用落细落实（见下表）。

① 马前锋、滕跃民、张玉华：《思想政治教育融入专业实训课的“课中课”同向同行模式创新研究》，《思想理论教育导刊》，2018年第12期，第142-144，150页。

续表

三维一体育人架构

序号	思政微要点	职业微素养	技能微行为
1	思想信念	坚持、信念	碰到困难不退缩，坚持专注
2	实事求是	正直、诚实	会不会，不会就不会，若不会继续摸索学习
3	遵纪守法	规则、自律	每次训练后，总结是否严格遵守了实训规则
4	工匠精神	敬业、务实	操作中精益求精，耐心打磨，力求卓越
5	团队合作	助人、和谐	热心奉献，主动补位，不斤斤计较
6	环境意识	整洁、秩序	设备环境，实训废料分类处理

（2）实施“三段式”教学，全方位融入德育元素。“课中课”教学模式实施过程包括课前启发式教育、课中体验式教育、课后感悟式教育。思想政治理论课教师通过课程开始后的前 5 分钟，引出要融入实训课堂的思想政治微要点，引导学生特别注意实训中需要培养和体验的要点以及容易出现的问题。在课中的体验式教学中，思想政治理论课教师对学生在实训环节出现的粗心大意、畏难退缩、乱扔垃圾等微行为，结合案例进行现场指导，培养学生遵守实训室规章、团队合作、敬业务实等职业微素养。课后的感悟式教学是课程结束之前 5 分钟让学生分享在职业规范、职业道德方面的感悟。学生通过启发、感悟、分享，体验到优秀职业素养的重要性。

（3）实行“三精”教学法，打造“精彩一刻”课堂。“课中课”教学模式，通过“精”心设计，“精”选案例，“精”彩分享，形成了“三精”教学法，使实训课与思想政治教育融合更加紧密。教师经过大量的前期采访和调查，精心设计教学过程，开发出符合高职学生身心特点的系列微案例、微视频。教师用贴近学生的方法，在实训中将遇到的疑难问题带入课堂剖析，打造体验式课堂的“精彩一刻”，增强了课程的吸引力。

（4）实施保障：相关职能部门通力合作提供坚实保障，营造协同育人机制。教务处、人事处等校内各部门通力合作、大力支持，为“课中课”同向同行模式实践提供强有力的保障。教务处在课时安排、教材改编、教学评价等方面给予了大力支持，使思想政治理论课教师和实训课专业教师能够通力协作、相互协调，注重过程评价。人事部门在工作量计算、绩效考核方面，给予教师团队相应的考评，科研规划处和财务处也给予专门立项协同支持

3. 教学效果。思想政治教育融入专业实训课的“课中课”同向同行模式的运行效果：

（1）学生获得感和思想政治理论课教师、实训教师幸福感显著增强；

（2）学生职业技能和职业素养明显提升；

（3）思想政治理论课教师与专业教师育人能力提高；

（4）对接学校文化，实现了文化育人、行业育人

4. 教学创新。思想政治教育融入专业实训课的“课中课”同向同行模式的教学创新；

（1）提供了职业教育教学“同向同行”的范例；

（2）打通了培养高素质职业技能人才的显性技能与隐性素养相结合的通道；

（3）构建了“协同育人”教师群，提供了可复制、可推广的样板

三、“思政课程”协同“课程思政”“专业特点”的实践教学体系内容和路径

专业课程是课程思政建设的基本载体。要深入梳理专业课教学内容，结合不同课程特点、思维方法和价值理念，深入挖掘课程思政元素，有机融入课程教学，达到“润物无声”的育人效果。

（一）文学、历史学、哲学类专业课程

要在课程教学中帮助学生掌握马克思主义世界观和方法论，从历史与现实、理论与实践等维度深刻理解习近平新时代中国特色社会主义思想。

要结合专业知识教育引导学生深刻理解社会主义核心价值观，自觉弘扬中华优秀传统文化、革命文化、社会主义先进文化。

1. “思政课程”协同“课程思政”文学课实践教学的内容（见表6–7）

表6–7　文学课实践教学的内容

“思政课程”	“课程思政”	实践教学体系内容
结合《马克思主义基本原理》中马克思主义世界观和方法论的内容	帮助学生掌握马克思主义世界观和方法论	1. 结合文学专业课程开展实践教学：参观以中国革命、建设和改革为主题的大型展览或者博物馆、展览馆，用马克思主义世界观和方法论思考其中的文学意境和主题。 2. 结合历史学专业课程开展实践教学：通过参观以中国革命、建设和改革为主题的大型展览或者博物馆、展览馆，运用马克思主义世界观和方法论分析历史中的经验和规律。 3. 结合哲学类专业课程开展实践教学：通过课堂实践教学和课外社会调查，运用马克思主义世界观和方法论研讨、分析和评价国内外热点问题
结合《习近平新时代中国特色社会主义思想概论》的内容	深刻理解习近平新时代中国特色社会主义思想	1. 结合文学专业课程开展实践教学：结合现实生活，分析新时代文学作品所反映的新时代鲜明特征。 2. 结合历史学专业课程开展实践教学：通过课堂实践教学和课外实践活动进一步认识中国共产党百年的历史经验和规律，坚定在新时代走中国特色社会主义道路的信念。

续表

“思政课程”	“课程思政”	实践教学体系内容
结合《习近平新时代中国特色社会主义思想概论》的内容	深刻理解习近平新时代中国特色社会主义思想	3. 结合哲学类专业课程开展实践教学：结合课堂实践教学和课外实践活动，运用马克思主义世界观和方法论，认识和分析习近平新时代中国特色社会主义思想在“马克思主义中国化时代化”的最新理论发展和实践成果
结合《思想道德和法治》第四章“明确价值要求，践行价值准则”的内容	深刻理解社会主义核心价值观	1. 结合文学专业课程开展实践教学； 2. 结合历史学专业课程开展实践教学； 3. 结合哲学类专业课程开展实践教学
结合《思想道德和法治》第五章“遵守道德规范，锻炼道德品格”的内容	自觉弘扬中华优秀传统文化，自觉弘扬革命文化	1. 结合文学专业课程开展实践教学：通过课堂实践教学和课外实践参观博物馆或展览馆，分析中国共产党百年奋斗征程中的红色文学作品所体现的思想内涵和精神价值。 2. 结合历史学专业课程开展实践教学：通过课堂实践教学和课外考察、参观等实践活动，分析和把握历史学专业课中所体现的“中华优秀传统文化”和“革命文化”。 3. 结合哲学类专业课程开展实践教学：在实践教学中运用马克思主义世界观和方法论分析“中华优秀传统文化”和“革命文化”
结合《毛泽东思想和中国特色社会主义理论体系概论》中第七章“‘三个代表’重要思想”和《习近平新时代中国特色社会主义思想概论》中“新时代中国特色社会主义文化建设”的内容	自觉弘扬社会主义先进文化	1. 结合文学专业课程开展实践教学：通过研读文学作品并通过实践活动和调查研究，结合时代发展，分析优秀文学作品中所体现的“社会主义先进文化”。 2. 结合历史学和哲学类专业课程开展实践教学：在实践教学中运用马克思主义世界观和方法论认识“社会主义先进文化”的时代性、发展性和进步性

在文学、历史学、哲学类专业课程教学中要引导学生进一步领会和把握马克思主义世界观和方法论，从历史与现实相结合的维度在社会实践活动中深刻理解和把握马克思主义中国化时代化的最新成果——习近平新时代中国特色社会主义思想。引导大学生结合文学、历史学、哲学类专业知识的学习，并通过社会实践进一步引领学生深刻理解社会主义核心价值观，在深刻领会的基础上不断践行和弘扬“中华优秀传统文

化""革命文化"以及"社会主义先进文化"。

下面列举"思政课程"协同文学、历史学、哲学类"专业特点"的"课程思政"实践教学体系的方法和路径的教学案例。

2. "思政课程"协同"课程思政"文学课实践教学的路径案例分析（见表6–8）

表6–8 文学课实践教学的路径案例分析

典型案例："红色基因传承与中国当代文学史课程教学"
1. 课程介绍。 （1）中国当代文学史课程是汉语言文学专业的学科基础必修课程。该课程注重对学生专业基础知识的夯实、文本鉴赏能力的加强与学术理论素养的提升。通过对中国当代文学史知识的传授，逐步引导学生形成正确的价值观念、优质的审美品位与专业的学理思维，在充分融入爱国主义思想教育与社会主义核心价值观念培养的基础上，最终培养具备系统汉语言文学知识和一定文艺理论素养的高级专门人才。 （2）中国当代文学史肇始于中华全国文艺工作者代表大会（1949年7月2日）的召开，截至当下。"中国当代文学史"课程主要是讲述该时段中国文学的发展历程，包括对代表性作家与作品的分析，以及对重要文学思潮与文学现象的探讨。 （3）"中国当代文学史教程"将红色基因传承、红色景观建构与当代文学作品研究、文学史课程教学相结合。课程内容设置注重对作家与流派的点面兼顾，以及对"经典化""一体化""民族化"脉络的系统梳理；教学环节设计追求"启发式"与"浸润式"教学理念，尝试翻转课堂与场景教学
2. "课程思政"教学设计思路。 （1）结合党史知识开展当代文学史课程教学。"中国当代文学史"是既具有"史"的性质，又与现实关系密切的一门课程。中国当代文学的缘起以及在之后不同历史阶段的发展与中国社会主义建设事业、中国共产党的精神引领紧密相关。在这一点上，它有别于汉语言文学专业的其他课程，也不同于"中国现代文学史"。作为文学史，要给学生展示清晰的文学发展脉络，厘清每一种重要文学现象的"来龙"与"去脉"，讲述重要作家作品产生的社会文化背景与文学自身传承，分析作品的"文学"价值，评估它们在文学史上的地位；同时，既然是"当代"的文学史，就要使学生们认清它与新世纪以后包括当下文学的关系，特别要将社会主义核心价值观的教育内容自然而然有机地揉进教学过程之中。 （2）教学资源建设：结合红色文献开展当代文学史课程教学。依靠独立的学科资料室，藏有红色期刊、延安文学档案、革命文学系列丛书数百种。学生可以在红色文献中梳理中国当代文学的发展脉络。建立课程微信群，随时与学生沟通，分享重要的文献资料与文学作品。利用本学科与中国现代文学馆等单位合作共建的有利条件，定期组织学生到中国现代文学馆、河北文学馆实习，或参观展览、查阅资料。 （3）教学方法改革：红色文学的阅读与红色景观的寻访。①以课堂教学为中心，线上教学与线下教学结合；课堂教学方面，知识传授与思维训练、思路启发、能力培养相结合。②教学内容的学术前沿性与知识共识性兼顾。既要有基础讲解，对"左翼文学""延安文艺""十七年"等文学

续表

<table>
<tr><td>思潮的梳理；也要有学术争鸣，对作家创作理念、作品艺术特色、文献史料发掘等相关热点的透析。授课教师必须站在学术前沿，发挥自己的学术专长，但这些必须以让学生明确已有客观知识和学界共识为前提。③通过专题讨论，培养学生的质疑思维与问题意识。④请进来，走出去。请专家作专题讲座，并与学生一同到实习基地参观调研，探寻红色景观，使学生在革命历史语境中开阔史学视野，加深红色印记。
（4）教学特色创新：发挥红色文学研究专长与红色文化优势。①利用教师在“红色经典”研究方面的专长开展教学实践。②教师在传授本课程基本客观知识的基础上，要让学生通过作品了解中国革命文化传统，从精神层面深度传承红色基因</td></tr>
<tr><td>3.“课程思政”教学与实践教学实施思路。
（1）将习近平新时代中国特色社会主义思想融入课程教育。一是知识传授与思想引领：指导学生系统掌握当代中国文学的发展脉络及重要作家作品、文学思潮和文学现象。以史明鉴，将文学史与中共党史知识同步传授，在课程教学中深入贯彻习近平新时代中国特色社会主义思想，详细解读“八个明确”“十四个坚持”的内在关系、现实意义与现实价值。二是能力培养与文化熏陶：培养学生良好的阅读习惯与专业的品评意识，使学生能够运用理论知识分析并评价作品，进而形成当代文学史学观念与现代审美意识。深入学习习近平总书记关于教育的重要论述，用“九个坚持”指导教学目的的设定、教学环节的安置与教学内容的选排，重视爱国主义精神的承继、正确价值观念的引领与文化自信的熏染。
（2）课程思政建设与教学方法改革要解决的重点问题。一是秉持育人本位意识，通过专业知识的课堂传授，引导学生形成正确的价值理念，综合提升知识水平与道德素养。二是彰显负责人及所属教学团队在革命文学领域的学术研究专长，延续科研教学共育模式。三是发挥地域文化优势，通过对红色景观的探寻加深对红色文化的认识。
（3）完善红色文学研究资源、打造红色文化教学基地。课程讲授的基本内容是自 1949 年迄今 70 年的文学发展历程及重要作家作品和文学思潮、文学现象，教学改革中要重视红色文学的专题讨论与红色文献的资源分享，通过博物馆、展览馆、线上文化资源等在专业课程教学中融入红色文化熏陶与红色基因传承。
（4）加大课程思政内容比例、细化课程的教学环节。追求启发式与浸润式的课程理念，将以教师为中心的灌输式课堂改为以学生为中心的养成式课堂。通过对红色景观的寻访与档案资料的查阅，调动学生学习的主动性和积极性，在师生共同营造的学术氛围中形成读书兴趣与问题意识，拓宽学术视域与文化视野</td></tr>
<tr><td>课后教学实践：专业学习与思想教育的结合。查阅红色刊物，翻阅革命文学；推进红色文化旅行，回归革命历史场景。发挥地域文化优势，重视场景教学；开掘革命文学的现实意义，认识革命传统的当代价值。促进科研教学的共育与思想道德的培育相结合。结合时代发展和学校重要活动，引导学生改编戏剧、话剧、影视版本，开展红色文艺创作和演出活动。置身于红色景观或多媒体语境中，通过文献分享与作品讲解，传承革命传统与红色基因</td></tr>
</table>

3.“思政课程”协同“课程思政”哲学课实践教学的路径案例分析（见表6-9）

表6-9 哲学课实践教学的路径案例分析

《马克思主义哲学》课程思政优秀教学案例：“在马克思主义哲学中铸魂育人”
1. 教学目的：通过本课程的学习，使学生认识和掌握马克思主义的辩证唯物主义和历史唯物主义，掌握马克思主义的立场、观点和方法。在学习过程中，引导学生树立正确的世界观、人生观和价值观，坚定对马克思主义的信仰，坚定对社会主义和共产主义的信念，坚定中国特色社会主义道路自信、理论自信、制度自信和文化自信
2. 课程特点：全面梳理并深入挖掘课程中的思政元素，把知识传授、能力培养、素质提高和思政教育有机融合。通过把马克思主义哲学还原于具体的历史语境，追根溯源；同时，又与时俱进地充实和发展马克思主义哲学，把反映时代精神的马克思主义哲学前沿问题、现实中的重大问题、热点问题反映到教学内容中。从而使马克思主义哲学呈现出历史、现实和时代的生成性、实践性特征
3. 主要内容。 （1）哲学是时代精神的精华：认识哲学与时代的关系；联系党的十八大以来习近平总书记带领全党全军全国人民开辟的中国特色社会主义新实践、新时代，了解时代精神和作为时代精神结晶的习近平新时代中国特色社会主义思想。 （2）马克思主义哲学是无产阶级科学的世界观：认识马克思主义哲学的理论主题和理论特征；探讨人类解放与人的自由全面发展；把握共产主义的全面内涵，坚定共产主义的信念。 （3）联系和发展、联系发展的基本规律、社会交往以及社会有机系统：认识世界历史的发展过程；掌握社会基本矛盾及其运动规律；探讨建立人类命运共同体的必然性、必要性。 （4）人类社会生活的实践本质、认识的本质和辩证过程、真理和价值：认识马克思主义实践观的思维方式，人类认识的辩证本性和人类存在的辩证本性；了解马克思实践论反思辩证法对人类生活辩证智慧的表达；探讨自我价值与社会价值。 （5）文化、文明和社会进步：掌握文化发展和人类存在与发展的关系；认识文化的社会功能；了解理解传统文化现代化的必要性和重要性
4.“课程思政”总体设计的方向和目标。 （1）课程思政建设方向和重点：①通过本课程，学生能够掌握马克思主义的立场、观点和方法。②通过本课程学生能够掌握马克思主义的基本原理，在学习过程中逐步建立起马克思主义的世界观和方法论，学会从马克思主义的立场、观点和方法认识世界和中国发展大势，认识时代责任和历史使命。③培养学生正确的世界观、人生观和价值观，从而正确认识和处理人与世界、人与自己、人与他人、人与社会的关系，把握小我与大我、理想与现实、个体性与普遍性、价值取向与价值导向、价值认同与价值规范等的矛盾关系。将个人发展与国家前途、民族命运紧密联系起来；使学生积极传播、自觉践行社会主义核心价值观。 （2）课程思政建设目标：课程针对当代大学生的思想实际，不断深化课程教学内容、方法的改

续表

革，强化学生马克思主义理论和思想政治综合素质教育。通过本课程的学习，学生能够掌握马克思主义的立场、观点和方法，树立正确的世界观、人生观和价值观，坚定对马克思主义的信仰。本课程培养学生坚定正确的政治方向、扎实的哲学素养、较强的理论思维能力和运用哲学思维认识、分析理论和现实问题的能力；使学生具有强烈的社会责任感和宽广的国际视野及开拓创新精神；使学生坚定政治认同，增强国家意识，提高文化自信等。 （3）课程思政内容的优化：①认识哲学与时代的关系；联系党的十八大以来习近平总书记带领全党全军全国人民开辟的中国特色社会主义新实践、新时代，了解时代精神和作为时代精神结晶的习近平新时代中国特色社会主义思想。②认识马克思主义哲学的理论主题和理论特征；探讨人类解放与人的自由全面发展；把握共产主义的全面内涵，坚定共产主义的信念。③把握唯物辩证法的基本规律和范畴，从不同方面揭示了世界的联系和发展。④让学生理解实践活动的客观性、能动性和社会性，从而全面认识实践形式的多样性，特别是处理和变革社会关系这种形式，全面认识网络实践这种新型的实践形式。⑤认识马克思主义关于人的全面发展的思想，了解人的价值的内涵和实现，从而树立把自身价值和社会价值统一起来的职业理想，并通过掌握自由王国和必然王国的关系，认识社会主义代替资本主义的必然性，从而坚定共产主义信仰
5.“课程思政”课堂教学和实践教学实施思路。 （1）完善课程内容：在教学过程中，凸显马克思主义哲学的世界观和方法论意义，丰富反映时代精神的内容。 （2）改进理论教学和实践教学方法。在教学中摒弃了满堂灌、填鸭式的纯理论说教的教学模式。课程除了理论课时，还设置实践课时，让学生开展小组讨论、读书报告、时政分析等活动。这样既充分体现了教师的主导作用，又积极调动了学生的主体角色。从而使学生由过去的被动接受、死记硬背转变为主动学习、积极探求，极大增强了学生对专业和课程的学习兴趣和热情，锻炼了学生的思辨能力和批判思维。 （3）促进课程内容和思政教育有机融合。在课程教学中，找到合理的切入点，有机融入思政元素，凸显价值引领。实现对学生“润物细无声”潜移默化的引领，以及学生通过课程的学习，能够体验和感受马克思主义哲学的魅力，能够更好地认识世界、改造世界。 课程设置探讨式教学、启发式教学和案例教学。学生通过社会实践活动，结合社会现实、社会热点问题，讲述自己的感受，从而真正认识到社会责任和历史使命。课后，学生也可以通过赏析《青年马克思》这部电影，进一步了解马克思生活及马克思思想产生的时代背景，从而坚定马克思主义的信仰

（二）经济学、管理学、法学类专业课程

要在课程教学中坚持以马克思主义为指导，加快构建中国特色哲学社会科学学科体系、学术体系、话语体系。

要帮助学生了解相关专业和行业领域的国家战略、法律法规和相关政策，引导学生深入社会实践、关注现实问题，培育学生经世济民、诚信服务、德法兼修的职业素养。

1. “思政课程”协同“课程思政”经济学课实践教学的内容（见表6-10）

表6-10 经济学课实践教学的内容

“思政课程”	“课程思政”	实践教学体系内容
结合《马克思主义基本原理》，运用马克思主义的世界观和方法论分析问题	坚持以马克思主义为指导	1. 结合经济学类专业课程开展实践教学：结合马克思主义政治经济学的理论，运用马克思主义的世界观和方法论调查研究和分析当前中外经济的热点问题。 2. 结合管理学类专业课程开展实践教学：运用马克思主义的世界观和方法论对企业管理、企业思想政治工作、企业文化的状况进行调查研究。 3. 结合法学类专业课程开展实践教学：运用马克思主义法学思想并结合新时代中国特色社会主义法治体系建设的实际开展面向社会不同层面的调查研究
结合《毛泽东思想和中国特色社会主义理论体系概论》和《习近平新时代中国特色社会主义思想概论》中的经济发展实践和经济学思想进行调查研究，以及结合中国特色社会主义法治建设的理论和实践开展调查研究	构建中国特色哲学社会科学学科体系、学术体系、话语体系	1. 结合经济学类专业课程开展实践教学：结合中国特色马克思主义政治经济学的发展成果，对我国经济的总体情况、部分企业经营状况等开展调查研究。 2. 结合管理学类专业课程开展实践教学：对新时代中国特色社会主义事业发展中不同部门、单位或者企业的状况开展调查研究。 3. 结合法学类专业课程开展实践教学：结合中国特色社会主义发展进程和法治建设对不同企业或者不同群体开展调查研究
结合《习近平新时代中国特色社会主义思想概论》中的我国社会主义建设中的经济建设、社会建设，以及“全面推进依法治国”等理论和政策开展调查研究	了解相关专业和行业领域的国家战略和相关政策	1. 结合经济学类专业课程开展实践教学：对中国特色社会主义建设的经济问题开展多主体和多维度的调查研究。 2. 结合管理学类专业课程开展实践教学：运用管理学等理论和不同行政、企业或者学校等实际开展不同方面的调查研究。

续表

“思政课程”	“课程思政”	实践教学体系内容
结合《习近平新时代中国特色社会主义思想概论》中的我国社会主义建设中的经济建设、社会建设，以及“全面推进依法治国”等理论和政策开展调查研究	了解相关专业和行业领域的国家战略和相关政策	3. 结合法学类专业课程开展实践教学：运用“全面依法治国”等理论并结合不同行政、企业、学校或者乡村实际开展面向不同群体和不同维度的调查研究
结合《思想道德和法治》第五章“遵守道德规范，锻炼道德品格”的内容，从“社会公德”“职业道德”“个人品德”等方面开展实践教学	了解相关专业和行业领域的法律法规，引导学生深入社会实践、关注现实问题，培育学生经世济民、诚信服务、德法兼修的职业素养	1. 结合经济学类专业课程开展实践教学：结合社会经济发展现状，对企业行为规范、职业道德等现状开展调查研究 2. 结合管理学类专业课程开展实践教学：结合政府管理部门、企业发展、学校管理等实际开展调查研究 3. 结合法学类专业课程开展实践教学：结合社会发展实际从“道德建设与法治建设相互结合”的角度，开展问卷调查和访谈等社会实践活动

2. “思政课程”协同“课程思政”经济学课实践教学的路径案例分析（见表 6-11）

表 6-11 经济学课实践教学的路径案例分析

经济学课“课程思政”：人工智能等技术对世界未来的影响①
1. 课程思政的背景材料。 （1）人工智能（Artificial Intelligence），英文缩写为 AI。它是研究、开发用于模拟、延伸和扩展人的智能的理论、方法、技术及应用系统的一门新的技术科学。人工智能是新一轮科技革命和产业变革的重要驱动力量。2016 年 3 月，世界顶级围棋棋手李世石与谷歌计算机围棋程序“阿尔法围棋”（AlphaGo）之间的围棋人机大战吸引了全世界的目光，使人工智能成为坊间热议的一个话题，并渗透到我们工作生活中的诸多领域。人工智能是一门极富挑战性的科学，从事这项工作的人必须懂得计算机知识、心理学和哲学等。2017 年 12 月，人工智能入选“2017 年度中国媒体十大流行语”。2021 年 9 月 25 日，为促进人工智能健康发展，《新一代人工智能伦理规范》发布。 （2）ChatGPT 是一种由 OpenAI 开发的通用聊天机器人模型，它被训练来对对话进行建模，能够通过学习和理解人类语言来进行对话，并能够生成适当的响应。ChatGPT 使用了一种叫作 Transformer 的神经网络架构，这是一种用于处理序列数据的模型。Chat 的意思是聊天，GPT 是 Generative Pre-trained Transformer 的英文缩写。简单说 ChatGPT 是一个对话式的人工智能模型，模型已经从 GPT、GPT2 迭代至 GPT3。ChatGPT 正是基于 GPT3.5 模型，由 OpenAI 在 2022 年 11 月 30 日推出的一个人工智能聊天机器人程序

① 韦春北主编：《财经类课程思政案例教学设计与运用》，经济管理出版社，2019 年版。

续表

2. 经济学“课程思政”视角的分析：宏观经济学根据失业的原因，把失业分为周期性失业、结构性失业及摩擦性失业等。周期性失业是指在一个经济周期内随经济衰退而上升，随经济扩张而下降的波动性失业。凯恩斯认为周期性失业是由于总需求不足导致的失业，在经济波动的经济萧条阶段出现周期性失业，企业开工不足会导致普遍性失业发生，领失业救济金的人数可能会增长。结构性失业是指由于技术或经济结构变化导致工作所需技能或工作地域变化所带来的失业，它意味着有一些失业的人完全无法找到合适的工作。 美国诺特丹大学文化研究中心教授托马斯·威廉姆斯（Thomas D. Wiliams）表示，到 2020 年人工智能和机器人包括 ChatGPT 技术的发展将使人类减少 500 万个工作岗位，这种趋势有可能会进一步增强。创新工场董事长李开复曾预言：“人工智能将快速爆发，十年后 50%的人类工作将被 AI 取代。”但人工智能发展的趋势并不全是悲观，因为技术发展也会衍生出之前不曾预见的新工作形态，大量新岗位正应运而生。例如人工智能在教育领域的运用，可以通过学业数据采集和教学过程的教据分析，深度挖掘教据价值，把精准教学、因材施教真正落到实处，实现教育管理者高效决策、教师减负增效和学生个性化学习的全过程。新一代人工智能正在全球范围内蓬勃兴起，引发全球生产领域、金融投资和国际贸易格局的深刻变革，并在世界范围内推动生产方式的深刻转型
3. 经济学“课程思政”实践案例的思想政治教育元素。 （1）事物都具有两面性，应该全面地、辩证地看问题。应用人工智能和 ChatGPT 技术造就了经济发展，但经济发展和人工智能反过来又给人类带来威胁，造成了我们的恐慌。技术只是生产工具，对待人工智能和 ChatGPT 要有正确的认识和态度。规避人工智能风险的最终目的是要解决如何科学合理地开发和使用人工智能和 ChatGPT，使其更好地为人类社会服务，而不是回避、放弃人工智能和 ChatGPT 技术。 （2）人工智能助力我国的实体经济发展和供给侧改革。习近平总书记在党的十九大报告中指出，要“推动互联网、大数据、人工智能和实体经济深度融合”。作为新时代我国科技发展的战略重点，人工智能将助推我国供给侧改革和智慧社会建设，为我国实体经济提供全新的发展方式，真正实现人民群众对美好生活的共同需要。解决当前中国劳动力供给侧改革的问题，既要坚持马克思主义的就业失业理论，又要借鉴西方国家过往发展经验，更要立足于当代中国社会发展的现实与变革。 （3）积极地、安全地应用人工智能开创美好未来。我们用人工智能技术造就了经济发展，人工智能将人类社会带入了一个全新的发展时代，但人工智能和经济发展反过来可能又造成了我们的恐慌，给人类带来威胁。人工智能技术为我们带来海量的数据，并提炼出这些数据背后隐含的丰富知识，这些智能策略赋能企业、产业的长足发展都将为我国经济高质量发展注入强大内生动力，开创更美好的未来。 （4）ChatGPT 的影响和未来价值主要表现为：一是微软对其百亿美金的投资计划，可以当作 AI 时代资本定价标杆性事件。二是 ChatGPT 横空出世，或有可能取代传统的互联网搜索，带来巨大的市场价值。从盈利角度看，ChatGPT 可以完全不依靠广告，通过收取会员费（当前免费）来盈利，比如一年的会员费是 100~200 美元。OpenAI，2022 年营业收入仅仅只有 8 000 万美元，但据公司自己预测，2023 年、2024 年营业收入将分别达到 2 亿元和 10 亿元，成长性惊人。三是从国家战略角度考虑，人工智能领域的“军备竞赛”是不容落后的。算法、数据、算力是人工智能大模型训练的基础，chatGPT 所代表的通用性知识入口如果错过了战略窗口期，数据算法迭代所累积的经验将给以 OpenAI 为代表的 AI 公司带来结构性的技术壁垒与代差

续表

4. 经济学“课程思政”社会实践探索的主要路径。 结合社会实践探索和分析的主要问题： （1）分析说明随着人工智能和ChatGPT的发展，可能带来的失业属于哪种类型的失业。 （2）分析人工智能和ChatGPT技术的广泛应用可能对经济社会发展带来哪些影响，并进一步分析就业者应如何应对这一新技术革命的挑战。 （3）从国际关系的视角，分析人工智能、芯片技术和ChatGPT所体现的人类科技发展、国际科技竞争、国际关系的焦点和问题。 （4）从贯彻新发展理念的角度，谈谈人工智能背景下我国如何提高劳动者素质，推进供给侧改革和数字中国建设，助力中国经济高质量发展。 （5）结合ChatGPT和我国“百度”开发的“文心一言”系统，结合党的二十大对我国科学技术最新发展政策内容的认识和理解，走访相关科技公司与企业家、企业技术人员座谈，分析人工智能、ChatGPT和“文心一言”技术在当前和未来对技术变革的影响

3. “思政课程”协同“课程思政”管理学课实践教学的路径案例分析（见表6-12）

表6-12 管理学课实践教学的路径案例分析

管理学教学案例：广西横县特色品牌讲述的“茉莉花故事”①
1. 背景材料。 （1）茉莉城下万千客，清香淡雅闯九州。在茉莉飘香的季节里，每年世界茉莉花大会、中国（横州）茉莉花文化节，都会吸引国内外大量嘉宾、客商参展参会，为这朵茉莉花“浇水施肥”。全球10朵茉莉花，6朵来自广西横州。自2000年以来，我们已经连续承办12届全国茉莉花茶交易博览会、12届中国（横州）茉莉花文化节。2019年以后，横州市将以往的“一会一节”合并升级会议规格，举办世界茉莉花大会，让主题更鲜明、资源更集中。如今，我们已经成功承办了3届世界茉莉花大会，不断巩固壮大横州茉莉花产业根系，把产业做大做强、做到极致。2021年，横州市年产10.2万吨茉莉鲜花、8万吨茉莉花茶，茉莉花茶产业综合总产值为143.8亿元。 （2）壮大产业规模打造特色品牌。八月绿城锦绣丽，茉莉横州正芬香。第四届世界茉莉花大会、2022年中国（横州）茉莉花文化节于2022年9月19—20日在南宁市和横州市两地举行。大会以“绿色引领健康美丽”为主题，以“开放办会、务实办会、高效办会”为原则，精心策划大会官方活动、经贸合作、产业发展、文化旅游四大板块11个主体活动。主要活动有开幕大会、2022年全国茉莉花茶产销形势分析会暨茉莉花茶“茶文化、茶产业、茶科技”发展峰会、茉莉花采摘技能及文创大赛等。活动内容丰富、形式多样。 （3）依托博览会与文化节平台传播茉莉文化。近年来，横州市委、市政府把茉莉花（茶）产业

① 韦春北主编：《财经类课程思政案例教学设计与运用》，经济管理出版社，2019年版。

续表

作为横州的绿色产业、富民产业、朝阳产业来重点打造。坚持秉承“标准化、国际化”的发展理念，建立了茉莉花专家大院、茉莉花标准化生产基地、茉莉花茶标准化加工基地、中国茉莉花（茶）产品质量监督检验中心、茉莉花产业核心示范区、茉莉花茶电子商务中心和全国四大茶叶市场之一的西南茶城及中国茉莉花茶交易中心市场，完善了茉莉花产业的生产、加工、销售、交通、服务、信息、旅游、管理等保障体系，推动了产业转型升级发展，努力把横州建设成为世界级的茉莉花和茉莉花茶生产中心、文化交流中心、科学研究中心以及茉莉花旅游休闲养生度假胜地。 （4）聚焦茉莉花产业、茉莉花文化和茉莉花都的城市建设来提升横州茉莉花这张“金名片”。一是聚焦“产业”这个根，壮大茉莉花产业体系。以科技赋能提升原料品质，实施一系列种植品质提质增效项目，包括12万亩茉莉花种植面积卫星遥感监测，1 000亩示范区域土壤改良、统防统治计划，3 000亩智慧管控、精准测产等项目。以延链补链丰富产业内涵，持续打造茉莉极萃园、健康产业园茉莉花深加工产业集群，实现企业集聚落户，优化茉莉花“1+9”产业布局。二是聚焦“文化”这个魂，打造茉莉花文化旅游胜地。加快推进茉莉花小镇建设，按照“三大产业、六大板块”升级建设中华茉莉园，打造“一花、一塔、一水、一厂、一馆、一园（缘）、一养、一宿、一街”九大主题。推动系列产品进驻各大商圈，培育形成“电商+茉莉花”供应链。提升开放合作广度，充分发挥横州市独特区位优势和享誉世界的茉莉花文化优势，把茉莉花打造成促进“一带一路”开放合作的友谊信物、交流桥梁
2. 管理学教学案例教学和实践教学的思想政治教育内容。 （1）解放思想，实事求是具有永恒的思想价值。实事求是是马克思主义的根本观点，是中国共产党人认识世界、改造世界的根本要求，是我们党的基本思想方法、工作方法、领导方法。创新开发茉莉花系列等旅游文创产品，构建“全域旅游”发展新格局，形成茉莉花产业发展的驱动轴和茉莉“闻香之旅”“文化之旅”“养生之旅”的主动脉；打造以茉莉花文化为主元素的生态型文明城市。横州着力打造特色品牌，讲好茉莉花故事就是根据自身发展优势，实事求是，不断解放思想发展起来的具体表现。 （2）实施乡村振兴战略。党的二十大报告中提出，全面建设社会主义现代化国家，最艰巨最繁重的任务仍然在农村。坚持农业农村优先发展，坚持城乡融合发展，畅通城乡要素流动。加快建设农业强国，扎实推动乡村产业、人才、文化、生态、组织振兴。另外，《中共中央国务院关于实施乡村振兴战略的意见》提出，要构建农村一、二、三产业融合发展体系，实施休闲农业和乡村旅游精品工程，建设一批设施完备、功能多样的休闲观光园区、森林人家、康养基地、乡村民宿、特色小镇，促进小农户和现代农业发展的有机衔接。《乡村振兴战略规划（2018—2022年）》提出要壮大特色优势产业，以各地的资源禀赋和独特的历史文化为基础，有序开发优势特色资源，做大做强优势特色产业。 （3）坚定文化自信，推动社会主义文化繁荣兴盛。党的二十大报告中提出，统筹推动文明培育、文明实践、文明创建，推进城乡精神文明建设融合发展，在全社会弘扬劳动精神、奋斗精神、奉献精神、创造精神、勤俭节约精神，培育时代新风新貌。茉莉花文化节期间，借助国内有影响力的商业媒体，全方位、多角度展示“茉莉花文化节”的特色亮点，推动茉莉花、茉莉花茶和茉莉花文化进一步走向世界

续表

3. 结合案例和考察乡村振兴等社会实践活动的探索思考问题。 （1）结合社会实践活动，分析新时代下中国企业所面临的宏观管理环境，包括政治环境、经济环境、文化环境、技术环境等。 （2）结合案例和社会实践活动，假如你是新时代一位乡村振兴事业发展中的经营者，分析企业的微观环境要素即供应商、消费者、竞争者、当地政府的参与和影响乡村振兴的具体情况。 （3）结合案例，如果你是横州一家茉莉花种植园的经营者，你将采取哪些经营管理措施来适应环境的发展？

4. “思政课程”协同“课程思政”法学课实践教学的路径案例分析（见表 6-13）

表 6-13 法学课实践教学的路径案例分析

案例：在商法课环境公益诉讼教学中融入“社会主义生态文明观”教育①
1. 课程特点。 （1）“商法”是针对非法律专业的学生开设，注重实践性与应用性的课程。商法是以商法的一般理论与制度及商事部门法理论与制度为研究对象的部门法课程，是法学理论体系与学科体系的重要组成部分。面向非法律专业的本科生开设“商法”课程有助于维护社会主义市场经济秩序，有助于培育商法思维并推动当代中国法制文化观念的变革，有助于树立社会商业道德和推动社会主义精神文明建设，有助于培养完备商事法律制度知识体系并实现国际商事法律制度的协调。 （2）商法课程使学生充分了解商法在社会主义市场经济中的重要地位和作用，系统掌握商法的基本理论、基本概论和我国重要的商事法律制度，培养学生在经济生活中的法律意识和运用商法的原理和制度分析和解决实际问题的能力，在传授专业知识过程中将思政贯穿始终
2. 商法课程蕴含的思想政治教育内容。 （1）法治与民主政治密切联系的观点。习近平总书记指出，法治当中有政治，没有脱离政治的法治。通过法学专业课程，学生可了解到法治与民主政治的区别与联系，明白法治是基于政治现状而存在的。将我国政治与法治紧密结合起来，学生可更加深入地了解国情民生，了解法学学科的本质特征。 （2）法学的价值追求与社会主义核心价值观有机统一。“法治”就在社会主义核心主义价值观的范畴。同时，法律也包含着与核心主义价值观相符合的价值取向的内容，比如正义、公平、效率、秩序等方面。通过对法学课程的学习，学生可真正建立起社会主义法律信仰，将法治意识与法律制度相结合，自觉肩负起社会主义法治建设的重要使命，努力建设法治社会。以环境公益诉讼制度为例，环境资源并不是无限的，很多资源都是不可再生资源，甚至属于稀缺资源。因此，公平、正义的价值要求我们不能毫无节制地开发，重视资源的可持续利用，不能以牺牲下一代人和其他人的利益为代价。

① 薛庆国、臧勇主编：《北京科技大学课程思政案例选编》，冶金工业出版社，2020 年版。

续表

（3）立足社会主义市场经济，建立商事法治观念。实现社会主义与市场经济的有机结合，破解社会主义资源配置方式的最大难题。社会主义市场经济这一资源配置方式，解放和发展社会生产力，促进了经济发展。在“商法”课程的讲授过程中，引入社会主义市场经济的政治背景，有益于学生更好地理解商法的理论和实践。 （4）融入“绿水青山就是金山银山”的社会主义生态文明观。习近平总书记指出：“我们既要绿水青山，也要金山银山。宁要绿水青山，不要金山银山，而且绿水青山就是金山银山。”这生动表达了我们党和政府大力推进生态文明建设的坚定决心。要把生态文明建设融入经济建设、政治建设、文化建设、社会建设各方面和全过程，建设美丽中国，努力走向社会主义生态文明新时代。环境公益诉讼是生态文明建设的一部分，必须树立和践行“绿水青山就是金山银山”的理念，坚持节约资源和保护环境的基本国策，像对待生命一样对待生态环境，实行最严格的生态环境保护制度，坚定走生产发展、生活富裕、生态良好的文明发展道路，建设美丽中国。 （5）在教学中引导学生深刻体会中国共产党人的初心和使命。中国共产党人的初心和使命，就是为中国人民谋幸福，为中华民族谋复兴。中国共产党人一定要永远与人民同呼吸、共命运、心连心，永远把人民对美好生活的向往作为奋斗目标，以永不懈怠的精神状态和一往无前的奋斗姿态，继续朝着实现中华民族伟大复兴的宏伟目标奋勇前进。环境公益诉讼典型案例和做法，体现了全党全国贯彻绿色发展理念的自觉性和主动性显著增强。同时，中国引导应对气候变化国际合作，成为全球生态文明建设的重要参与者、贡献者、引领者
3. 社会实践。 （1）通过本课程的学习，重点通过参与地方环境保护部门的调查研究和社会实践以及通过走访地方企业，结合典型案例的讨论和分析，培养学生们对法律知识的实际运用能力和创新能力。 （2）2017 年 12 月，中共中央办公厅、国务院办公厅《生态环境损害赔偿制度改革方案》（以下简称《改革方案》）规定，自 2018 年 1 月 1 日起在全国试行生态环境损害赔偿制度。其中，生态环境损害赔偿诉讼是一项重要内容。2019 年 6 月发布《最高人民法院关于审理生态环境损害赔偿案件的若干规定（试行）》（以下简称《若干规定》），为解决生态环境损害赔偿诉讼所面临的实践问题提供了基本遵循。在实践教学中，以《改革方案》和《若干规定》的焦点问题展开交流和探讨。 （3）通过参加社会实践，培养学生“和谐、法治、诚信”的社会主义核心价值观；引导学生树立“绿水青山就是金山银山”的社会主义生态文明观；引导学生深刻体会中国共产党人的初心和使命；培养学生“以事实为依据、以法律为准绳”的法治思想

（三）教育学类专业课程

要在课程教学中注重加强师德师风教育，突出课堂育德、典型树德、规则立德，引导学生树立学为人师、行为世范的职业理想，培育爱国守法、规范从教的职业操守，培养学生的传道情怀、授业底蕴、解惑能力，把对家国的爱、对教育的爱、对学生的爱融为一体，自觉以德立身、以德立学、以德施教，争做有理想信念、有道德情操、有扎实学识、有仁爱之心的“四有”好老师，坚定不移走中国特色社会主义教育发展道路。

体育类课程要树立健康第一的教育理念，注重爱国主义教育和传统文化教育，培养学生顽强拼搏、奋斗有我的信念，激发学生提升全民族身体素质的责任感。

1. “思政课程”协同“课程思政”体育学课实践教学的内容（见表6–14）

表6–14 体育学课实践教学的内容

“思政课程”	“课程思政”	实践教学体系内容
结合《思想道德和法治》第五章“遵守道德规范，锤炼道德品格”，开展教师职业道德的案例教学和调查研究	注重加强师德师风教育，突出课堂育德、典型树德、规则立德，引导学生树立学为人师、行为世范的职业理想	结合教育学类专业课程开展实践教学：从教育行政管理部门、教师、家长、学生等不同维度对学生开展国家教育发展、学校教育、教师职业道德等方面的社会实践和调查研究
结合《毛泽东思想和中国特色社会主义理论体系概论》和《习近平新时代中国特色社会主义思想概论》中“我国教育事业的发展”“教师职业素养”，以及结合党的二十大关于“教育、科技和人才关系”的重要论述开展理论和实践教学	培育爱国守法、规范从教的职业操守，培养学生的传道情怀、授业底蕴、解惑能力。把对家国的爱、对教育的爱、对学生的爱融为一体，自觉以德立身、以德立学、以德施教	结合教育学类专业课程开展实践教学；结合示范类学校的师德建设和人才培养工作，走访优秀教师、师德模范等教育界优秀代表，开展访谈等社会实践活动
1. 结合《毛泽东思想和中国特色社会主义理论体系概论》和《习近平新时代中国特色社会主义思想概论》；2. 结合《思想道德和法治》	争做有理想信念、有道德情操、有扎实学识、有仁爱之心的“四有”好老师，坚定不移走中国特色社会主义教育发展道路	结合教育学类专业课程开展实践教学：结合我国社会主义教育事业的发展和教育政策，对地方教育发展情况或者师资力量开展调查研究；按照“四有”好老师的要求对教师的综合素质进行测评和调查分析
结合《毛泽东思想和中国特色社会主义理论体系概论》和《形势与政策》中关于“我国体育事业发展”的内容，融入健康教育、我国优秀体育文化传统和体育精神等内容	树立健康第一的教育理念，注重爱国主义教育和传统文化教育，培养学生顽强拼搏、奋斗有我的信念，激发学生提升全民族身体素质的责任感	结合教育学类专业课程开展实践教学：通过“健康教育大讲堂”“与医学专家面对面”、参观体育文化展等形式开展社会实践活动

2. “思政课程”协同“课程思政”体育学课实践教学的路径案例分析（见表6-15）

表6-15　体育学课实践教学的路径案例分析

案例：体育课程“篮球专项”课程思政设计与实践
1. 课程介绍。“体育专项（篮球）”是大学体育课程的重要组成部分，是提高大学生篮球理论、技战术水平、促进学生身心发展的公共选修课之一。其主要任务是增强学生体质，培养学生良好的体育运动意识，磨炼学生的意志品质。学生根据自己学生的生理和心理特点，有目的、有计划地积极参与体育活动，掌握篮球运动的基本技能，通过篮球运动提升身体各部分机能，促进身心素质全面发展，养成终身体育意识
2. 理论教学与实践教学中课程思政的设计思路。 （1）篮球运动与辩证唯物主义理论相通，体现了攻守对抗的对立统一，是篮球运动发展的最基本特征。篮球运动中与马克思主义唯物辩证法中对立统一规律、否定之否定规律、量变与质变规律相融合。 （2）需要始终坚持将马克思主义基本理论作为体育课程思政建设进程中的价值导向和行动指南。 （3）将篮球运动的思想精髓与唯物辩证法、社会主义核心价值观、工匠精神、体育精神、创新精神相融合，为篮球运动课程铸就坚实的思想基础
3. 理论教学与实践教学中课程思政育人目标：围绕习近平新时代中国特色社会主义思想和体育强国梦确立理想信念。中国的体育发展历史中，“从一个人的奥林匹克”到“百年奥运梦想成真”，从“东亚病夫”到“体育大国”再到“体育强国”，中国体育所承载的不仅是运动员个人荣辱和体育项目的兴衰，更多的是民族精神和国家力量在不同时期的具体体现，要通过激发大学生对篮球运动和祖国的热爱，确立他们为建设社会主义现代化强国，为中华民族的伟大复兴而奋斗
4. “体育专项（篮球）”“课程思政”实践教学的实施路径。 （1）有条件的高校可以结合高校所在地区的体育文化事业或重大体育比赛或活动，通过多种途径开展社会调查。比如，新华社2022年10月2日的报道《冰雪盛会，书写下精彩的中国答卷——从北京冬奥会冬残奥会成功举办看中国特色社会主义制度优势》中说：2022年，以立春之日的“一片雪花”拉开帷幕，在生机盎然的早春时节挥手作别，北京冬奥会、冬残奥会的成功举办，兑现了我们对国际社会的庄严承诺，展现出中国特色社会主义制度的显著优势。正如习近平总书记指出：“我国社会主义制度非凡的组织动员能力、统筹协调能力、贯彻执行能力，我国坚实的经济实力、科技实力、综合国力，为成功办奥提供了强有力的底气和最坚实的保障！”可以结合这一体育赛事，开展面向社会、学校、企事业单位等多单位和部门，包括个人的社会调查活动。 （2）可以结合新时代文明实践中心建设中的乡村体育文化事业开展社会实践和调查研究。《中华人民共和国国民经济和社会发展第十四个五年规划和2035年远景目标纲要》指出：“实施文明创建工程，拓展新时代文明实践中心建设”。可见，建设新时代文明实践中心，是时代之需、使命所系、群众所盼，是推动习近平新时代中国特色社会主义思想深入人心、落地生根的重大举措，是提高社会文明程度的战略之举。

续表

农业农村部、体育总局、国家乡村振兴局发布的《关于推进“十四五”农民体育高质量发展的指导意见》（农社发〔2022〕3号）指出：“坚持以习近平新时代中国特色社会主义思想为指导，以习近平总书记关于‘三农’工作和体育工作重要论述为根本遵循，围绕全面推进乡村振兴和建设体育强国、健康中国的奋斗目标，着眼农民全面发展、农村全面进步，健全完善农民健身公共服务体系，创新农民体育发展方式，促进农体文体智体融合，不断满足农民群众对美好生活的需要，推动农民体育健身事业高质量发展。”可以结合乡村文化和体育事业发展现状开展调查研究，通过分析现状、问题和存在问题的原因，提出意见建议和对策

（四）理学、工学类专业课程

要在课程教学中把马克思主义立场观点方法的教育与科学精神的培养结合起来，提高学生正确认识问题、分析问题和解决问题的能力。

理学类专业课程，要注重科学思维方法的训练和科学伦理的教育，培养学生探索未知、追求真理、勇攀科学高峰的责任感和使命感。

工学类专业课程，要注重强化学生工程伦理教育，培养学生精益求精的大国工匠精神，激发学生科技报国的家国情怀和使命担当。

1.“思政课程”协同“课程思政”理学、工学课实践教学的内容（见表6-16）

表6-16 理学、工学课实践教学的内容

“思政课程”	“课程思政”	实践教学体系内容
结合《马克思主义基本原理》的内容，把“辩证唯物论”“唯物辩证法”和“辩证唯物主义认识论”等思想有机融入理学、工学类专业课程的理论教学和实践教学中	在理学、工学类专业课程教学中把马克思主义立场、观点、方法的教育与科学精神的培养相结合	结合理学、工学类专业课程开展实践教学：对优秀企业案例和新时代优秀科学家进行走访，通过社会实践体味创新精神和科学精神
结合《马克思主义基本原理》第一章“世界的物质性及发展规律”的第三节“唯物辩证法是认识世界和改造世界的根本方法”的内容开展理论教学和实践教学	理学类专业课程，要注重科学思维方法的训练和科学伦理的教育	结合理学类专业课程开展实践教学：通过到企业走访和“与科学工作者面对面”等开展实践教学活动

续表

“思政课程”	“课程思政”	实践教学体系内容
1. 结合《马克思主义基本原理》第二章“实践与认识及其发展规律”的“认识世界和改造世界相结合”“实现理论创新和实践创新的良性互动”内容开展理论教学和实践教学。 2. 结合《思想道德和法治》第二章“追求远大理想，坚定崇高信念”的内容开展理论教学和实践教学	理学类专业课程要注重培养学生探索未知、追求真理、勇攀科学高峰的责任感和使命感	结合理学类专业课程开展实践教学：结合我国科学技术发展实际以及国际环境，对我国理学类和工学类专业发展状况开展中外比较调查研究
结合“工程伦理”课程，对工程伦理的制度化建设问题、工程师的权力、责任和义务问题，工程活动与社会政策问题进行探索	工学类专业课程，要注重强化学生工程伦理教育	结合工学类专业课程开展实践教学：将计算机伦理学、环境伦理、军事伦理等纳入其视域进行实践考察。同时，在跨文化的道德视野中，开展推进技术转移与技术引进，推动我国工业化进展方面的实践探索和分析
1. 结合《思想道德和法治》第二章“追求远大理想，坚定崇高信念”的内容开展理论教学和实践教学。 2. 结合《毛泽东思想和中国特色社会主义理论体系概论》和《习近平新时代中国特色社会主义思想概论》	工学类专业课程要培养学生精益求精的大国工匠精神，要激发学生科技报国的家国情怀和使命担当	结合工学类专业课程开展实践教学：根据教育部印发的《关于在部分高校开展基础学科招生改革试点工作的意见》（教育部教学〔2020〕1号），即“强基计划”主要选拔培养有志于服务国家重大战略需求且综合素质优秀或基础学科拔尖的学生，聚焦高端芯片与软件、智能科技、新材料、先进制造和国家安全等关键领域以及国家人才紧缺的历史、哲学、古文字学领域。结合实际对我国36所重点高校“强基计划”的招生和社会大众等认知情况开展调查研究

2. “思政课程”协同“课程思政”理学课实践教学的路径案例分析（见表6-17）

表6-17 理学课实践教学的路径案例分析

从冰冷的美丽到火热的价值：矩阵思维下的社会主义核心价值观分析①
1. 课程体现的“课程思政”特点分析。 （1）课程思政是践行“培养什么人、怎样培养人、为谁培养人这一教育工作根本问题”的重要抓手，是实现中华民族伟大复兴相关教育方针的新理念、新思维。选取矩阵知识点为育人的载体，站在矩阵思维的角度审视社会主义核心价值观的三个层面，深入挖掘社会主义核心价值观中的矩阵思想，进而利用矩阵相关理论对社会主义核心价值观进行了矩阵思维下的解读尝试。
（2）课程思政是有效发挥课堂育人主渠道作用的必然选择。坚持立德树人，把培育和践行社会主义核心价值观融入教书育人全过程，将学科资源、学术资源和中华优秀传统文化资源转化为育人资源，使学生树立正确的人生观、世界观、价值观。线性代数是大学较为重要的基础课之一，瑞典数学家 Lars Garding 在其名著“Encounter with Mathematics”中说：“如果不熟悉线性代数的概念，要去学习自然科学，现在看来就和文盲差不多。”因为通过线性代数的学习，可以使学生得到逻辑思维能力、运算能力、抽象及分析能力、综合与推理能力的严格训练，这种思维方式和思想方法对一个人能力与灵魂的培养与塑造比学习代数知识本身更具有时效性、理喻性、拓展性和实用性。 （3）矩阵概念和新时代中国特色社会主义核心价值观。2014年5月，习近平在北京大学师生座谈会上的讲话中指出：“知识是树立核心价值观的重要基础。”毫无疑问，习近平总书记高屋建瓴地指出了知识的广义范式和德育价值，为立德树人指明了方向。高职高专线性代数知识点一般包括矩阵、行列式和向量线性方程组的解，其中矩阵概念及其相关的知识点是线性代数所有知识点的核心。正所谓“无课程，不思政”，知识是源头，是载体，是基于此，我们以矩阵知识点的讲解为切入点进行“思行善政”。
2. 课程的“课程思政”内容呈现。 （1）社会主义核心价值观——中国人的国民素质矩阵。对于线性代数课程的学习来说，课程中的每个知识点都是狭义知识，也就是我们常说的“书本知识”。而课程中包含的文化内涵、思想价值等方面的知识也是“知识”，是“大知识，大学问，大道理”。 （2）“社会主义核心价值观”可以以矩阵的方式构建如下的矩阵：$\boldsymbol{A}_{3\times3}$：3×3阶的“价值矩阵”（简记为$\boldsymbol{A}$），矩阵$\boldsymbol{A}$中的元素分别为：$a_{11}$=国家层面，$a_{22}$=社会层面，$a_{33}$=个人层面。$\boldsymbol{B}_{3\times4}$：3×4阶的社会主义核心价值观矩阵（简记为$\boldsymbol{B}$）。矩阵$\boldsymbol{B}$中的元素从$b_{11}$=富强，$b_{12}$=民主，$b_{13}$=文明，$b_{14}$=和谐，$b_{21}$=自由，$b_{22}$=平等，$b_{23}$=公正，$b_{24}$=法治，$b_{31}$=爱国，$b_{32}$=敬业，$b_{33}$=诚信，到$b_{34}$=友善，按照从左到右、从下到上的顺序分别对应社会主义核心价值观的12组词。$\boldsymbol{C}_{3\times4}$：3×4阶的国民素质矩阵（简记为$\boldsymbol{C}$）。矩阵$\boldsymbol{C}$中的元素$c_{11}$到$c_{34}$。按照从左到右、从上到下的顺序，与$c_{11}$=国家富强，$c_{12}$=国家民主，$c_{13}$=国家文明，$c_{14}$=国家和谐，$c_{21}$=社会自由，$c_{22}$=社会平等，$c_{23}$=社

① 薛中会、滕跃民、马前锋、周晓中：《从冰冷的美丽到火热的价值——矩阵思维下的社会主义核心价值观解读》，《辽宁高职学报》，2019年第3期，第100-103页。

续表

会公正，c_{24}=社会法治，c_{31}=个人爱国，c_{32}=个人敬业，c_{33}=个人诚信，c_{34}=个人友善相对应。 $$\boldsymbol{A}_{3\times3}=\text{“价值矩阵”}=\begin{bmatrix}\text{国家层面}&0&0\\0&\text{社会层面}&0\\0&0&\text{个人层面}\end{bmatrix}=\begin{bmatrix}a_{11}&0&0\\0&a_{22}&0\\0&0&a_{33}\end{bmatrix}$$ $$\boldsymbol{B}_{3\times4}=\text{“社会主义核心价值观”}=\begin{bmatrix}\text{富强}&\text{民主}&\text{文明}&\text{和谐}\\\text{自由}&\text{平等}&\text{公正}&\text{法治}\\\text{爱国}&\text{敬业}&\text{诚信}&\text{友善}\end{bmatrix}=\begin{bmatrix}b_{11}&b_{12}&b_{13}&b_{14}\\b_{21}&b_{22}&b_{23}&b_{24}\\b_{31}&b_{32}&b_{33}&b_{34}\end{bmatrix}$$ $$\boldsymbol{C}_{3\times4}=\text{“国民素质矩阵”}=\begin{bmatrix}\text{国家富强}&\text{国家民主}&\text{国家文明}&\text{国家和谐}\\\text{社会自由}&\text{社会平等}&\text{社会公正}&\text{社会法治}\\\text{个人爱国}&\text{个人敬业}&\text{个人诚信}&\text{个人友善}\end{bmatrix}=\begin{bmatrix}c_{11}&c_{12}&c_{13}&c_{14}\\c_{21}&c_{22}&c_{23}&c_{24}\\c_{31}&c_{32}&c_{33}&c_{34}\end{bmatrix}$$ **社会主义核心价值观矩阵** （3）用矩阵思维来解读新时代中国特色社会主义核心价值观的课程思政教学实践表明，在“智育”的同时，可以巧妙地进行“德育”，从而实现立德树人的培养目标。更为重要的是为青年学子提供了一种把握社会主义核心价值观体系的方式方法。英国数学家怀特海说“只有将数学应用于社会科学的研究之后，才能使得文明社会的发展成为可控制的现实。”旨在借助矩阵思想引导学生去客观认识和宏观把握外部世界，本质和实质性地认识和推进社会发展
3. 结合课程开展的社会实践活动：可以引导大学生在学习“线性代数”的过程中，结合具体的专业课程学习，包括工学类专业课程等，并结合生产实际加深对数学知识的理解，加深对数学在推进科学技术发展中基础地位和作用的认识。同时，增强对社会主义核心价值观的理解，潜心科学研究，深入探索创造，发挥科学家精神和创新精神

3. “思政课程”协同“课程思政”工学类课程的路径案例分析（见表 6-18）

表 6-18 工学类课程的路径案例分析

传热传质学“课程思政”：唯物辩证法在瞬态导热分析中的体现
1. “传热传质学”课程简要介绍。“传热传质学”课是动力工程及工程热物理专业本科生必修的专业基础课程。“传热传质学”是研究热量及质量传递规律的工程技术学科。传热学是研究由温差引起的能量传递规律的科学。通过课程教学，学生可获得比较宽广和扎实的关于热量和质量传递规律的基本知识，具备分析工程传热与传质问题的基本能力，掌握计算工程传热与传质问题的基本方法，并具备相应的计算能力和一定的实验技能

续表

2. “传热传质学”课程教学中的“课程思政”内容。“传热传质学”课程教学积极引入思维可视化技术，鼓励学生开展理论联系实际的创新实践活动，坚持在实践活动中培养学生的创新思维和发散思维能力。在“课程思政”教学中唯物辩证思维在专业理论基础课中可以发挥指导作用，将专业理论与对立统一规律、整体与部分等辩证思维相结合，使教学过程和实践教学得到顺利开展。课程教学和实践教学中的思想政治教育元素主要体现在以下几方面： （1）把握唯物辩证法的矛盾规律，全面分析问题，善于抓住事物的主要矛盾。矛盾规律又称为对立统一规律，是对立面的统一和斗争的规律。任何事物都存在矛盾，都在矛盾的此消彼长中演化。传热传质学中的传热传质原理，又体现着矛盾的对立统一思想。比如，水滴在 120 ℃的铁板上时，其蒸发速度比在 600 ℃铁板上的还要快；“开水不响，响水不开”蕴含着蒸汽泡存在和塌缩的物理条件。在“传热传质学”的教学过程和实践活动中，通过画龙点睛的方式，生动阐述物理现象中的矛盾规律，重点分析主要矛盾，兼顾次要矛盾。 （2）遵循质量互变规律，明确事物之间是相互联系、相互转化的变化发展过程。唯物辩证法认为：事物都是在发展变化之中的，事物之间是相互联系、相互转化的。传热传质学主要研究热量的传递规律，随着条件的量变，热量传递过程中的传递特性也发生着质变。比如，随着绝热材料中孔隙率的增加和孔隙尺寸的减小（量变），绝热材料的热导率可以比静止的空气热导率更低（质变）；随着换热时间（傅里叶数）的增加（量变），瞬态导热问题由初始状况阶段（必须用无穷级数描述）进入正规状况阶段（可以用初等函数描述）（质变）。在教学中要科学灵活地开展理论教学和实践教学，要具体问题具体分析，要做到“润物细无声”地开展教学，不要盲目地、机械地简单套用理论。 （3）体现否定之否定，认识事物是在曲折中不断前进并接近真理。唯物辩证法认为，事物的发展过程和更替要通过否定之否定来实现。在传热学中，采用试错法或者迭代法求解方程（组）的过程本身就是否定之否定的过程。具体表现为：一方面否定上一次的计算结果，另一方面基于上一次的计算结果，让求解更加接近真解的近似解，采用螺旋式前进的方法，直到得到满足精度要求的结果。另外，试错法正如人们追求进步，查找、改正自身缺点一样，都是螺旋式前进并逐渐达到理想目标。 （4）坚持不唯上、不唯书、只唯实，树立创新精神和创新意识。在热科学的发展中，就有很多“彼时正确的理论”被否定，进而建立新的理论，推动热科学的发展。比如，从形形色色的“永动机”到热力学基本定律；从“热素说”到“潜热说”，再到“分子热运动理论”；从傅里叶导热理论到非傅里叶效应等都说明了这些道理
3. “传热传质学”课程教学中的“课程思政”实践教学的具体路径。 “传热传质学”是动力工程及工程热物理学科的专业必修课程，该课程在传授传热传质学专业知识的基础上，以培养学生的实践能力为核心，锻炼学生发现问题、解决问题和归纳问题的能力，培养学生的创新思维和发散思维习惯。唯物辩证法在科研活动中具有重要的指引作用。科研活动

续表

的目的是探索未知世界并获得新知，因此科研活动也是培养创新型人才的有效途径。“传热传质学”课程的社会实践活动主要有： （1）结合学校学科带头人和科研实验室的科研项目，带领大学生参与相关研究项目，了解“传热传质学”学科前沿发展状况和需要突破的问题。 （2）大学生可以结合这门课的学习，到企业开展调查研究，结合生产实际了解企业发展情况、面临的技术问题以及未来企业发展方向

（五）农学类专业课程

要在课程教学中加强生态文明教育，引导学生树立和践行绿水青山就是金山银山的理念。要注重培养学生的“大国三农”情怀，引导学生以强农兴农为己任，“懂农业、爱农村、爱农民”，树立把论文写在祖国大地上的意识和信念，增强学生服务农业农村现代化、服务乡村全面振兴的使命感和责任感，培养知农爱农创新人才。

1.“思政课程”协同“课程思政”农学类课程实践教学的内容（见表6-19）

表6-19 农学类课程实践教学的内容

“思政课程”	“课程思政”	实践教学体系内容
结合《毛泽东思想和中国特色社会主义理论体系概论》和《习近平新时代中国特色社会主义思想概论》的“生态文明建设”“美丽中国和美好乡村建设”“乡村文化旅游事业”等开展理论研讨和实践探索	加强生态文明教育，树立和践行绿水青山就是金山银山的理念	结合农学类专业课程开展实践教学：结合中国特色社会主义的农业发展和乡村生态文明建设开展调查研究
结合《毛泽东思想和中国特色社会主义理论体系概论》和《习近平新时代中国特色社会主义思想概论》的“三农问题”“乡村教育”“乡村文化”等开展理论研讨和实践探索	培养学生的“大国三农”情怀，“懂农业、爱农村、爱农民”，树立把论文写在祖国大地上的意识和信念	结合农学类专业课程开展实践教学： 1. 结合“农业农村和农民问题”“新时代文明实践助推乡村振兴”等选题开展社会实践。 2. 结合改革开放以来的部分“中央一号文件”，结合实际探索“我国三农事业发展”的历程与理论逻辑

续表

“思政课程”	“课程思政”	实践教学体系内容
结合《毛泽东思想和中国特色社会主义理论体系概论》和《习近平新时代中国特色社会主义思想概论》中“中国特色社会主义建设”的“乡村振兴”等开展理论研讨和实践探索	增强学生服务农业农村现代化、服务乡村全面振兴的使命感和责任感，培养知农爱农创新人才	结合农学类专业课程开展实践教学：结合2022年5月23日，中共中央办公厅、国务院办公厅印发的《乡村建设行动实施方案》内容的探究和学习，选择其中1~2个方面的内容开展调查研究

2. “思政课程”协同“课程思政”农学类课程实践教学的路径案例分析（见表6-20）

表6-20 农学类课程实践教学的路径案例分析

案例：农学类专业课课程思政教学模式与方法探索——以“农业生态学”为例①
1. 课程介绍。“农业生态学”是运用生态学的原理和方法，研究农业生态系统中生物与环境之间的相互联系、协同演变、调节控制和持续发展规律的学科。该课程综合性和应用性很强，是全国涉农高校的农学、生态学、生物学、农业资源与环境、资源环境科学、农业经济管理等相关的专业核心课或选修课之一
2. “农业生态学”育人目标与“课程思政”教学要求。围绕涉农高校的办学定位和农学专业的培养目标，在课程思政教学的总体目标指导下，结合学生学情特点——基础知识有所储备、专业方向各不相同、科研思维有待启迪、实践能力亟待加强、生态意识仍需提升、知农爱农更需培育的实际情况，“农业生态学”不仅确立了“知识传授、能力培养和价值塑造”的教学目标，更确立了从学生价值观、专业素养、行业产业发展、国家需求到全球视野5个维度的育人目标（见下图）。 例如，在国家需求维度，加强生态文明建设教育和学生家国情怀的培养。在生态文明建设教育方面，加强学生生态意识的培养、生态哲学思想的融贯、生态法治观念的提升和生态美学维度的拓展；在培养学生的家国情怀方面，主要是在教学过程中适当引用国家政策（中央一号文件等）、举措、成就和美景等，帮助学生坚定“四个自信”。 **3. 农业生态学课程内容相关的“思政教学”资源挖掘与应用。** （1）建立农业生态学课程思政元素库。结合“农业生态学”课程特点和育人目标，课程教学团队深入挖掘各章各知识点中所蕴含的“思政”元素，收集“思政”案例、视频、新闻等教学资源，筛选、分类、建库，将“农业生态学”课程思政元素分为学科发展历程、传统农业精髓、国家政策举措、定律规律原则、科学家精神、科学理论应用、时事热点大事和古典诗词名句八大类。

① 舒迎花、王建武、章家恩：《农学类专业课课程思政教学模式与方法探索——以“农业生态学”为例》，《中国大学教学》，2022年第1~2期，第63-68页。

续表

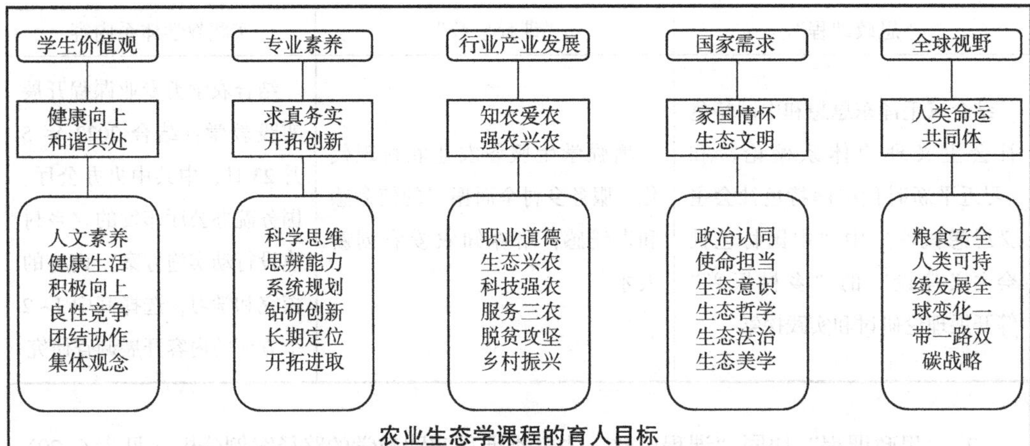

农业生态学课程的育人目标

第一大类是学科发展历史中的名人名著、具有重大意义的事件或会议等。如马克思主义哲学中“人与自然、人与社会”的辩证统一思想告诉我们，人类是自然的一部分，不能站在自然之外征服、统治自然界；生态危机的根源不仅是人与自然关系的失衡，深层次的原因是人与人之间关系的对立。再如美国海洋生物学家和作家蕾切尔·卡森的《寂静的春天》成为人类社会生态环境问题觉醒的标志，这种觉醒也逐步波及农业，引起了 20 世纪 70 年代末 80 年代初对工业化农业的反思。

第二大类是中国传统农业精华与典范，包括名人名著、农业文化遗产等，其中一部分也属于学科发展历程（如李时珍的《本草纲目》，达尔文称赞其是“1596 年出版的中国百科全书”，彰显古代中国对世界农业发展的贡献）。以中国第一个世界农业文化遗产——浙江青田稻鱼共生系统（1 200 多年历史）为例，其展现了中国传统农业的智慧与魅力。在教学中选用上述素材，不仅增添了生态学知识传授的趣味性和实用性，而且站在更宽广的视野塑造学生的家国情怀，强化了学生的社会责任、农业文化传承、弘扬担当精神，树立把论文写在祖国大地上的意识和信念。

第三大类是国家政策举措，如习近平生态文明思想，总书记的“两山论”生动诠释了经济发展与生态环境保护的辩证关系。山水林田湖草沙生态治理工程、循环农业、“碳达峰”和“碳中和”等，不仅能加强学生生态文明教育，而且让其认识到国家政策和大国担当，帮助学生坚定“四个自信”。

其他几大类包括古典诗词名句、生态定律原则、科学家精神等，通过将这些思政元素精准融入不同的专业知识教学中，提高了学生的人文素养、团队协作意识、求真务实和开拓创新精神等。

（2）制定农业生态学课程思政教学“套餐”。按照课程教学大纲及各专业方向学生的培养目标，精准制定由“规定动作”（与“农业生态学”基本概念、原理和方法紧密相关的思政内容）+“自选动作”（依不同专业方向融入更有针对性的思政元素）的“思政套餐”（见下图）。

（3）采用多元化课程思政融入方式。在知识和信息爆炸的时代，获取知识的途径方便快捷，学生们借助网络媒体等可随时随地开展个性化的学习。因此，教师课堂教学更重要的使命是在有限时间内进行价值引领，而采用哪些方式融入课程思政一直是亟待解决的问题。我们采用如下融入方式：①以“点对点”方式，如讲解“生态型”概念时，有很多案例可供选择，教师选择了含有

续表

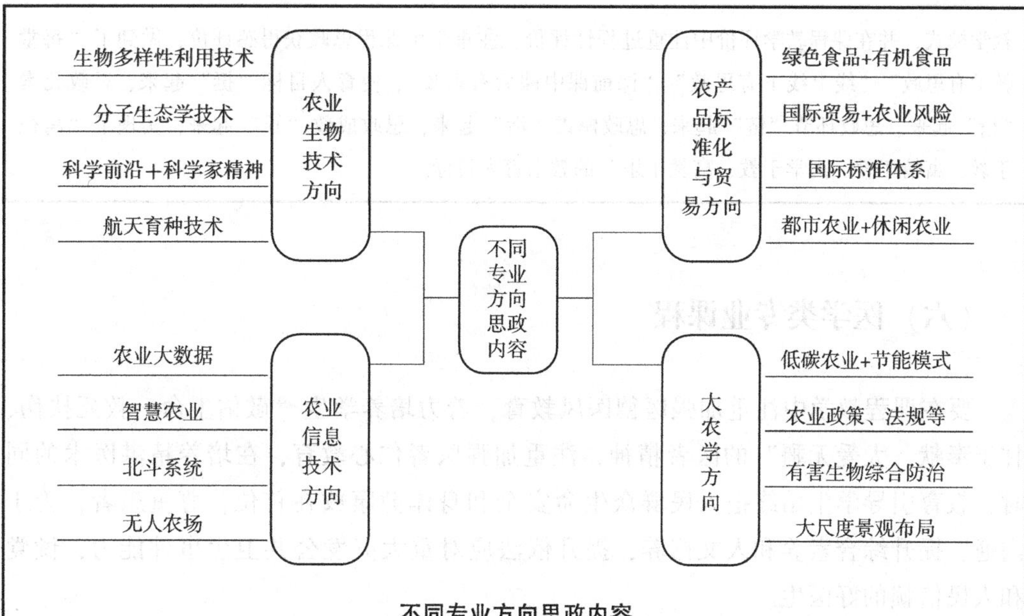

不同专业方向思政内容

“思政”的案例，如举例水稻的生态型时，可融入卢永根和袁隆平院士的故事，学生不仅掌握了概念，增长了知识，而且能感受科研楷模的高尚情操、艰苦奋斗精神等。②以“专题”方式合并与分解课程内容，如“生活型、生境及其应用”和“生物对环境的影响”两个知识点，组装一套“思政”元素（“三北”防护林、防风固沙树种的选择和种植、电影《我和我的家乡》片段“治沙英雄”、2019年亚马孙森林大火、2020年澳洲丛林大火等）。学生不仅掌握了理论知识及其应用，拓宽了视野，还提升了生态环保意识和民族自豪感，增强了建设美丽中国的责任感和使命感。③在理论教学中融入运用画龙点睛式、专题嵌入式、案例穿插式、隐性渗透式和讨论辨析式等方式。如案例穿插式，精心选择跟课程内容相关的、生动鲜活的案例和为农业发展无私奉献的名家人物，引发学生思考，激发学生的求知欲，让课堂活起来，让效率高起来，更好地把握教材中的知识。多种方式的运用使思政教学活动丰富多彩，学生认同感高

（4）农业生态学课程思政的实施路径与方法。实施“双主体”和PBL课程思政的教学模式。“以学生为中心”的教学理念是当前国家教育发展的方向和要求。因此，在“农业生态学”课程思政的教学实践过程中，以“翻转课堂”“角色互换”“研究性学习”等理念，开展了“以学生为主体，教师为引导”课程思政活动，激发学生的主动参与意识和自我教育能力。在讲到农业生态模式的设计时，采用PBL教学模式，引出“如何在重金属中轻度污染的土壤区域进行农业模式设计”问题，让学生主动探究和深度思考，明白设计前应充分了解当地背景，如重金属污染的来龙去脉，比较各种修复技术的优缺点，理解生态位、生态系统结构、食物链解链等理论知识在农业生产中的运用，加深对生态修复和生态红线的理解。

根据“农业生态学”课程教学内容、教学目标和农林院校办学宗旨，深入挖掘课程中蕴含的思政素材，建立素材库，并采用多元化的教学方式将其融入教学中，实施“双主体+PBL”课程思政

续表

教学模式，并在课程教学评价中注重过程性评价，注重学生课程思政获得感评价，做到了“每堂教学有思政”“线上线下有思政”“课前课中课后有思政”，使育人目标“挺”起来、思政元素“精”起来、思政环节“链”起来、思政模式“活”起来，思政成效“长”起来，实现了“寓德于教、寓情于教、寓学于教、寓教于乐”的教书育人目标。

（六）医学类专业课程

要在课程教学中注重加强医德医风教育，着力培养学生“敬佑生命、救死扶伤、甘于奉献、大爱无疆”的医者精神，注重加强医者仁心教育，在培养精湛医术的同时，教育引导学生始终把人民群众生命安全和身体健康放在首位，尊重患者，善于沟通，提升综合素养和人文修养，提升依法应对重大突发公共卫生事件能力，做党和人民信赖的好医生。

1. “思政课程”协同“课程思政”医学类专业课程实践教学的内容（见表6-21）

表6-21 医学类专业课程实践教学的内容

“思政课程”	“课程思政”	实践教学体系内容
结合《思想道德和法治》第五章“遵守道德规范，锤炼道德品格”的“坚持以为人民服务为核心”“恪守职业道德”等内容开展理论教学和实践教学	加强医德医风教育，培养学生“敬佑生命、救死扶伤、甘于奉献、大爱无疆”的医者精神	结合医学类专业课程开展实践教学：可以结合实际，到地方医院针对医生、护士和患者、患者家属、社会大众等不同群体开展医德医风等方面的调查研究
1. 结合《马克思主义基本原理》第三章“人类社会及其发展规律”中“人民群众在历史发展中的作用”的内容开展理论教学和实践教学。 2. 结合《思想道德和法治》第五章“遵守道德规范，锤炼道德品格”中“坚持以为人民服务为核心”“恪守职业道德”等内容开展理论教学和实践教学	注重加强医者仁心教育，在培养精湛医术的同时，教育引导学生始终把人民群众生命安全和身体健康放在首位	结合医学类专业课程开展实践教学：运用马克思主义“人的本质”的思想、马克思主义的“人民观”等思想并结合实际，对当地的医疗卫生事业开展调查研究

续表

“思政课程”	“课程思政”	实践教学体系内容
结合《毛泽东思想和中国特色社会主义理论体系概论》和《习近平新时代中国特色社会主义思想概论》中“我国社会建设中的医疗卫生事业状况”的内容开展理论教学和实践教学	尊重患者，善于沟通，提升综合素养和人文修养，提升依法应对重大突发公共卫生事件的能力，做党和人民信赖的好医生	结合医学类专业课程开展实践教学：结合我国抗击新冠肺炎疫情等重大突发公共卫生事件，对我国医疗卫生状况和“白衣天使”优秀人物的优秀道德品质进行调查研究

2. “思政课程”协同“课程思政”医学类专业课程实践教学的路径案例分析（见表6-22）

表6-22 医学类专业课程实践教学的路径案例分析

1. “中医养生专业”的培养目标。 （1）医学类专业的“中医养生专业”以培养理想信念坚定、德技并修、全面发展，具有一定科学文化水平、良好职业道德、工匠精神和创新精神，具有较强的就业能力、一定的创业能力和支撑终身发展能力的人才为目标； （2）学生要掌握中医养生保健专业知识和技术技能，面向居民服务业、卫生行业、社会工作行业，为地方经济社会发展、中医药事业和健康产业发展贡献力量。学校要培养能够从事中医养生、中医保健、健康管理等工作的高素质技术技能人才
2. “中医养生专业”的课程思政建设。专业教学采用“工学结合”的人才培养模式，大力推行医教融合、院校合作、充分发挥职教集团的作用，利用企业的病原优势、师资优势、设备优势，增加学生认知实习和跟岗实习的机会，提高学生的实践能力和岗位胜任能力，进而提高职业资格考试通过率和对口就业率
3. “思政课程”协同“课程思政”的社会实践教学路径。 （1）专业教学的地位。中医养生保健专业正是基于社会需求，通过培养中医养生保健方面的专业人员来传承我国传统中医养生保健的理念和方法，增进人民群众身心健康；通过中医药养生、保健、医疗、康复服务，涉及健康养老、中医文化和健康旅游等，帮助人们达到身体的健康平衡，进而促进社会和谐发展。 （2）“思政课程”协同“课程思政”的主要思路。中医养生专业中的“课程思政”教学就是要“唤醒”所有专业课程关注对人心灵的启迪，将“思政课程”与专业“课程思政”有机地融合起来，将专业课中的有“立德树人”功能的思想政治教育元素发掘出来，将教师的育人功能在授业过程中发挥出来，实现全程育人、全方位育人，使“专业课程”与“思政课程”相辅相成，形成协同效应。中医养生保健专业基于中华传统优秀文化服务社会，其所蕴含的“道”的重要性自不待言，“课程思政”也恰恰与专业建设形成互相支持的关系。

续表

(3)"思政课程"协同"课程思政"的教学内容。《毛泽东思想和中国特色社会主义理论体系概论》和《习近平新时代中国特色社会主义思想概论》中关于"健康中国建设"的内容："把保障人民健康放在优先发展的战略位置，坚持预防为主的方针，深入实施健康中国行动，完善国民健康促进政策，织牢国家公共卫生防护网，为人民提供全方位全生命期健康服务。" 《中华人民共和国国民经济和社会发展第十四个五年规划和2035年远景目标纲要》指出："推动中医药传承创新：坚持中西医并重和优势互补，大力发展中医药事业。健全中医药服务体系，发挥中医药在疾病预防、治疗、康复中的独特优势。加强中西医结合，促进少数民族医药发展。加强古典医籍精华的梳理和挖掘，建设中医药科技支撑平台，改革完善中药审评审批机制，促进中药新药研发保护和产业发展。强化中药质量监管，促进中药质量提升。强化中医药特色人才培养，加强中医药文化传承与创新发展，推动中医药走向世界。" 中医养生保健专业"课程思政"的主要内容："培养的学生必须兼备良好的政治素质、文化修养、职业道德和服务意识，要具备事业的使命感和责任感，具备传统中医讲求的大医仁爱之心。中医养生保健的教育必须始终强调将人文素养、科学素养、职业素养教育贯穿教学的全过程。"一是在哲学上，"知行关系"是辩证的，具体到中医养生保健专业的教师和学生，应该树立"先知后行"的意识，重视"三观"教育。在职业伦理和职业道德方面深化社会主义核心价值观在实践中的教育。注重在实践中培育科学精神。中医养生保健专业的课程思政，要运用马克思主义的唯物辩证法处理好现代科学与中国传统医学之间的关系，要借助科学理念、科学思维、科学方法去解读（包括批判）好、发展好中医养生保健理论知识和实践经验。 (4)"思政课程"协同"课程思政"的主要路径。 一是组织学生到地方中医院开展社会实践活动。具体包括：了解开展社会实践活动中医院的文化建设；在开展社会实践的医院专家的指导之下，走进病房与患者进行面谈和交流，增强对医患关系的了解。 二是组织学生到地方政府中的医疗部门、中医药材公司和中药材生产基地进行走访，调查了解地方关于医疗卫生事业在促进民生和社会事业发展中的地位和作用，探索促进健康中国建设中地方中医药企业的医疗卫生事业发展状况。 三是中医养生保健专业社会实践活动要树立以学生为中心、以教师为主导的教学理念，确立"培养为社会服务的实用型人才"的教学目标，科学合理地进行课程设计和规划，坚持理论与实践并重，通过专业课程中的"润物细无声"的实习和实践中的思想政治教育，将社会主义核心价值观中"和谐、爱国、敬业、诚信、友善"等关键概念融入社会实践活动中。在社会实践中引导学生学好专业基础知识、掌握中医养生保健的实用性技术和技能，努力培养有崇高职业道德素养的中医保健人才

（七）艺术学类专业课程

要在课程教学中教育引导学生立足时代、扎根人民、深入生活，树立正确的艺术观和创作观。要坚持以美育人、以美化人，积极弘扬中华美育精神，引导学生自觉传承和弘扬中华优秀传统文化，全面提高学生的审美和人文素养，增强文化自信。

1. “思政课程”协同“课程思政”艺术学类专业课程实践教学的内容（见表6-23）

表6-23 艺术学类专业课程实践教学的内容

“思政课程”	“课程思政”	实践教学体系内容
1. 结合《毛泽东思想和中国特色社会主义理论体系概论》的教学，融入马克思主义文艺思想在中国革命、建设和改革事业中的发展等内容。 2. 结合《习近平新时代中国特色社会主义思想概论》的教学，融入新时代中国特色社会主义文化建设的理论与实践等内容；融入《习近平在文艺工作座谈会上的讲话》等内容	1. 引导学生立足时代、扎根人民、深入生活，树立正确的艺术观和创作观	1. 按照马克思主义的文艺观并结合中国革命、建设和改革的发展历程，通过参观博物馆、展览馆以及分析CCTV等网络平台，对“红色文艺作品”在中国共产党百年征程中的地位、作用和多种呈现方式进行调查研究
结合《思想道德和法治》第五章“遵守道德规范，锻炼道德品格”“传承中华传统美德”“发扬中国革命道德”的内容开展理论教学和实践教学	2. 坚持以美育人、以美化人，积极弘扬中华美育精神，引导学生自觉传承和弘扬中华优秀传统文化，全面提高学生的审美和人文素养，增强文化自信	结合艺术学类专业课程开展实践教学：通过参观体现“中华民族优秀传统文化”“中国革命道德”等内容的博物馆和展览馆以及CCTV等电视网络传媒，调查研究这些优秀文化成果和作品对大众的传播现状、问题和政策建议

2. “思政课程”协同“课程思政”艺术学类专业课程实践教学的路径案例分析（见表6-24）

表6-24 艺术学类专业课程实践教学的路径案例分析

中国美术学院发挥艺术院校特色，结合艺术专业特点，将艺术传承、育人无痕的思想政治教育理念，涵容于大学精神、校园文化、主题创作和艺术实践之中，坚持立德树人，弘扬社会美育，强化艺术担当，改革思政课程，培养实践能力，积极构建大学生思政工作的长效机制
1. 彰显艺术特色，以主题创作培养核心价值。中国美术学院历来重视以文艺创作的担当精神引领大学生思想政治教育工作，引导师生牢固树立社会主义核心价值观，坚持“以人民为中心”的社会主义文艺观。在面对时代重托、人民希望、党的嘱托的历史时刻，关注社会，服务人民，举全院之力，为时代造像，为人民创作。学院作为美术创作的国家队，承担了“时代领跑者”为共和国劳模塑像、“纪念红军长征胜利80周年美术作品创作展”“中华史诗美术大展”“百年追梦”

续表

浙江美术创作精品工程等国家级、省级重大题材美术创作工程。连续三年举办以“人民之心、中国之魂”为主题的学习习近平总书记文艺工作座谈会讲话精神报告会、主题展览和研讨会。先后组织“百名师生画百名将士”为一百名守岛官兵造像、“绘兵纪”——为两千名浙江抗战老兵造像等活动，师生们通过主题创作深入生产生活一线，深入人民群众之中，领悟讲话精神，指导创作实践。开展《准则》《条例》学习，对学习材料进行各种书体的通篇抄写，编印“清风皓品”特色学习资料
2. 深化“三美”理想，以文化校园浸润师生心灵。中国美术学院倡导以“构筑校园美境、实施校园美育、塑造校园美心”的“三美”理想，持续推进校园文化建设，着力培育师生人文情怀，着力塑造师生美好心灵，努力凝聚全院之合力，着力培养最美人才。营造“人文山水”的精神家园，实施文化校园整体提升，打造校园“风物志”，让师生员工在与湖山朝夕相处中浸润心灵。打造颇有创意和人文特色的“典礼文化”。开学典礼上，发放笔、墨、纸、帖的入学“文化礼”；毕业典礼上，穿自行设计的学位服，通过隆重、富有内涵和仪式感的典礼，增强学生的认同感、使命感和责任感，实现内心升华。重视校史教育，出版校史读物，重访校史足迹，自编自演校史话剧，使学生从知校爱校继承前辈先贤的优良传统。建立“国学导师团”，开设“国学工坊”，培育传统文化社团，推行传统书写。举办“十佳大学生”“十度创想人物”“年度人物（学生）”评选及颁奖，形成勤于进取、见贤思齐的校园风气。结合“健康生活、文明寝室”建设，开展“党代表进公寓”系列活动，营造党群互动的育人氛围。开设“美师讲习所”，对全校40周岁以下青年教师开展集中轮训，加强青年教师思政教育；开设“良友讲习班”，加强辅导员、班主任队伍建设。推进媒体融合发展，创新网络思想政治教育。“微国美”官微关注人数已近15万，年阅读量达到490余万次，成为最受师生欢迎的平台之一。此外，学校还有120多个网站、微博、微信，形成了颇具影响力的新媒体矩阵
3. 落实“双十”举措，以课程改革推进思政教学。中国美术学院落实“双十”举措，结合艺术院校思想实际、专业实践和社会实践设计思政理论课教学体系，做到教学内容与教学方法既与美院学生的专业发展关系密切，又与美院学生的思想实际贴近。学院建立理论与实际相结合的教学机制，扶持理论社团建设，思政教学中心多位教师受聘为学校国学导师，担任入党积极分子业余党校教师、社团指导教师、社会实践带队教师。探索“校院+基地”的教学模式，开展高校思政理论课现场教学、落实实践体验基地，组织师生到基层开展实地考察、社会调查、志愿服务及暑期社会实践等，积极参与服务地方文化建设。这种教学模式不仅提升了思政理论课实践教育的实效，还丰富了专业下乡实践教学活动的理论内涵，实现了思想政治理论课实践教学与专业实践教学的双赢，倍增了实践教学活动的教育效益。学院修订完善领导干部听课管理办法，明确规定党委班子成员和中层干部每学期听课次数和听课要求，下发听课记录本，并将各级领导干部的听课情况作为个人年度考核的重要内容。学院还为新生打造每生一本的《读书笔记》，促使学生敞开心扉书写自己的感悟，该活动已持续7年，累计完成《读书笔记》7 000多本

续表

4. **倡导“哲匠精神”，以社会实践弘扬社会美育。**中国美术学院倡导“像哲人一样思考、像匠人一样劳作”的“哲匠精神”，弘扬心手合一、知行合一的价值观念，充分发挥实践育人的作用，使“劳作上手、读书养心”的传统成为学生的一种学习生活方式。开展以传承学院精神为旨要的“艺苑寻踪”文脉寻访活动，以读书养心为宗旨的“书艺问道”读书活动，以学术引领为纽带的“会通履远”学术周活动，以素质拓展为平台的“青春飞扬”社团活动，等等。深化“下乡采风”教学实践，每位本科学生至少有 12 周的时间下乡采风实践；建立社会调研的常态机制，开展专业实践，发掘地方文化、传播优秀文化、参与农村文化礼堂建设、美丽乡村建设等，服务地方文化建设。结合“双百双进”活动深入基层，组织文化志愿者利用文化技能为社会和他人提供服务。“千村千生”服务基层活动已坚持十余年。同时，通过开展美术欣赏、手工制作、儿童美术辅导、艺术心理辅导等多种形式的“乡村基础美术辅导”社会实践活动，在活动中融入社会主义核心价值观相关内容，为农村义务教育提供支持，为农村留守儿童提供美育体验

第七章

高校“思政课程”与“课程思政”协同实践育人的对策建议

根据高校“思政课程”与“课程思政”理论教学和实践教学的一系列重要文件精神要求，针对高校“思政课程”与“课程思政”“全员全过程全方位”实践育人存在的问题和原因分析，提出增强实践教学“三全育人”实效的对策建议。具体对策建议包括：一是“理念协同”，增强“思政课程”与“课程思政”实践育人理念。通过高校党委主抓，做好顶层设计；部门单位协作，强化育人理念；育人主体协同，明确育人使命实施。二是“全员协同”，凝聚“思政课程”与“课程思政”实践育人力量。通过学校领导带头，深入实践一线；部门单位人员，组织开展实践；社会力量汇聚，参与社会实践实施。三是“载体协同”，完善“思政课程”与“课程思政”实践育人平台。通过构建课程体系，建立育人基础；落实实践育人，形成“四大课堂”；健全育人体系，创新话语方式实施。尤其是运用语料库辅助实践教学，创新教学话语。四是“机制协同”，健全“思政课程”与“课程思政”协同育人机制。通过建立领导责任，强化管理机制；部门单位实施，形成协同机制，以及建立评价体系，实施激励机制。

一、理念协同：增强“思政课程”与“课程思政”实践育人理念

（一）高校党委主抓，做好顶层设计

中共中央、国务院印发的《关于新时代加强和改进思想政治工作的意见》指出，要把思想政治工作作为治党治国的重要方式。要强化党委（党组）主体责任，各级党委（党组）要切实负起政治责任和领导责任，建立健全思想政治工作责任制，制定思想政治工作责任清单，明确落实措施和推进步骤。① 高校党委肩负为党育人、为国育人的重任，肩负着高等教育建设和发展的历史使命。因此，高校党委必须将“思政课程”和“思政课程”改革创新摆在高校发展的重要位置，在实践育人过程中，加强统筹引导，科学把握形势变化，推动形成党委主抓、各部门单位多管齐下的育人格局。因此，高校党委应从以下三方面强化实践育人理念。

首先，增强协同“思政课程”与“课程思政”实践育人的政治责任感和使命感。高校党委要认真学习习近平总书记关于高校思想政治工作的一系列重要论述，坚持办学治校的正确方向，明确培养什么样的人、怎样培养人、为谁培养人的问题，重视立德树人的根本任务，增强建设高质量实践育人体系的理念，进而使在学校开展的“思政课程”与“课程思政”实践育人工作发挥重要作用。

---

① 中共中央、国务院：《关于新时代加强和改进思想政治工作的意见》，中华人民共和国教育部政府网站，2021年7月12日。

其次，增强协同“思政课程”与“课程思政”统筹安排和制度设计的责任意识。高校党委要规划好“全员全过程全方位”实践育人体系，发挥好主导、引领作用，在育人体系设计、主体参与、实施过程、管理机制等方面做好工作部署，为各领域、各主体和各环节等提供方向引导和制度保障。此外，学校党委书记要担起第一责任人责任，校长和其他班子成员“党政同责、一岗双责”①。高校党委领导要主动走进班级、走进课堂、走进社会实践，深入一线联系学生，发挥示范作用。

最后，增强协同推进“思政课程”与“课程思政”的具体实施工作。高校党委承担管党治党和办学治校的主体责任，高校党委的每一步决策都对学校规划建设起着重要作用。为此，高校党委履行好领导职责，既需要勾画好育人体系设计蓝图，也需要规划好具体实施工作，结合地方和学校办学特色，推动思政课教学质量不断向上发展。

（二）部门单位协作，强化育人理念

在高校党委的统一领导下，各部门单位须按照学校党的部署和安排展开工作，落实好实践教学育人工作。教务处作为学校的教学管理机构，应做好实践育人教学的规划设计工作，明确实践育人理念，合理安排课程，达到“思政课程”与“课程思政”协同最优化。

马克思主义学院是“思政课程”教学和研究的实施主体，要充分发挥带头引领作用，明确实践育人理念，与学校其他学院组织交流、研讨、评课等活动，助力其他学院“课程思政”的建设发展，有效衔接“思政课程”与“课程思政”实践教学。另外，马克思主义学院作为宣传和研究马克思主义的主阵地，还要推动“思政课程”的改革创新，形成示范作用。

其他专业学院应学习贯彻习近平总书记关于思想政治工作的一系列重要论述，将思想政治教育融入专业课程，落实立德树人的根本任务。学院党委、团委和支部书记应将“课程思政”与“思政课程”实践教学与大学生实践育人工作摆在学院建设发展工作的重要位置，使实践育人理念深入教师内心。教师应将思想政治工作贯穿于教育教学全过程，有效挖掘专业课程中的思政元素，结合学生实际与社会实际提升学生的思想道德素养和政治素养。

（三）育人主体协同，明确育人使命

在推进思想政治工作的大格局下，各单位、部门及其相关人员以及教师应做好协同工作。

① 叶星成：《打造新时代职业教育“三全育人”新标杆》，《中国青年网》，2023年第2期。

高校各部门和单位及其相关人员应明确育人工作的重要性，提高政治站位，在思想政治工作宣传与工作落实方面发挥自身优势和职能作用，树立积极主动做好思想政治工作的意识。①

教师承担着教书育人的使命，为促进“思政课程”与“课程思政”实践育人，教师应树立科学正确的教学理念。一方面，教师在教学过程中应明确育人的本质要求，把握立德树人关键环节，提高政治领悟力。“思政课程”教师与“课程思政”教师要担负起对学生进行信仰教育、思想引导和价值导向的责任，注重改进创新教学方法、改进教学方式，增强创新意识以促进实践育人效果最大化。另一方面，在实践育人过程中，“思政课程”教师与“课程思政”教师要进一步明确育人使命，实现思想政治教育与专业教育在育人功能上同频共振，和谐共生，形成全面育人合力②。

二、全员协同：凝聚“思政课程”与“课程思政”实践育人力量

（一）学校领导带头，深入实践一线

学校领导在学校党委的统一领导下需要贯彻实践育人理念，明确主体意识和工作定位，为“思政课程”与“课程思政”实践育人做好制度设计。学校领导尤其是分管大学生思想政治教育专项工作的领导，要深入到各个单位和学院组织并领导各部门和学院有效展开实践教学协同工作。开展好“思政课程”与“课程思政”实践育人的专题培训和动员工作，注重提升实践育人教师的专业素养、实践方法。同时，与地方政府、企事业单位、红色精神教育基地、博物馆和乡村开展实地调查研究，共同探索“思政课程”与“课程思政”实践育人基地建设，解决实践育人工作中的具体问题。

（二）部门单位人员，组织开展实践

要将马克思主义学院的教师队伍、专业实践教师队伍和学工部门带领大学生实践团队的辅导员队伍整合起来，发挥各支队伍的长处，相互学习交流、取长补短，增强实践课程教师队伍的总体实力，为大学生提供更好的指导。具体组织形式是定期举行集体备课。在师资队伍的建设上，还可以尝试对不同队伍进行一定的整合。“思政课

① 吴建春：《坚持守正创新 强化使命担当 扎实做好新时代思想政治工作》，《思想政治工作研究》，2021年第9期，第27-30页。

② 《“思政课程”与“课程思政”关系辨析》，http：//wenku. cyjzzd. com/a/1300102507。

程”与“课程思政”教师参与社会实践项目指导，在完成专业实践的同时，完成大学生思想政治教育的实践育人项目，通过实践教学与学生专业实践、社会实践有机融合，不断提升学生的“获得感”。同时，不断提高师资力量的整合水平，如“思政课程”教师与部门和学院负责人、团委书记、学生辅导员队伍的学科整合。

（三）凝聚社会力量，参与社会实践

“思政课程”与“课程思政”实践育人“大思政课”的工作格局形成，就是要改变单一的“思政课程”实践教学、“课程思政”与大学生社会实践“相对分离”的状况和局面。要求积极构建学校、社会与家庭的全方位、立体化、对接式的“大思政”工作机制。要构建党委统一领导、党政群齐抓共管，全校社会一盘棋、紧密协作的领导体制和工作机制。不仅要将“思政课程”实践教学与大学生思想政治教育的队伍紧密结合起来，还要在此基础上，积极从社会、企业聘请“实践育人”兼职教师，按照实践育人“一体化”要求，构建“一支队伍，专兼结合，协调一致”的“实践育人”新格局。“一支队伍”，就是指将“思政课程”与“课程思政”理论教学和实践教学队伍与大学生思想政治教育队伍有机构建为“一支队伍”；“专兼结合”，就是既有校内专任教师和专职辅导员、学生人生导师、学生工作干部专职队伍，也有来自科研院所、企业、红色教育基地等社会各方面的兼职力量，聘请一批双师型实践课程指导教师，以及工程师、企业家、英模人物等作为实践教学的指导教师；“协调一致”，是指所有“实践育人”力量和资源有机结合、分工协作，将理论教学与实践教学有机结合，校内外资源有机结合，将解决学生思想问题与解决学生实际问题有机结合。

实现“思政课程”与“课程思政”“实践育人”的融合性、常态化和有效性，还需要高校与相关企事业单位等建立稳定的联系，建立稳定的高水平实践育人基地，保障实践教学活动的可持续性。高校可以综合运用现有的单位或企业实践育人基地，建立实践基地，利用高校所在省、市、区内具有重大教育意义的纪念馆、博物馆，建立爱国主义红色实践基地；高校也可以与一些公益性服务类的单位联系，建立实践育人基地。

三、载体协同：完善“思政课程”与“课程思政”实践育人平台

（一）构建课程体系，建立育人基础

“思政课程”是落实立德树人根本任务的关键课程，发挥着不可替代的作用。[①] 此

① 中共教育部党组：《办好新时代学校思想政治理论课》，中华人民共和国教育部网站，2020 年 9 月 1 日。

外，一些地方和学校利用各种社会资源做好“思政课程”工作的意识和能力还不够强，课程体系尤其是选修课开设的力量还需要进一步增强，有的学校第二课堂及社会实践重活动轻引领，“课程思政”存在“硬融入”“表面化”等现象。[①]在全面推进“大思政课”建设格局下，以“思政课程”实践教学为中心的育人体系需要打破“单中心”模式，形成“思政课程”“专业课程”、选修课“三位一体”的课程理论教学和实践育人模式，推动思政课、专业课和选修课在课程观、课程目标、课程内容和课程活动方式上优势互补、相互借鉴，形成不同课程之间同向同行的实践育人体系，努力培养堪当中华民族复兴大任的时代新人。

（二）探索四大课堂，多种方式方法

高校人才培养需要坚持综合素养的提升与专业技术本领的提升相统一，通过加强“第一课堂”的“思政课程”与“课程思政”理论教学和实践教学建设、“第二课堂”的校园文化“实践育人”建设、“第三课堂”的社会实践育人、“第四课堂”的网络媒介“实践育人”等多课堂教学方式，有效整合知识、文化、实践、网络等多种力量和资源并合理利用，将显性教育和隐性教育更好地落到实处。

教学方法关系到实践教学的效果，是实践教学活动成败的关键因素。在“思政课程”与“课程思政”“实践育人”过程中，教师不仅要起到指导和引领作用，还需要进一步加强实践教学方法的研究，以确保教学达成预期目标。毛泽东曾经形象地比喻方法：“我们的任务是过河，但是没有桥或没有船就不能过。不解决桥或船的问题，过河就是一句空话。不解决方法问题，任务也只是瞎说一顿。”[①] 加强“实践育人”教学方法的研究，是所有教师都必须重视的基本问题，运用好的“实践育人”教学方法会让教学活动发挥事半功倍的功效。“思政课程”与“课程思政”实践教学内容体现为不同学科表达的形式各有特点。各学科教师可以探索交流，相互借鉴，运用多样化的教学方法可以在这个过程中形成学科间的优势互补，促进大学生的价值追求、探索和创造能力以及团队合作精神等综合素质的提高，有利于大学生的全面成长和事业发展。讲授法、讨论法、演示法、启发式教法、情境教学法、榜样示范法等是实践教学活动中常用的基本方法，在合适的场合要灵活运用这些基本方法，做到“润物细无声”，让学生在实践活动和实践锻炼中体味真理的力量。

① 《毛泽东选集》第1卷，人民出版社，1991年版。

表 7-1 是可以借鉴和采用的一系列科学方法和实现载体。

表 7-1　四大课堂的科学方法和实现载体

序号	途径	方法
1	“第一课堂”的实践育人方法	（1）说理引导法； （2）互动式教学法； （3）案例教学法； （4）研究型教学法； （5）翻转课堂教学法； （6）混合式教学法
2	“第二课堂”的校园实践育人方法	（1）以校园物质文化建设为主题的系列方法：校园主题展览法；校园主题教育法； （2）以校园精神文化建设为主题的系列方法：以文艺汇演、文艺作品征文、读书研讨会和节日活动教育等方法； （3）以校园制度文化建设为主题的系列方法：基于行业特点、专业特点、特色高校的发展战略、政策以及制度的实践教学法
3	“第三课堂”的实践育人方法	（1）感性认识方法系列：演示法、参观法、发现法、访谈法； （2）理性认识方法系列：调查法、分析法、讨论法； （3）实践实施方法系列：正面引导法、实践锻炼法、对比鉴别法、情感熏陶法、挫折调试法、榜样示范法、个别教育法、问题分析法、情景教育法、自我教育法
4	“第四课堂”网络媒介建设的实践育人方法	（1）网上主题教育活动的方法和载体，通过音频、短视频、网络文章、纪录片、微电影等表现形式； （2）数字建设工程的方法和载体。红色教育基地与网络传播有机结合； （3）综合运用网络媒介传播的方法和载体，运用微博微信、社交媒体、视频网站、手机客户端等传播平台，运用虚拟现实、增强现实、混合现实等新技术新产品和载体来实现

（三）多样化语料库，创新教学话语

高校“思政课程”与“课程思政”相融合的课堂教学和实践教学一体化建设可以根据语料库和语言学规律，运用“语料库辅助话语研究”等方法，构建高校“思政课程”与“课程思政”实践教学新模式，并建立“以学生为中心”的语料库数据驱动学习模式，从而创新高校“思政课程”与“课程思政”相融合的新路径和新方法。高校“思政课程”与“课程思政”相融合的话语内容是一个有机体系，具有系统性、整体性、逻辑性和层次性。在高校“思政课程”与“课程思政”相互融合的一体化教学中，要按照要求帮助学生建构多模态教学实践话语体系，帮助学生建构情感教育、政治认同和价值观确立的实践育人话语体系。基于语料库的高校“思政课程”与“课程思政”教学模式，在学生层面实现“探究式学习”—“引导式学习”—“合作式学习”，有助于增强学生自学能力，提升学习兴趣，扩展知识面，有效提高学生口语表达能力、书面表达能力以及其他综合能力。基于“问题意识”的对话式教学如图 7-1 所示。

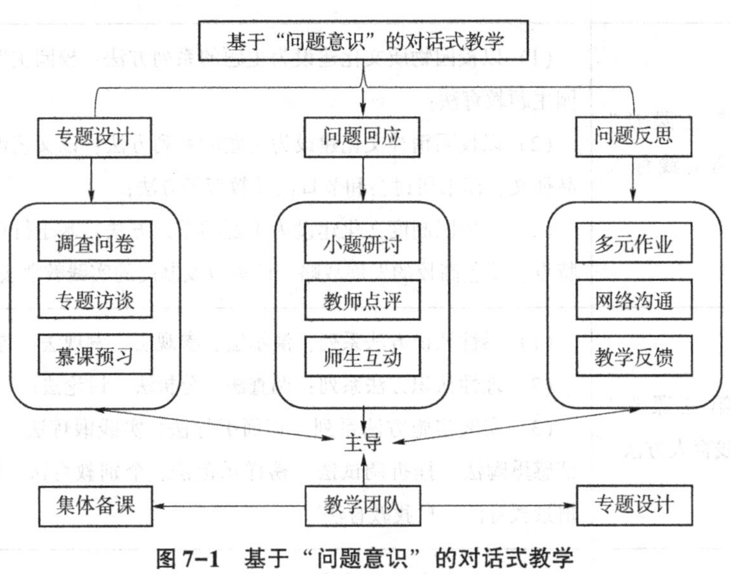

图 7-1　基于“问题意识”的对话式教学

高校“思政课程”与“课程思政”语料库环境下新型“教”与“学”关系的建构，即“教”的主导性与“学”的主体性有机统一。“教”的主导性体现于教师在教学全过程利用“思政课程”与“课程思政”语料库，整合碎片知识，实现抽象知识由繁至简，引导学生正确应用语料数据进行知识意义建构。“学”的主体性体现于学生在学习全过程运用“思政课程”与“课程思政”语料库，自主获取必需语言资料，通过“阅读”“观看”“表达”，进行课前“探究性学习和实践”、课中“引导式学习和实践”、课后“合作式学习和实践”，在高校“思政课程”与“课程思政”系统性、阶梯性的语料库教学平台上，开展自主式、协作式学习和实践，强化学生在特定情境下的思考力、判断力和领导力。基于语料库及其话语研究的高校“思政课程”与“课程思政”课堂教学和实践教学融合创新依托语料库以及信息技术，构建专业性、系统性和逻辑性的语料库，探索高校“思政课程”与“课程思政”教学“语料库辅助话语体系”与语料库数据驱动学习模式的建构，创新高校“思政课程”与“课程思政”课堂教学和实践教学模式和教学话语。

四、机制协同：健全“思政课程”与“课程思政”协同育人机制

（一）建立领导责任，强化管理机制

高校党委担负协同育人机制建设的领导责任，应当加强顶层设计，做好整体规划；还可以优化资源配置，通过开展研讨、培训等方式让各级部门明确“为什么实践育人”以及“如何实践育人”等问题，打破思维壁垒规划，制定协同育人方案，建立“实践育人”管理模式。学校领导及部门和单位的负责人要进一步加强领导，通过管理制度的建立、管理模式的形成、管理效能的发挥，进一步完善高校“思政课程”与“课程思政”协同“实践育人”的管理机制。

（二）部门单位实施，形成协同机制

高校要普遍建立党委统一领导，马克思主义学院积极协调，教务处、宣传部、学工部、团委等职能部门密切配合的“思政课程”与“课程思政”实践教学工作体系，在马克思主义学院等单位指定专人负责，建立健全制度落实机制、物质保障机制、安全保障机制，积极组建大学生“实践育人”队伍，共同做好“思政课程”与“课程思政”实践教学与学校整体的大学生社会实践融合工作。二级学院党委要结合学院实际，根据不同学科和专业特点确定实践育人方向，形成具有学院特色的育人体系。要定期组织会议跟踪实践育人情况，制定实践育人方案，营造良好育人氛围。还要加强同其他学院的联系，构建“实践育人”落实机制、跟踪机制和协同机制。教师及其所在党支部要组织教师积极开展交流、研讨，提升协同“实践育人”的能力和水平，发挥先锋模范作用，带动师生员工并融合多种社会资源共同发挥育人作用。建强高校“思政课程”与“课程思政”“实践育人”力量。高校应严格按照要求配备建强“思政课程”教师、辅导员队伍，实施“思政课程”与“课程思政”“实践育人”特聘教授、兼职教师制度，积极聘请党政领导、科学家、老同志、先进模范等担任兼职教师。

（三）建立评价体系，建立激励机制

高校要建立校领导、教学督导、马克思主义学院班子成员、“思政课程”与“课程

思政”教师和学生参加的多维度综合教学评价工作体系，重视教学过程和实践过程评价。“思政课程”与“课程思政”“实践育人”的实施效果作为考核评价的重要指标，作为“实践育人”绩效考核、职称晋升、评奖评优等的基本依据。充分发挥实践教学指导委员会等专家组织作用，开展教学调研指导。鼓励有条件的高校聘请“思政课程”与“课程思政”退休教师担任大学生实践教学工作的教学督导员、青年教师的成长导师。将指导学生开展实践活动、指导学生理论社团等纳入教学工作量。

附　录

一、中华人民共和国学校思想政治理论课建设概要

目 录

① 《中华人民共和国学校思想政治理论课重要文献选编》，人民出版社 2022 年版，第 1678、1691、1702、1711、1729、1743、1755 页。

（一）平稳过渡（1949—1956 年）

高校：
- 辩证唯物论和历史唯物论（包括社会发展史）→1950—1951年改为“社会发展史”→1951年9月10日改为“辩证唯物主义和历史唯物论”
- 新民主主义论（包括近代中国革命运动史）→1953年6月17日改为“中国革命史”
- 政治经济学
- 马列主义基础（1953年起增设）

中学：
- 1951年6月23日，取消“政治”一科名称，初中三年级、高中二三年级分别设置中国革命常识、社会科学基本知识、共同纲领等课；同年11月29日，从初中一年级至高中三年级增设时事政策课
- ↓
- 1955年6月10日：
  - 高中：“社会科学基本知识”改为“社会科学常识”
  - “政治常识”改为“宪法”
  - 初中：“中国革命常识”改为“政治常识”

小学：1952 年开始取消“政治”一科

（二）初步探索（1957—1965年）

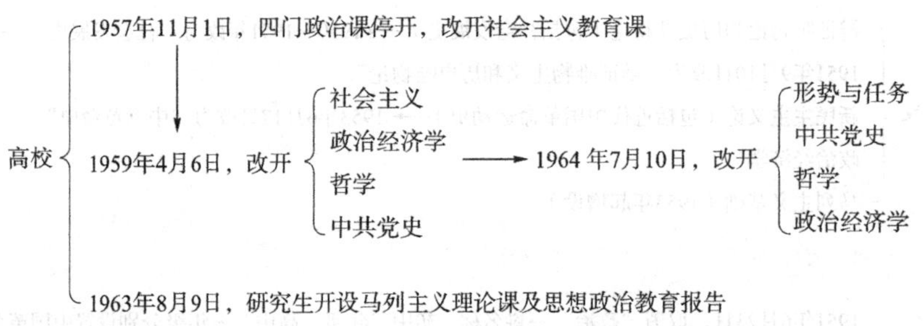

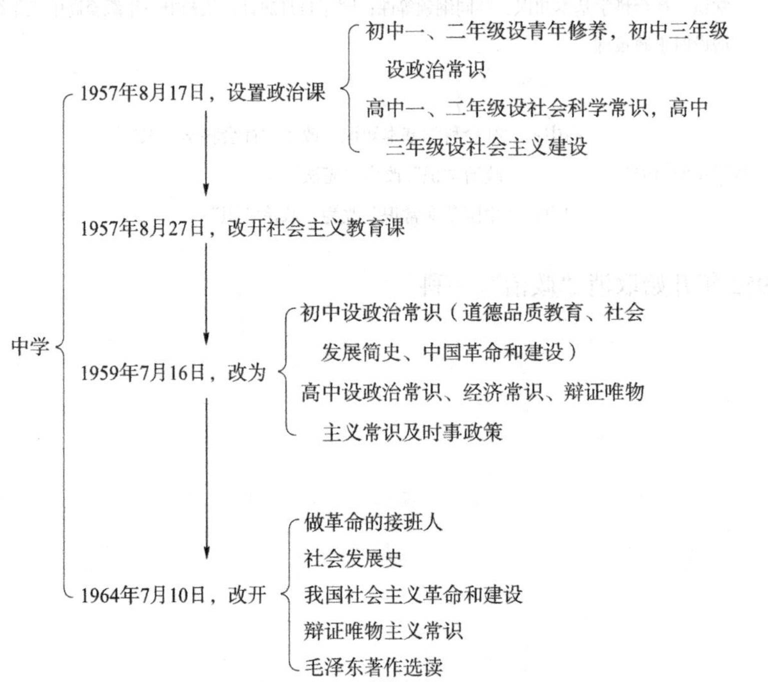

小学：设置周会，进行道德品质教育和时事政策教育

（三）走入极端（1966—1976年）

高校：1970年6月27日，设置“以毛主席著作为基本教材的政治课”
中学：1966年6月13日，政治课和语文课合开“以毛主席著作为基本教材”
小学：初小学习毛主席语录，高小学习“老三篇”

（四）拨正航向（1977—1989年）

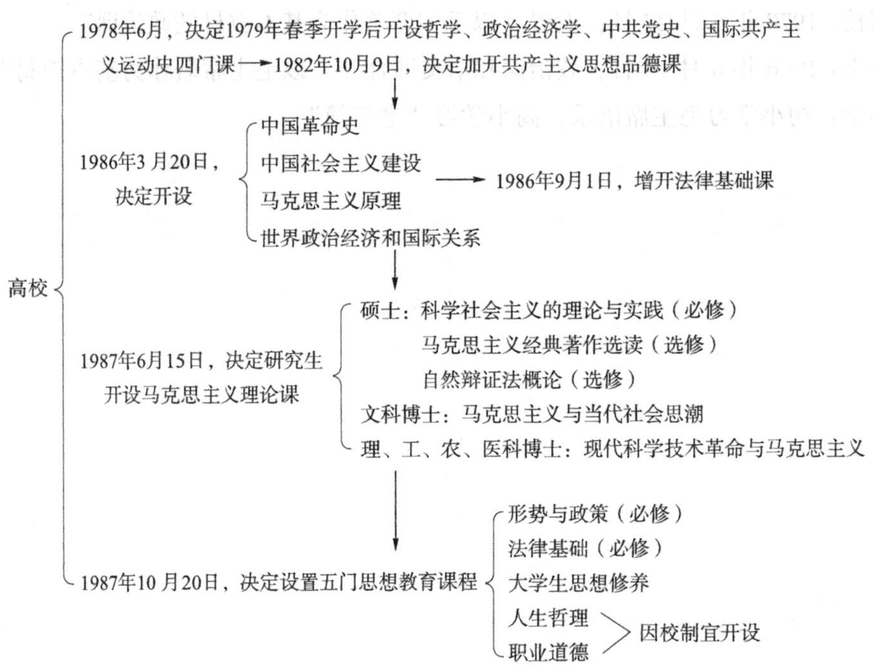

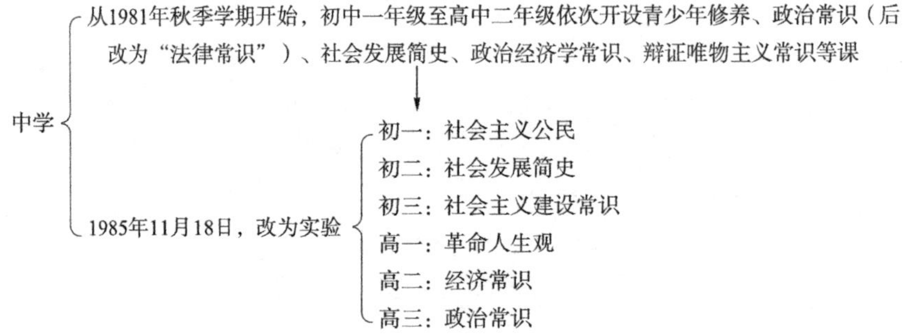

小学：1981年3月9日，决定从秋季学期起，小学各年级普遍设立思想品德课

（五）加油助力（1990—2002年）

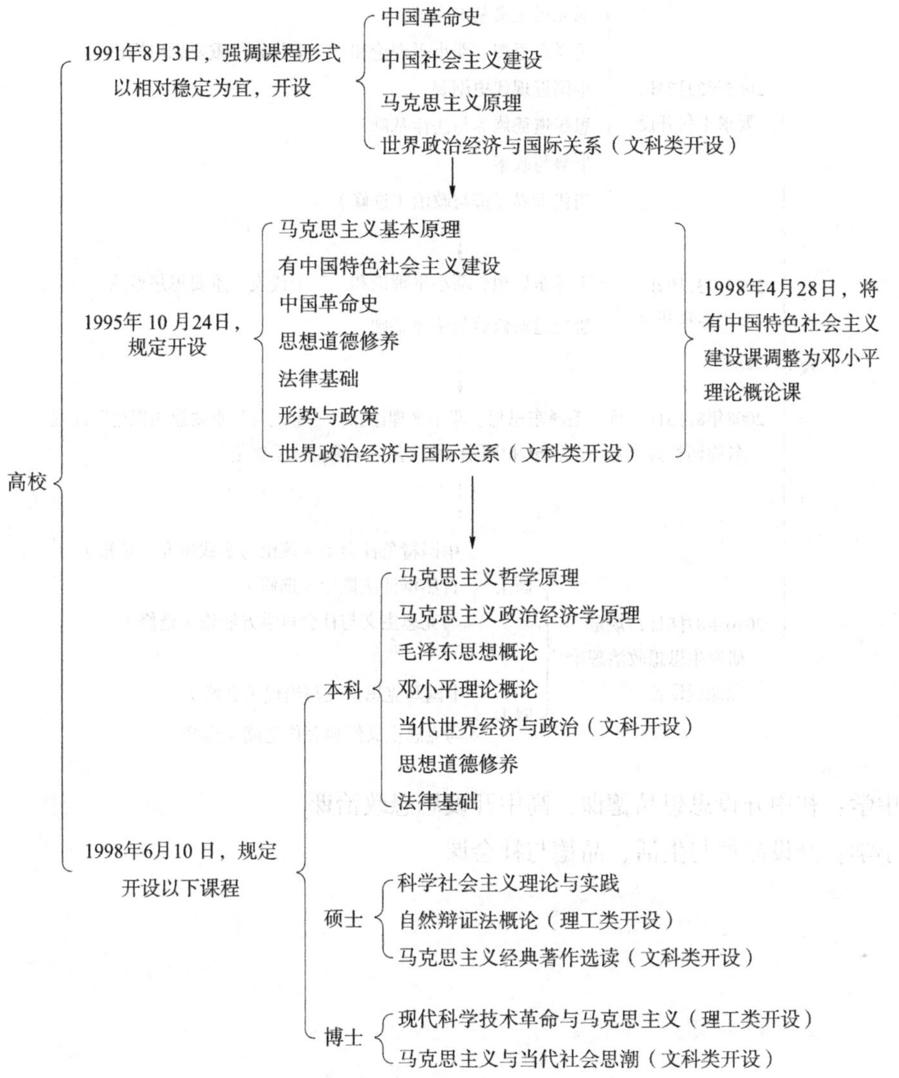

中学：1995 年 2 月 27 日，决定开设思想政治课、时事课

小学：1993 年 3 月 26 日，规定继续开设思想品德课→2002 年 7 月 23 日，将思想品德课调整为品德与生活、品德与社会课

（六）提速前行（2003—2012年）

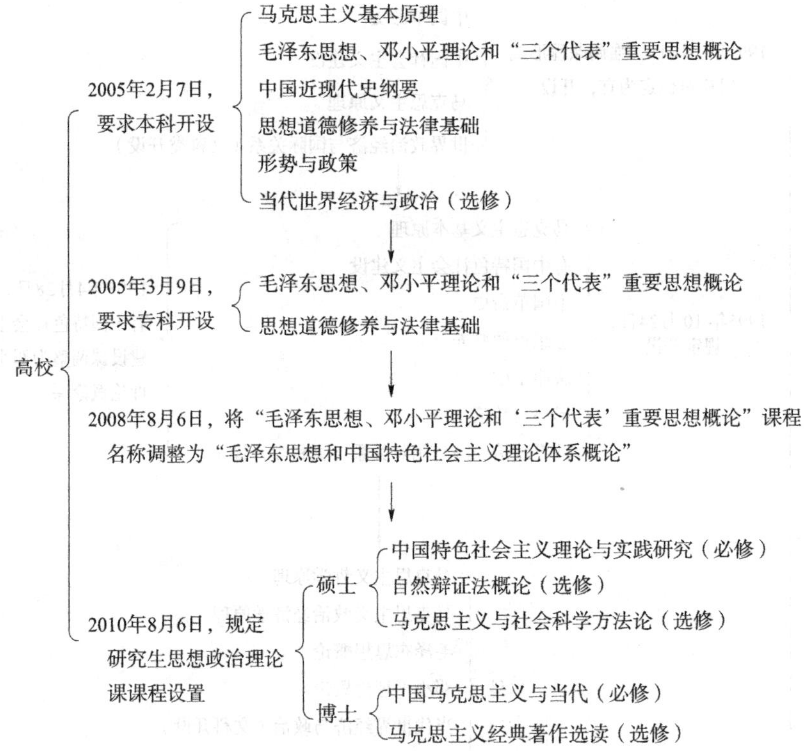

中学：初中开设思想品德课，高中开设思想政治课

小学：开设品德与生活、品德与社会课

（七）内涵发展（2013 年至今）

高校：思想政治理论课必修课+选修课+课程思政

试点开设习近平新时代中国特色社会主义思想概论课

中学：初中开设道德与法治课；高中继续开设思想政治课，分必修模块、选择性必修模块、选修模块

小学：开设道德与法治课

二、中共中央办公厅 国务院办公厅印发《关于深化新时代学校思想政治理论课改革创新的若干意见》（2019年8月14日）

新华社北京8月14日电 近日，中共中央办公厅、国务院办公厅印发了《关于深化新时代学校思想政治理论课改革创新的若干意见》，并发出通知，要求各地区各部门结合实际认真贯彻落实。

《关于深化新时代学校思想政治理论课改革创新的若干意见》全文如下。

为深入贯彻落实习近平新时代中国特色社会主义思想和党的十九大精神，贯彻落实习近平总书记关于教育的重要论述，特别是在学校思想政治理论课教师座谈会上的重要讲话精神，全面贯彻党的教育方针，解决好培养什么人、怎样培养人、为谁培养人这个根本问题，坚持不懈用习近平新时代中国特色社会主义思想铸魂育人，现就深化新时代学校思想政治理论课（以下简称思政课）改革创新提出如下意见。

（一）重要意义和总体要求

1. 重要意义。教育是国之大计、党之大计，承担着立德树人的根本任务。思政课是落实立德树人根本任务的关键课程，发挥着不可替代的作用。党的十八大以来，以习近平同志为核心的党中央高度重视思政课建设，作出一系列重大决策部署，各地区各部门和各级各类学校采取有力措施认真贯彻落实，思政课建设取得显著成效。同时也要看到，面对新形势新任务新挑战，有的地方和学校对思政课重要性认识还不够到位，课堂教学效果还需提升，教材内容不够鲜活，教师选配和培养工作存在短板，体制机制有待完善，评价和支持体系有待健全，大中小学思政课一体化建设需要深化，民办学校、中外合作办学思政课建设相对薄弱，各类课程同思政课建设的协同效应有待增强，学校、家庭、社会协同推动思政课建设的合力没有完全形成，全党全社会关心支持思政课建设的氛围不够浓厚。办好思政课，要放在世界百年未有之大变局、党和国家事业发展全局中来看待，要从坚持和发展中国特色社会主义、建设社会主义现代化强国、实现中华民族伟大复兴的高度来对待。思政课建设只能加强、不能削弱，必须切实增强办好思政课的信心，全面提高思政课质量和水平。

2. 指导思想。全面贯彻党的教育方针，坚持马克思主义指导地位，贯彻落实习近平新时代中国特色社会主义思想，坚持社会主义办学方向，落实立德树人根本任务，坚持教育为人民服务、为中国共产党治国理政服务、为巩固和发展中国特色社会主义制

---

① 《中华人民共和国学校思想政治理论课重要文献选编》，人民出版社2022年版，第1503-1529-1536页。

度服务、为改革开放和社会主义现代化建设服务，扎根中国大地办教育，同生产劳动和社会实践相结合，加快推进教育现代化、建设教育强国、办好人民满意的教育，努力培养担当民族复兴大任的时代新人，培养德智体美劳全面发展的社会主义建设者和接班人。

3. 基本原则。一是坚持党对思政课建设的全面领导，把加强和改进思政课建设摆在突出位置。二是坚持思政课建设与党的创新理论武装同步推进，全面推动习近平新时代中国特色社会主义思想进教材进课堂进学生头脑，把社会主义核心价值观贯穿国民教育全过程。三是坚持守正和创新相统一，落实新时代思政课改革创新要求，不断增强思政课的思想性、理论性和亲和力、针对性。四是坚持思政课在课程体系中的政治引领和价值引领作用，统筹大中小学思政课一体化建设，推动各类课程与思政课建设形成协同效应。五是坚持培养高素质专业化思政课教师队伍，积极为这支队伍成长发展搭建平台、创造条件。六是坚持问题导向和目标导向相结合，注重推动思政课建设内涵式发展，全面提升学生思想政治理论素养，实现知、情、意、行的统一。

（二）完善思政课课程教材体系

4. 整体规划思政课课程目标。在大中小学循序渐进、螺旋上升地开设思政课，引导学生立德成人、立志成才，树立正确世界观、人生观、价值观，坚定对马克思主义的信仰，坚定对社会主义和共产主义的信念，增强中国特色社会主义道路自信、理论自信、制度自信、文化自信，厚植爱国主义情怀，把爱国情、强国志、报国行自觉融入坚持和发展中国特色社会主义事业、建设社会主义现代化强国、实现中华民族伟大复兴的奋斗之中。大学阶段重在增强使命担当，引导学生矢志不渝听党话跟党走，争做社会主义合格建设者和可靠接班人。高中阶段重在提升政治素养，引导学生衷心拥护党的领导和我国社会主义制度，形成做社会主义建设者和接班人的政治认同。初中阶段重在打牢思想基础，引导学生把党、祖国、人民装在心中，强化做社会主义建设者和接班人的思想意识。小学阶段重在启蒙道德情感，引导学生形成爱党、爱国、爱社会主义、爱人民、爱集体的情感，具有做社会主义建设者和接班人的美好愿望。

5. 调整创新思政课课程体系。加强以习近平新时代中国特色社会主义思想为核心内容的思政课课程群建设。在保持思政课必修课程设置相对稳定基础上，结合大中小学各学段特点构建形成必修课加选修课的课程体系。全国重点马克思主义学院率先全面开设“习近平新时代中国特色社会主义思想概论”课。博士阶段开设“中国马克思主义与当代”，硕士阶段开设“中国特色社会主义理论与实践研究”，本科阶段开设“马克思主义基本原理概论”“毛泽东思想和中国特色社会主义理论体系概论”“中国近现代史纲要”“思想道德修养与法律基础”“形势与政策”，专科阶段开设“毛泽东思想和中国特色社会主义理论体系概论”“思想道德修养与法律基础”“形势与政策”

等必修课。各高校要重点围绕习近平新时代中国特色社会主义思想，党史、国史、改革开放史、社会主义发展史，宪法法律，中华优秀传统文化等设定课程模块，开设系列选择性必修课程。高中阶段开设“思想政治”必修课程，围绕学习习近平总书记最新重要讲话精神开设“思想政治”选择性必修课程。初中、小学阶段开设“道德与法治”必修课程，可结合校本课程、兴趣班开设思政类选修课程。

6. 统筹推进思政课课程内容建设。坚持用习近平新时代中国特色社会主义思想铸魂育人，以政治认同、家国情怀、道德修养、法治意识、文化素养为重点，以爱党、爱国、爱社会主义、爱人民、爱集体为主线，坚持爱国和爱党爱社会主义相统一，系统开展马克思主义理论教育，系统进行中国特色社会主义和中国梦教育、社会主义核心价值观教育、法治教育、劳动教育、心理健康教育、中华优秀传统文化教育。遵循学生认知规律设计课程内容，体现不同学段特点，研究生阶段重在开展探究性学习，本专科阶段重在开展理论性学习，高中阶段重在开展常识性学习，初中阶段重在开展体验性学习，小学阶段重在开展启蒙性学习。

7. 加强思政课教材体系建设。国家教材委员会统筹大中小学思政课教材建设，科学制定教材建设规划，注重提升思政课教材的政治性、时代性、科学性、可读性。国家统一开设的大中小学思政课教材全部由国家教材委员会组织统编统审统用，在教材中及时融入马克思主义中国化最新成果、坚持和发展中国特色社会主义最新经验、马克思主义理论学科最新研究进展。地方或学校开设的思政课选修课教材，由各地负责组织审定。研究编制习近平新时代中国特色社会主义思想进课程教材指导纲要，研究编制中华优秀传统文化、革命文化、社会主义先进文化、科技创新文化及总体国家安全观等进课程教材指南，编制中华民族古代历史和革命建设改革时期英雄人物、先进模范进课程教材图谱，分课程组织编写高校思政课专题教学指南，组织专家编写深度解读教材体系的示范教案，实施思政课优秀讲义出版工程，开列马克思主义经典著作、当代中国马克思主义理论著作、中华优秀传统文化典籍书单，建设思政课网络教学资源库。

（三）建设一支政治强、情怀深、思维新、视野广、自律严、人格正的思政课教师队伍

8. 加快壮大学校思政课教师队伍。各地在核定编制时要充分考虑思政课教师配备要求。高校要严格按照师生比不低于 1∶350 的比例核定专职思政课教师岗位，在编制内配足，且不得挪作他用，并尽快配备到位。制定关于加强新时代中小学思政课教师队伍建设的意见，加强中小学专职思政课教师配备。各地要统筹解决好思政课教师缺口问题。各高校可在与思政课教学内容相关的学科选择优秀教师进行培训后充实思政课教师队伍，可探索胜任思政课教学的党政管理干部转岗为专职思政课教师机制和办

法，积极推动符合条件的辅导员参与思政课教学。高校要积极动员政治素质过硬的相关学科专家转任思政课教师。采取兼职的办法遴选相关单位的骨干支援高校思政课建设。各地应对民办学校指派思政课教师或组建专门讲师团。制定新时代高校思政课教师队伍建设规定。

9. 切实提高思政课教师综合素质。以培育一大批优秀马克思主义理论教育家为目标，制定思政课教师队伍培养培训规划，在中央党校（国家行政学院）及地方党校（行政学院）面向思政课教师举办学习习近平新时代中国特色社会主义思想专题研修班，办好“周末理论大讲堂”、骨干教师研修班，实施好思政课教师在职攻读马克思主义理论博士学位专项计划。建强高校思政课教师研修基地，依托首批全国重点马克思主义学院所在高校重点开展理论研修，依托高水平师范类院校重点开展教学研修，全面提升每一位思政课教师的理论功底、知识素养。建立一批“新时代高校思想政治理论课教师研学基地”，组织思政课教师在国内考察调研，在深入了解党和人民伟大实践中汲取养分、丰富思想。组织思政课骨干教师赴国外调研，拓宽国际视野，在比较分析中坚定“四个自信”。完善国家、省（自治区、直辖市）、学校三级培训体系。本科院校按在校生总数每生每年不低于40元，专科院校按每生每年不低于30元的标准提取专项经费，用于思政课教师的学术交流、实践研修等，并逐步加大支持力度。中央和地方主流媒体的政论、时政节目要积极推出优秀思政课教师传播理论成果，展示综合素质，增强社会影响力。

10. 切实改革思政课教师评价机制。严把政治关、师德关、业务关，明确与思政课教师教学科研特点相匹配的评价标准，进一步提高评价中教学和教学研究占比。各高校在专业技术职务（职称）评聘工作中，要单独设立马克思主义理论类别，校级专业技术职务（职称）评聘委员会要有同比例的马克思主义理论学科专家。按教师比例核定思政课教师专业技术职务（职称）各类岗位占比，高级专业技术职务（职称）岗位比例不低于学校平均水平，指标不得挪作他用。要将思政课教师在中央和地方主要媒体上发表的理论文章纳入学术成果范畴。实行不合格思政课教师退出机制。

11. 加大思政课教师激励力度。增强教师的职业认同感、荣誉感、责任感，把思政课教师和辅导员中的优秀分子纳入各类高层次人才项目，在“万人计划”“长江学者奖励计划”“四个一批”等人才项目中加大倾斜支持力度。各地要因地制宜设立思政课教师和辅导员岗位津贴，纳入绩效工资管理，相应核增学校绩效工资总量。要把思政课教师作为学校干部队伍重要来源，学校党政管理干部原则上应有思政课教师、辅导员或班主任工作经历。党和国家设立的荣誉称号要注重表彰优秀思政课教师，教育部门要大力推选思政课教师年度影响力人物等先进典型。对立场坚定、学养深厚、联系实际、成果突出的思政课教师优秀代表加大宣传力度，发挥示范引领作用。

12. 大力加强思政课教师队伍后备人才培养工作。注重选拔培养高素质人才从事马克思主义理论学习研究和教育教学，统筹推进马克思主义理论学科本硕博一体化人才培养，构建完善马克思主义理论学科本硕博学科体系和课程体系。全国重点马克思主义学院通过提前批次录取或综合考核招生等方式招收马克思主义理论专业本科生，给予推免政策倾斜鼓励优秀马克思主义理论专业本科生攻读硕士学位，采取硕博连读或直接攻读博士学位的方式加强培养。深入实施“高校思想政治理论课教师队伍后备人才培养专项支持计划”，专门招收马克思主义理论学科研究生，并逐步按需增加招生培养指标。加强思政课教师队伍后备人才思想政治工作，加大发展党员力度，提高党员发展质量。

（四）不断增强思政课的思想性、理论性和亲和力、针对性

13. 加大思想性、理论性资源供给。进一步建强马克思主义理论学科，进入世界一流大学建设的高校应将马克思主义理论学科设为重点建设学科，为思政课建设提供坚实学科支撑。深入研究坚持和发展中国特色社会主义的重大理论和实践问题，为增强思政课的思想性、理论性提供多角度学术支持。充分发挥马克思主义理论学科的领航作用，大力推进中国特色社会主义学科体系建设。根据需求逐步增加马克思主义理论学科博士学位授权点，支持有关高校联合申报马克思主义理论学科博士学位授权点。组织思政课教师及时学习习近平总书记最新重要讲话精神，及时学习相关文件精神，全面理解和准确把握党中央重大决策部署。

14. 加大思政课教研工作力度。建立健全大中小学思政课教师一体化备课机制，普遍实行思政课教师集体备课制度，全面提升教研水平。遴选学科带头人担任各门课集体备课牵头人，学校领导干部要积极支持和主动参与。建立思政课教师“手拉手”备课机制，发挥思政课建设强校和高水平思政课专家示范带动作用。加强“全国高校思想政治理论课教师网络集体备课平台”建设，完善思政课教师网络备课服务支撑系统。建立纵向跨学段、横向跨学科的交流研修机制，深入开展相邻学段思政课教师教学交流研讨。推动建立思政课教师与其他学科专业教师交流机制。大力推进思政课教学方法改革，提升思政课教师信息化能力素养，推动人工智能等现代信息技术在思政课教学中应用，建设一批国家级虚拟仿真思政课体验教学中心。

15. 切实加强思政课课题研究和成果交流。国家社科基金规划项目、教育部人文社科研究项目等设立思政课教师研究专项，开展思政课教学重点难点问题和教学方法改革创新等研究，逐步加大对相关课题研究的支持力度。各地要参照设立相关项目并给予经费投入。加强马克思主义理论教学科研成果学术阵地建设，首批重点建设 10 家学术期刊和若干学术网站，支持新创办一定数量的思政课研究学术期刊。制定思政课教师发表文章的重点报刊目录，将《人民日报》《求是》《解放军报》《光明日报》《经济日报》等中央媒体及地方党报党刊列入其中。委托高校马克思主义学院分片建立高校思政课教学创新中心，设立一批思政课教学质量监测基地。在国家级教学成果奖中单列

思政课专项，每2年开展1次全国思政课教学展示活动，定期开展优秀思政课示范课巡讲活动。打造一批思政课国家精品在线开放课程，探索建设融媒体思政公开课，推动优质教学资源共享。

16. 全面提升高校马克思主义学院建设水平。强化“马院姓马、在马言马”的鲜明导向，把思政课教学作为高校马克思主义学院基本职责，将马克思主义学院作为重点学院、马克思主义理论学科作为重点学科、思政课作为重点课程加强建设，在发展规划、人才引进、公共资源使用等方面给予马克思主义学院优先保障。建好建强一批全国重点马克思主义学院和示范性马克思主义学院，依托有条件的高校马克思主义学院建设一批习近平新时代中国特色社会主义思想研究院。建立和完善马克思主义理论学科体系，实施马克思主义理论学科领航工程，在马克思主义理论学习研究宣传上发挥引领带动作用。全面推动各地宣传、教育等部门共建所在地区高校马克思主义学院。实施马克思主义学院院长培养工程，加强马克思主义学院领导班子建设。

17. 整体推进高校课程思政和中小学学科德育。深度挖掘高校各学科门类专业课程和中小学语文、历史、地理、体育、艺术等所有课程蕴含的思想政治教育资源，解决好各类课程与思政课相互配合的问题，发挥所有课程育人功能，构建全面覆盖、类型丰富、层次递进、相互支撑的课程体系，使各类课程与思政课同向同行，形成协同效应。建成一批课程思政示范高校，推出一批课程思政示范课程，选树一批课程思政教学名师和团队，建设一批高校课程思政教学研究示范中心。

（五）加强党对思政课建设的领导

18. 严格落实地方党委思政课建设主体责任。地方各级党委要把思政课建设作为党的建设和意识形态工作的标志性工程摆上重要议程，党委常委会每年至少召开1次专题会议研究思政课建设，抓住制约思政课建设的突出问题，在工作格局、队伍建设、支持保障等方面采取有效措施。建立和完善省（自治区、直辖市）党委领导班子成员联系高校和讲思政课特别是“形势与政策”课制度，各省（自治区、直辖市）党委和政府主要负责同志每学期结合学习和工作至少讲1次课。各地要把民办学校、中外合作办学院校纳入思政课建设整体布局。思政课建设情况纳入各级党委领导班子考核和政治巡视。

19. 推动建立高校党委书记、校长带头抓思政课机制。加强和改进高校领导干部深入基层联系学生工作，推动高校领导干部兼任班主任等工作，建立健全高校党委书记、校长及职能部门力量深入一线了解学生思想动态、服务学生发展的制度性安排。高校党委书记、校长作为思政课建设第一责任人，要结合自身学科背景和工作经历，带头走进课堂听课讲课，带头推动思政课建设，带头联系思政课教师。高校党委常委会每学期至少召开1次会议专题研究思政课建设，高校党委书记、校长每学期至少给学生讲授4个课时思政课，高校领导班子其他成员每学期至少给学生讲授2个课时思政课，可重点讲授“形势与政策”课。开学典礼、毕业典礼讲话等要鲜明体现党的教育方针、积极传播马克思主义科学理论、弘扬社会主义核心价值观。要把思政课建设情况纳入学校党的建设工作考核、办学质量和学科建设评估标准体系。

20. 积极拓展思政课建设格局。中央教育工作领导小组要把思政课建设纳入重要议事日程，教育部、中央宣传部等部门要牵头抓好思政课建设，中央军委政治工作部要指导抓好军队院校思政课建设。教育部成立大中小学思政课一体化建设指导委员会，加强对不同类型思政课建设分类指导。有关部门和各地要保证思政课管理人员配备，确保事有人干、责有人负。强化中考、高考、研究生招生考试对学生学习思政课的指挥棒作用，将思政课学习实践情况等作为重要内容纳入综合素质评价体系，探索记入本人档案，作为学生评奖评优重要标准，作为加入中国少年先锋队、中国共产主义青年团、中国共产党的重要参考。坚持开门办思政课，推动思政课实践教学与学生社会实践活动、志愿服务活动结合，思政小课堂和社会大课堂结合，鼓励党政机关、企事业单位等就近与高校对接，挂牌建立思政课实践教学基地，完善思政课实践教学机制。制定关于加快构建高校思想政治工作体系的意见，汇聚办好思政课合力。加大正面宣传和舆论引导力度，推动形成全党全社会努力办好思政课、教师认真讲好思政课、学生积极学好思政课的良好氛围。

三、教育部关于印发《高等学校课程思政建设指导纲要》的通知（教高〔2020〕3号）

各省、自治区、直辖市教育厅（教委），新疆生产建设兵团教育局，有关部门（单位）教育司（局），部属各高等学校、部省合建各高等学校：

《高等学校课程思政建设指导纲要》已经教育部党组会议审议通过，现印发给你们，请结合实际认真贯彻执行。

教育部

2020 年 5 月 28 日

《高等学校课程思政建设指导纲要》

为深入贯彻落实习近平总书记关于教育的重要论述和全国教育大会精神，贯彻落实中共中央办公厅、国务院办公厅《关于深化新时代学校思想政治理论课改革创新的若干意见》，把思想政治教育贯穿人才培养体系，全面推进高校课程思政建设，发挥好每门课程的育人作用，提高高校人才培养质量，特制定本纲要。

（一）全面推进课程思政建设是落实立德树人根本任务的战略举措

培养什么人、怎样培养人、为谁培养人是教育的根本问题，立德树人成效是检验高校一切工作的根本标准。落实立德树人根本任务，必须将价值塑造、知识传授和能力培养三者融为一体、不可割裂。全面推进课程思政建设，就是要寓价值观引导于知识传授和能力培养之中，帮助学生塑造正确的世界观、人生观、价值观，这是人才培养的应有之义，更是必备内容。这一战略举措，影响甚至决定着接班人问题，影响甚至决定着国家长治久安，影响甚至决定着民族复兴和国家崛起。要紧紧抓住教师队伍"主力军"、课程建设"主战场"、课堂教学"主渠道"，让所有高校、所有教师、所有课程都承担好育人责任，守好一段渠、种好责任田，使各类课程与思政课程同向同行，将显性教育和隐性教育相统一，形成协同效应，构建全员全程全方位育人大格局。

---

① 中国政府网：https://www.gov.cn/zhengce/zhengceku/2020-06/06/content_5517606.htm

（二）课程思政建设是全面提高人才培养质量的重要任务

高等学校人才培养是育人和育才相统一的过程。建设高水平人才培养体系，必须将思想政治工作体系贯通其中，必须抓好课程思政建设，解决好专业教育和思政教育“两张皮”问题。要牢固确立人才培养的中心地位，围绕构建高水平人才培养体系，不断完善课程思政工作体系、教学体系和内容体系。高校主要负责同志要直接抓人才培养工作，统筹做好各学科专业、各类课程的课程思政建设。要紧紧围绕国家和区域发展需求，结合学校发展定位和人才培养目标，构建全面覆盖、类型丰富、层次递进、相互支撑的课程思政体系。要切实把教育教学作为最基础最根本的工作，深入挖掘各类课程和教学方式中蕴含的思想政治教育资源，让学生通过学习，掌握事物发展规律，通晓天下道理，丰富学识，增长见识，塑造品格，努力成为德智体美劳全面发展的社会主义建设者和接班人。

（三）明确课程思政建设目标要求和内容重点

课程思政建设工作要围绕全面提高人才培养能力这个核心点，在全国所有高校、所有学科专业全面推进，促使课程思政的理念形成广泛共识，广大教师开展课程思政建设的意识和能力全面提升，协同推进课程思政建设的体制机制基本健全，高校立德树人成效进一步提高。

课程思政建设内容要紧紧围绕坚定学生理想信念，以爱党、爱国、爱社会主义、爱人民、爱集体为主线，围绕政治认同、家国情怀、文化素养、宪法法治意识、道德修养等重点优化课程思政内容供给，系统进行中国特色社会主义和中国梦教育、社会主义核心价值观教育、法治教育、劳动教育、心理健康教育、中华优秀传统文化教育。

——推进习近平新时代中国特色社会主义思想进教材进课堂进头脑。坚持不懈用习近平新时代中国特色社会主义思想铸魂育人，引导学生了解世情国情党情民情，增强对党的创新理论的政治认同、思想认同、情感认同，坚定中国特色社会主义道路自信、理论自信、制度自信、文化自信。

——培育和践行社会主义核心价值观。教育引导学生把国家、社会、公民的价值要求融为一体，提高个人的爱国、敬业、诚信、友善修养，自觉把小我融入大我，不断追求国家的富强、民主、文明、和谐和社会的自由、平等、公正、法治，将社会主义核心价值观内化为精神追求、外化为自觉行动。

——加强中华优秀传统文化教育。大力弘扬以爱国主义为核心的民族精神和以改革创新为核心的时代精神，教育引导学生深刻理解中华优秀传统文化中讲仁爱、重民本、守诚信、崇正义、尚和合、求大同的思想精华和时代价值，教育引导学生传承中华文脉，富有中国心、饱含中国情、充满中国味。

——深入开展宪法法治教育。教育引导学生学思践悟习近平全面依法治国新理念新思想新战略，牢固树立法治观念，坚定走中国特色社会主义法治道路的理想和信念，深化对法治理念、法治原则、重要法律概念的认知，提高运用法治思维和法治方式维护自身权利、参与社会公共事务、化解矛盾纠纷的意识和能力

——深化职业理想和职业道德教育。教育引导学生深刻理解并自觉实践各行业的职业精神和职业规范，增强职业责任感，培养遵纪守法、爱岗敬业、无私奉献、诚实守信、公道办事、开拓创新的职业品格和行为习惯。

（四）科学设计课程思政教学体系

高校要有针对性地修订人才培养方案，切实落实高等职业学校专业教学标准、本科专业类教学质量国家标准和一级学科、专业学位类别（领域）博士硕士学位基本要求，构建科学合理的课程思政教学体系。要坚持学生中心、产出导向、持续改进，不断提升学生的课程学习体验、学习效果，坚决防止“贴标签”“两张皮”。

公共基础课程。要重点建设一批提高大学生思想道德修养、人文素质、科学精神、宪法法治意识、国家安全意识和认知能力的课程，注重在潜移默化中坚定学生理想信念、厚植爱国主义情怀、加强品德修养、增长知识见识、培养奋斗精神，提升学生综合素质。打造一批有特色的体育、美育类课程，帮助学生在体育锻炼中享受乐趣、增强体质、健全人格、锤炼意志，在美育教学中提升审美素养、陶冶情操、温润心灵、激发创造创新活力。

专业教育课程。要根据不同学科专业的特色和优势，深入研究不同专业的育人目标，深度挖掘提炼专业知识体系中所蕴含的思想价值和精神内涵，科学合理拓展专业课程的广度、深度和温度，从课程所涉专业、行业、国家、国际、文化、历史等角度，增加课程的知识性、人文性，提升引领性、时代性和开放性。

实践类课程。专业实验实践课程，要注重学思结合、知行统一，增强学生勇于探索的创新精神、善于解决问题的实践能力。创新创业教育课程，要注重让学生“敢闯会创”，在亲身参与中增强创新精神、创造意识和创业能力。社会实践类课程，要注重教育和引导学生弘扬劳动精神，将“读万卷书”与“行万里路”相结合，扎根中国大地了解国情民情，在实践中增长智慧才干，在艰苦奋斗中锤炼意志品质。

专业课程是课程思政建设的基本载体。要深入梳理专业课教学内容，结合不同课程特点、思维方法和价值理念，深入挖掘课程思政元素，有机融入课程教学，达到润物无声的育人效果。

——文学、历史学、哲学类专业课程。要在课程教学中帮助学生掌握马克思主义世界观和方法论，从历史与现实、理论与实践等维度深刻理解习近平新时代中国特色

社会主义思想。要结合专业知识教育引导学生深刻理解社会主义核心价值观，自觉弘扬中华优秀传统文化、革命文化、社会主义先进文化。

——经济学、管理学、法学类专业课程。要在课程教学中坚持以马克思主义为指导，加快构建中国特色哲学社会科学学科体系、学术体系、话语体系。要帮助学生了解相关专业和行业领域的国家战略、法律法规和相关政策，引导学生深入社会实践、关注现实问题，培育学生经世济民、诚信服务、德法兼修的职业素养。

——教育学类专业课程。要在课程教学中注重加强师德师风教育，突出课堂育德、典型树德、规则立德，引导学生树立学为人师、行为世范的职业理想，培育爱国守法、规范从教的职业操守，培养学生传道情怀、授业底蕴、解惑能力，把对家国的爱、对教育的爱、对学生的爱融为一体，自觉以德立身、以德立学、以德施教，争做有理想信念、有道德情操、有扎实学识、有仁爱之心的“四有”好老师，坚定不移走中国特色社会主义教育发展道路。体育类课程要树立健康第一的教育理念，注重爱国主义教育和传统文化教育，培养学生顽强拼搏、奋斗有我的信念，激发学生提升全民族身体素质的责任感。

——理学、工学类专业课程。要在课程教学中把马克思主义立场观点方法的教育与科学精神的培养结合起来，提高学生正确认识问题、分析问题和解决问题的能力。理学类专业课程，要注重科学思维方法的训练和科学伦理的教育，培养学生探索未知、追求真理、勇攀科学高峰的责任感和使命感。工学类专业课程，要注重强化学生工程伦理教育，培养学生精益求精的大国工匠精神，激发学生科技报国的家国情怀和使命担当。

——农学类专业课程。要在课程教学中加强生态文明教育，引导学生树立和践行绿水青山就是金山银山的理念。要注重培养学生的“大国三农”情怀，引导学生以强农兴农为己任，“懂农业、爱农村、爱农民”，树立把论文写在祖国大地上的意识和信念，增强学生服务农业农村现代化、服务乡村全面振兴的使命感和责任感，培养知农爱农创新人才。

——医学类专业课程。要在课程教学中注重加强医德医风教育，着力培养学生“敬佑生命、救死扶伤、甘于奉献、大爱无疆”的医者精神，注重加强医者仁心教育，在培养精湛医术的同时，教育引导学生始终把人民群众生命安全和身体健康放在首位，尊重患者，善于沟通，提升综合素养和人文修养，提升依法应对重大突发公共卫生事件能力，做党和人民信赖的好医生。

——艺术学类专业课程。要在课程教学中教育引导学生立足时代、扎根人民、深入生活，树立正确的艺术观和创作观。要坚持以美育人、以美化人，积极弘扬中华美育精神，引导学生自觉传承和弘扬中华优秀传统文化，全面提高学生的审美和人文素养，增强文化自信。

高等职业学校要结合高职专业分类和课程设置情况，落实好分类推进相关要求。

（五）将课程思政融入课堂教学建设全过程

高校课程思政要融入课堂教学建设，作为课程设置、教学大纲核准和教案评价的重要内容，落实到课程目标设计、教学大纲修订、教材编审选用、教案课件编写各方面，贯穿于课堂授课、教学研讨、实验实训、作业论文各环节。要讲好用好马工程重点教材，推进教材内容进人才培养方案、进教案课件、进考试。要创新课堂教学模式，推进现代信息技术在课程思政教学中的应用，激发学生学习兴趣，引导学生深入思考。要健全高校课堂教学管理体系，改进课堂教学过程管理，提高课程思政内涵融入课堂教学的水平。要综合运用第一课堂和第二课堂，组织开展“中国政法实务大讲堂”“新闻实务大讲堂”等系列讲堂，深入开展“青年红色筑梦之旅”“百万师生大实践”等社会实践、志愿服务、实习实训活动，不断拓展课程思政建设方法和途径。

（六）提升教师课程思政建设的意识和能力

全面推进课程思政建设，教师是关键。要推动广大教师进一步强化育人意识，找准育人角度，提升育人能力，确保课程思政建设落地落实、见功见效。要加强教师课程思政能力建设，建立健全优质资源共享机制，支持各地各高校搭建课程思政建设交流平台，分区域、分学科专业领域开展经常性的典型经验交流、现场教学观摩、教师教学培训等活动，充分利用现代信息技术手段，促进优质资源在各区域、层次、类型的高校间共享共用。依托高校教师网络培训中心、教师教学发展中心等，深入开展马克思主义政治经济学、马克思主义新闻观、中国特色社会主义法治理论、法律职业伦理、工程伦理、医学人文教育等专题培训。支持高校将课程思政纳入教师岗前培训、在岗培训和师德师风、教学能力专题培训等。充分发挥教研室、教学团队、课程组等基层教学组织作用，建立课程思政集体教研制度。鼓励支持思政课教师与专业课教师合作教学教研，鼓励支持院士、“长江学者”、“杰青”、国家级教学名师等带头开展课程思政建设。

加强课程思政建设重点、难点、前瞻性问题的研究，在教育部哲学社会科学研究项目中积极支持课程思政类研究选题。充分发挥高校课程思政教学研究中心、思想政治工作创新发展中心、马克思主义学院和相关学科专业教学组织的作用，构建多层次课程思政建设研究体系。

（七）建立健全课程思政建设质量评价体系和激励机制

人才培养效果是课程思政建设评价的首要标准。建立健全多维度的课程思政建设成效考核评价体系和监督检查机制，在各类考核评估评价工作和深化高校教育教学改革中落细落实。充分发挥各级各类教学指导委员会、学科评议组、专业学位教育指导委员会、行业职业教育教学指导委员会等专家组织作用，研究制订科学多元的课程思政评价标准。把课程思政建设成效作为“双一流”建设监测与成效评价、学科评估、本科教学评估、一流专业和一流课程建设、专业认证、“双高计划”评价、高校或院系教学绩效考核等的重要内容。把教师参与课程思政建设情况和教学效果作为教师考核评价、岗位聘用、评优奖励、选拔培训的重要内容。在教学成果奖、教材奖等各类成果的表彰奖励工作中，突出课程思政要求，加大对课程思政建设优秀成果的支持力度。

（八）加强课程思政建设组织实施和条件保障

课程思政建设是一项系统工程，各地各高校要高度重视，加强顶层设计，全面规划，循序渐进，以点带面，不断提高教学效果。要尊重教育教学规律和人才培养规律，适应不同高校、不同专业、不同课程的特点，强化分类指导，确定统一性和差异性要求。要充分发挥教师的主体作用，切实提高每一位教师参与课程思政建设的积极性和主动性。

加强组织领导。教育部成立课程思政建设工作协调小组，统筹研究重大政策，指导地方、高校开展工作；组建高校课程思政建设专家咨询委员会，提供专家咨询意见。各地教育部门和高校要切实加强对课程思政建设的领导，结合实际研究制定各地、各校课程思政建设工作方案，健全工作机制，强化督查检查。各高校要建立党委统一领导、党政齐抓共管、教务部门牵头抓总、相关部门联动、院系落实推进、自身特色鲜明的课程思政建设工作格局。

加强支持保障。各地教育部门要加强政策协调配套，统筹地方财政高等教育资金和中央支持地方高校改革发展资金，支持高校推进课程思政建设。中央部门所属高校要统筹利用中央高校教育教学改革专项等中央高校预算拨款和其他各类资源，结合学校实际，支持课程思政建设工作。地方高校要根据自身建设计划，统筹各类资源，加大对课程思政建设的投入力度。

加强示范引领。面向不同层次高校、不同学科专业、不同类型课程，持续深入抓典型、树标杆、推经验，形成规模、形成范式、形成体系。教育部选树一批课程思政建设先行校、一批课程思政教学名师和团队，推出一批课程思政示范课程、建设一批课程思政教学研究示范中心，设立一批课程思政建设研究项目，推动建设国家、省级、高校多层次示范体系，大力推广课程思政建设先进经验和做法，全面形成广泛开展课程思政建设的良好氛围，全面提高人才培养质量。

四、教育部等十部门关于印发《全面推进“大思政课”建设的工作方案》的通知（教社科〔2022〕3号）

现将《全面推进“大思政课”建设的工作方案》印发给你们，请认真贯彻执行。

教育部 中共中央宣传部 中共中央网络安全和信息化委员会办公室
科学技术部 工业和信息化部 生态环境部
国家卫生健康委 国家文物局
国家乡村振兴局 中国关心下一代工作委员会
2022年7月25日

全面推进“大思政课”建设的工作方案

为深入贯彻落实习近平总书记关于“大思政课”的重要指示批示和在中国人民大学考察时的重要讲话精神，贯彻落实中共中央、国务院《关于新时代加强和改进思想政治工作的意见》，中共中央办公厅、国务院办公厅印发的《关于深化新时代学校思想政治理论课改革创新的若干意见》和中共中央办公厅《关于加强新时代马克思主义学院建设的意见》精神，坚持不懈用习近平新时代中国特色社会主义思想铸魂育人，制定本工作方案。

（一）总体要求

党的十八大以来，特别是习近平总书记亲自主持召开学校思想政治理论课教师座谈会以来，思政课在党中央治国理政战略全局中的地位日益凸显，发展环境和整体生态发生根本性转变，习近平新时代中国特色社会主义思想铸魂育人成效明显，思政课建设、日常思想政治工作、课程思政全面推进。同时，一些地方和学校对“大思政课”建设的重视程度不够，开门办思政课、调动各种社会资源的意识和能力还不够强，课程教材体系还需要进一步完善，有的学校教师数量不足、质量不高，对实践教学重视不够，有的课堂教学与现实结合不紧密，大中小学思政课一体化建设亟需深化，有的学校第二课堂重活动轻引领，课程思政存在“硬融入”“表面化”等现象。

全面推进“大思政课”建设，要坚持以习近平新时代中国特色社会主义思想为指

① 中国政府网：https://www.gov.cn/zhengce/zhengceku/2022-08/24/content_5706623.htm

导，聚焦立德树人根本任务，推动用党的创新理论铸魂育人，不断增强针对性、提高有效性，实现入脑入心。坚持开门办思政课，强化问题意识、突出实践导向，充分调动全社会力量和资源，建设“大课堂”、搭建“大平台”、建好“大师资”，建设全国高校思政课教研系统，设立一批实践教学基地，推出一批优质教学资源，做优一批品牌示范活动，支持建设综合改革试验区，推动思政小课堂与社会大课堂相结合，推动各类课程与思政课同向同行，教育引导学生坚定“四个自信”，成为堪当民族复兴重任的时代新人。

（二）改革创新主渠道教学

1. 建构党的创新理论研究阐释和教育教学的自主知识体系。各高校全面开设“习近平新时代中国特色社会主义思想概论”课。中央宣传部、教育部编写习近平新时代中国特色社会主义思想概论课教材。教育部实施习近平新时代中国特色社会主义思想研究重大专项，加强习近平新时代中国特色社会主义思想系统化学理化和分领域分专题研究，将习近平新时代中国特色社会主义思想有机融入全面贯穿哲学社会科学各学科知识体系。

2. 建强思政课课程群。各地各校加强以习近平新时代中国特色社会主义思想为核心内容的课程群建设，形成必修课加选修课的课程体系。高校要统筹全校力量，结合自身实际，重点围绕习近平经济思想、习近平法治思想、习近平生态文明思想、习近平强军思想、习近平外交思想以及“四史”、宪法法律、中华优秀传统文化等设定课程模块，开设选择性必修课程。

3. 优化思政课教材体系。落实系列重大主题教育指南和纲要，深入推进习近平总书记在地方工作期间的重大实践、视察地方和学校重要论述进课程教材。及时修订思政课统编教材，将党的创新理论最新成果有机融入各门思政课。编写马克思、恩格斯、列宁关于哲学社会科学及各学科重要论述摘编。持续推进新时代马克思主义理论研究和建设工程重点教材建设。

4. 拓展课堂教学内容。教育部组织制作“思政课导学”课件、讲义、专题片等，帮助教师讲深讲透讲活学好思政课的重要意义。各地各校围绕新时代的伟大实践，充分挖掘地方红色文化、校史资源，将伟大建党精神和抗疫精神、科学家精神、载人航天精神等伟大精神，生动鲜活的实践成就，以及英雄模范的先进事迹等引入课堂，推动党的创新理论和历史融入各学段各门思政课。

5. 创新课堂教学方法。各校加强对学生思想、心理及关心的热点难点问题研究，制定针对性的教学方案。善于采用多样化的教学方法，注重发挥学生主体性作用，积极运用小组研学、情景展示、课题研讨、课堂辩论等方式组织课堂实践。有条件的高校要为思政课配备助教，协助开展教学组织、课后答疑等工作。

6. 优化教学评价体系。高校要建立校领导、教学督导、马克思主义学院班子成员、思政课教师和学生参加的多维度综合教学评价工作体系，重视教学过程评价，增加教学研究和教学成果在评价体系中的权重。用好思政课教学评价结果，作为马克思主义学院和班子成员考核的重要指标，作为思政课教师绩效考核、职称晋升、评奖评优等的基本依据。充分发挥教学指导委员会等专家组织作用，开展教学调研指导。鼓励有条件的高校聘请思政课退休教师担任教学督导员、青年教师的成长导师。

（三）善用社会大课堂

7. 构建实践教学工作体系。高校要普遍建立党委统一领导，马克思主义学院积极协调，教务处、宣传部、学工部、团委等职能部门密切配合的思政课实践教学工作体系，在马克思主义学院指定专人负责，建立健全安全保障机制，积极整合思政课教师和辅导员队伍，共同参与组织指导思政课实践教学。将思政课教师、辅导员指导学生开展实践活动、指导学生理论社团等纳入教学工作量。参照学生专业实训（实习）标准设立思政课实践教学专项经费。

8. 落实思政课实践教学学时学分。高校要严格落实本科 2 个学分、专科 1 个学分用于思政课实践教学的要求，中小学校要安排一定比例的课时用于学生社会实践体验活动。精心设计实践教学大纲，坚决避免实践教学娱乐化、形式化、表面化。鼓励有条件的高校开设专门的实践教学课。

9. 组织开展多样化的实践教学。教育部持续组织开展中国国际“互联网+”大学生创新创业大赛青年红色筑梦之旅、习近平新时代中国特色社会主义思想大学习领航计划、“小我融入大我，青春献给祖国”主题社会实践、“技能成才，强国有我”主题教育等活动。高校要紧扣思政课实践教学目标和要求，利用志愿服务、理论宣讲、社会调研等实践活动，开展实践教学。注重总结实践教学成果，把优秀成果作为课堂教学的有效补充，支持出版高校思政课实践教学成果，推动实践教学规范化。

10. 建好用好实践教学基地。教育部会同有关部门，利用现有基地（场馆），分专题设立一批“大思政课”实践教学基地。发挥好教育部高校思政课教师研学基地的实践教学功能。各地教育部门要结合实际，积极建设“大思政课”实践教学基地。大中小学要主动对接各级各类实践教学基地，开发现场教学专题，开展实践教学。有条件的学校可与有关基地建立长效合作机制，加强研究和资源开发。各基地要积极创造条件，与各地教育部门、学校建立有效工作机制，协同完成好实践教学任务。

专栏建好用好“大思政课”实践教学基地

1. 教育部、科技部联合设立科学精神专题实践教学基地。

2. 教育部、工业和信息化部联合设立工业文化专题实践教学基地。

3. 教育部、生态环境部联合设立美丽中国专题实践教学基地。

4. 教育部、国家卫生健康委联合设立抗击疫情专题实践教学基地。

5. 教育部、国家文物局联合设立中华优秀传统文化、革命文化、社会主义先进文化专题实践教学基地。

6. 教育部、国家乡村振兴局联合设立脱贫攻坚、乡村振兴专题实践教学基地。

7. 教育部、中国关心下一代工作委员会联合设立党史新中国史教育专题实践教学基地。

（四）搭建大资源平台

11. 建设全国高校思政课教研系统。教育部建设“全国高校思政课教师网络集体备课平台”网络支持系统、“青梨派”大学生自主学习系统、高校思政课教学创新中心资源开发系统、高校思政课教学指导委员会指导审核评估系统、高校思政课教师基础数据系统、高校思政课教师研修培训系统等为一体，共建共享、系统集成、全面覆盖的全国高校思政课教研系统。

12. 推进国家智慧教育平台建设使用。教育部把“大思政课”摆在教育信息化的突出位置，加强国家智慧教育平台思政教育资源建设。通过项目支持的方式，推动教学资源建设常态化机制化。组织开发和推荐一批科学权威实用的课件、讲义，推动一线教师统一使用。加强思政课教学资源库建设，实施中小学思政课精品课程建设计划，推出一批思政“金课”。加大优质资源推广使用力度，指导各地各校用好国家智慧教育平台。

专栏　思政课教学资源库

1. 建设教学案例库。组织征集和开发高质量、多形式的教学案例，特别是聚焦习近平新时代中国特色社会主义思想在中华大地的生动实践，开发一批党的创新理论主题案例。

2. 打造教学重难点问题库。建立思政课教学重难点问题征集机制，动态收集学生关注的问题和思想理论困惑，统一组织研究回答，形成教学问题库。

3. 建设教学素材库。建立完善采集、审核、共享机制，充分调动一线思政课教师积极性创造性，持续推出一大批优秀思政课课件、讲义、重难点解析、重要参考文献、教学配图、微视频、融媒体公开课等优质教学素材。

4. 开发在线示范课程库。以国家统编教材为基本遵循，整合全国优秀思政课教师和哲学社会科学专家力量，组织开发高水平在线示范课程。

13. 打造网络教育宣传云平台。教育部会同中央网信办等，组织开展“大思政课”网络主题宣传活动，鼓励师生围绕思政课教学内容创作微电影、动漫、音乐、短视频等，建设资源共享、在线互动、网络宣传等为一体的“云上大思政课”平台。加强高校思想政治工作网、大学生在线、易班等网络平台建设。积极研发成本适宜的虚拟仿真教学资源。组织开展“同上一堂思政大课”活动。各地各校用好“学习强国”等平台，鼓励思政课教师积极参加中央和地方主流媒体的政论、时政节目，广泛传播党的创新理论。

（五）构建大师资体系

14. 建设专兼结合的师资队伍。各地各校严格按照要求配备建强高校专职思政课教师、辅导员队伍，提高中小学专职思政课教师比例，实行思政课特聘教授、兼职教师制度，积极聘请党政领导、科学家、老同志、先进模范等担任思政课兼职教师。深入实施马克思主义学院院长（书记）培养工程，通过集中培养培训、委托重大项目、加强实践锻炼、开展国际国内访学等方式，培养一批青年马克思主义理论家。

专栏　建立思政课特聘教授、兼职教师制度

高校要通过建立健全思政课特聘教授制度，选聘优秀地方党政领导干部、企事业单位管理专家、社科理论界专家、各行业先进模范以及高校党委书记校长、院（系）党政负责人、名师大家和专业课骨干教师、日常思想政治教育骨干等加入思政课教师队伍，讲授思政课；通过建立健全兼职教师制度，形成英雄人物、劳动模范、大国工匠等先进代表，以及革命博物馆、纪念馆、党史馆、烈士陵园等红色基地讲解员、志愿者经常性进高校参与思政课教学的长效机制。

15. 搭建队伍研究平台。充分发挥国家社科基金规划项目、教育部人文社科研究项目思政课教师研究专项作用，设立马克思主义理论研究和建设工程后期资助项目，组织教师加强马克思主义理论和思政课教学研究。重点支持开展“大思政课”建设规律、思政课教学难点及对策、大中小学思政课一体化、课程思政等研究。举办习近平新时代中国特色社会主义思想进教材进课堂进头脑系列研讨会。建设辅导员工作室、资助开展课题研究、推广优秀工作案例。

16. 提升队伍综合能力。完善国家、地方、学校三级培训体系，实现思政课教师培训全覆盖。教育部完善“手拉手”集体备课机制，定期组织开展教学研讨活动。开展中小学思政课教师示范培训、教学基本功展示交流活动。建设辅导员网上资源库、开发虚拟仿真实训平台，组织支持开展国情考察。各地教育部门要建立中小学思政课教师轮训制度，依托各级党校和高校马克思主义学院每 3 年对中小学思政课教师至少进行一次不少于 5 日的集中脱产培训。中小学校新进专职思政课教师须取得思政课教师资格。小学兼职思政课教师在上岗前应完成一定学时的专业培训，并考核合格。各地各高校建立专门制度，常态化支持思政课骨干教师到各级宣传、教育等党政机关或基层挂职锻炼、蹲点调研，相关经历纳入评奖评优、干部选聘体系，相关成果作为职称评聘参考。严格落实生均经费用于思政课教师的学术交流、实践研修等，并逐步加大支持力度。

专栏　加强思政课教师培养培训

1. 加强“高校思政课教师信息库”建设。
2. 打造“全国高校思政课教师网络集体备课平台”升级版。
3. 实施“高校思政课教师队伍后备人才培养专项支持计划”。
4. 实施“高校思政课教师在职攻读马克思主义理论博士学位专项支持计划”。
5. 举办“高校思政课骨干教师研修班”和“高校哲学社会科学骨干研修班”。
6. 举办“周末理论大讲堂”。
7. 依托全国高校思政课教师研修（学）基地，组织思政课教师开展分课程、分专题研修活动。
8. “高校思想政治理论课‘手拉手’集体备课中心”和“高校思想政治理论课名师工作室”，举办跨地区、跨学段、跨学校等多形式的集体备课、教学研讨活动。
9. 举办“全国高校思政课教学展示活动”。
10. 开展“高校优秀思政课教师和马克思主义理论学科学生奖励基金”遴选。
11. 开展中小学思政课教师示范培训。
12. 开展中小学思政课教师基本功展示交流活动。

（六）拓展工作格局

17. 分层分类开展“大思政课”综合改革试点。教育部围绕实践教学、教师队伍建设、大中小学思政课一体化、问题式专题化团队教学和均衡发展等思政课改革创新重大问题，在北京、天津、上海、江西、陕西等地设立综合改革试验区。地方党政负责同志坚持联系高校并讲思政课。坚持教材编写、师资培养、理论阐释、教学研究相结合，统筹推进习近平新时代中国特色社会主义思想研究中心（院）、国家教材建设重点研究基地、人文社科重点研究基地、师资培训中心、马克思主义学院等建设，开展“联学联讲联研”综合改革试点。深入推进“三全育人”综合改革，持续扩大高校“一站式”学生社区综合管理模式建设试点。

18. 深入推进大中小学思政课一体化建设。教育部加强大中小学思政课一体化建设指导委员会建设，支持各地建设一批一体化基地，鼓励高校积极开展与中小学思政课共建。各地教育部门加强引导和协调，建立大中小学师资培育、听课评课、教研交流、集体备课等常态化工作机制。

19. 全面推进课程思政高质量建设。教育部组建高等学校课程思政教学指导委员会，研制普通本科专业类课程思政教学指南，组织开展高校教师课程思政教学能力培训，建设一批课程思政系列共享资源库。建成一批课程思政示范高校，推出一批课程思政示范课程，选树一批课程思政教学名师和团队，建设一批高校课程思政教学研究示范中心。加强中小学学科德育建设。

20. 扎实开展日常思政教育活动。学校党委书记、校长要在开学、毕业典礼等重要场合，讲授"思政大课"。学校要以重大纪念日、重大历史事件为契机，通过"学习新思想，做好接班人"主题教育、职教学生读党报、新时代先进人物进校园、论坛讲坛、讲座报告会等，组织专题"思政大课"。教育部打造并集中展示一批校园文化原创精品，建设一批文化传承基地。办好"全国大学生网络文化节"和"全国高校网络教育优秀作品推选展示活动"。

（七）加强组织领导

21. 强化统筹协调。教育部、中央宣传部做好"大思政课"建设的总体谋划。中央网信办指导做好"大思政课"全媒体宣传。科技部、工业和信息化部、生态环境部、国家卫生健康委、国家文物局、国家乡村振兴局、中国关心下一代工作委员会等部门，加强对基地的指导和建设，切实发挥好基地的育人功能。

22. 积极推进落实。各地要把"大思政课"建设作为"十四五"时期推动思政课高质量发展的重要抓手，在基地资源、经费投入、队伍建设、条件保障等方面采取有效措施。将中外合作办学院校纳入"大思政课"建设整体布局。各地各校要及时总结宣传"大思政课"建设的好经验好做法，营造良好舆论氛围。

参考文献

[1] 教育部社会科学司. 普通高校思想政治理论课文献选编（1949—2006）[M]. 北京：中国人民大学出版社，2007.
[2] 谢瑜. 思政课程与课程思政融合的教学研究 [M]. 成都：西南交通大学出版社，2021.
[3] 饶旭鹏，刘海霞. 理工科大学思政课实践教学的理论与实践研究 [M]. 北京：人民日报出版社，2019.
[4] 陈钢. 高校思想政治理论课实践教学实用教程 [M]. 北京：高等教育出版社，2018.
[5] 禹辉映，黄鑫权，王万江. 高校思想政治理论课实践教学概论 [M]. 北京：北京大学出版社，2022.
[6] 罗军强. 高校思政课实践教学教程 [M]. 长沙：中南大学出版社，2015.
[7] 康瑜，董杨. 思想政治理论课实践教程 [M]. 北京：高等教育出版社，2020.
[8] 王媛，郭旭. 高职院校思政课实践教学研究：以毛泽东思想和中国特色社会主义理论体系概论为例 [M]. 北京：中国民族文化出版社，2020.
[9] 王红阳. 高校思想政治理论课实践教学创新研究 [M]. 北京：经济管理出版社，2020.
[10] 董杨，代渝渝. 思想政治理论课实践教学指导 [M]. 北京：科学出版社，2017.
[11] 邬勇，范建明. 大学生思想政治理论课实践教学实用教程 [M]. 北京：科学出版社，2015.
[12] 尹红霞，康慧，刘淑云. 思想政治理论课实践教程 [M]. 北京：北京师范大学出版社，2021.
[13] 文学禹，韩玉玲. 新时代高校课程思政教学创新研究 [M]. 长春：吉林大学出版社，2020.
[14] 陈华栋. 课程思政：从理念到实践 [M]. 上海：上海交通大学出版社，2020.
[15] 翁铁慧. 大中小学课程思政一体化建设：整体构架与实践路径研究 [M]. 北京：人民出版社，2020.
[16] 沈赤. 课程思政经典案例选编 [M]. 杭州：浙江大学出版社，2020.
[17] 杜震宇. 生物学科课程思政教学指南 [M]. 上海：华东师范大学出版社，2020.
[18] 范宝祥，张恩祥. 课程思政案例选编 [M]. 北京：中国政法大学出版社，2021.
[19] 楚国清，孙善学. 课程思政“三金”优秀教学设计案例 [M]. 北京：首都经济贸易大学出版社，2020.

[20] 戴钢书. 高校思政政治理论课实践教学论 [M]. 北京：中国人民大学出版社，2015.
[21] 薛庆国，臧勇. 北京科技大学“课程思政”案例选编 [M]. 北京：冶金工业出版社，2020.
[22] 李萍，林滨. 比较德育 [M]. 北京：中国人民大学出版社，2009.
[23] 王玄武. 比较德育学 [M]. 2 版. 武汉：武汉大学出版社，2003.
[24] 苏振芳. 当代国外思想政治教育比较 [M]. 北京：社会科学文献出版社，2009.
[25] 约翰·杜威. 民主主义与教育 [M]. 王承绪，译. 北京：人民教育出版社，1990.
[26] 王琪. 美国青少年公民教育理论与实践研究 [M]. 北京：北京理工大学出版社，2011.
[27] 郑珠仙. 国家意识形态安全与大学生社会主义核心价值观教育研究 [M]. 北京：人民出版社，2014.
[28] [英] 瓦茨拉夫·布热齐纳. 语料库语言学中的统计分析实用指南 [M]. 赵婧，刘雪琴，译. 重庆：重庆大学出版社，2022.
[29] 陈丽明. 对高校思想政治理论课实践教学的思考 [J]. 思想理论教育导刊，2010 (2)：20.
[30] 钱广荣. 高校思想政治理论课的实践教学探讨 [J]. 思想理论教育，2007 (2)：69-71.
[31] 黄焕初，吴正国. “全国高校公共理论课实践教学研讨会”综述 [J]. 教学与研究，2004 (11)：94-96.
[32] 侯云霞、于金秀. 高校思想政治理论课教学实践与实践教学思考 [J]. 中国特色社会主义研究，2007 (2)：104-108.
[33] 杨增崇. 高校思想政治理论课实践教学的困境及突破 [J]. 思想理论教育导刊，2016 (10)：100-103.
[34] 宋媛. 新形势下高校思想政治理论课实践教学创新研究 [J]. 思想理论教育导刊，2016 (9)：125-128.
[35] 中共中央国务院发出关于进一步加强和改进大学生思想政治教育的意见 [N]. 人民日报，2004-10-15.
[36] 高德毅，宗爱东. 课程思政：有效发挥课堂育人主渠道作用的必然选择 [J]. 思想理论教育导刊，2017 (1)：31-34.
[37] 邱伟光. 课程思政的价值意蕴与生成路径 [J]. 思想理论教育，2017 (7)：10-14.
[38] 王学俭，石岩. 新时代课程思政的内涵、特点、难点及应对策略 [J]. 新疆师范大学学报 (哲学社会科学版)，2020 (41)：50-58.
[39] 何玉海. 关于“课程思政”的本质内涵与实现路径的探索 [J]. 思想理论教育导

刊，2019（10）：130-134.

[40] 陆道坤. 课程思政推行中若干核心问题及解决思路：基于专业课程思政的探讨［J］. 思想理论教育，2018（3）：64-69.

[41] 闵辉. “课程思政”与高校哲学社会科学育人功能［J］. 思想理论教育，2017（7）：21-25.

[42] 杨建超. 协同育人理念下高校“课程思政”改革的理性审视［J］. 南通大学学报（社会科学版），2019，35（6）：121-128.

[43] 罗仲尤，段丽，陈辉. 高校专业课教师推进课程思政的实践逻辑［J］. 思想理论教育导刊，2019（11）：138-143.

[44] 陈磊，沈扬，黄波. 课程思政建设的价值方向、现实困境及其实践超越［J］. 学校党建与思想教育，2020（14）：51-53.

[45] 高燕. 课程思政建设的关键问题与解决路径［J］. 中国高等教育，2017（15）：11-14.

[46] 成桂英. 推动“课程思政”教学改革的三个着力点［J］. 思想理论教育导刊，2018（9）：67-70.

[47] 顾晓英. 教师是做好高校课程思政教学改革的关键［J］. 中国高等教育，2020（16）：19-21.

[48] 许家烨. 论课程思政实施中德育元素的挖掘［J］. 思想理论教育，2021（1）：70-74.

[49] 许硕，葛舒阳. “思政课程”与“课程思政”关系辨析［J］. 思想政治教育研究，2019（6）：84-87.

[50] 郑佳然. 新时代高校“课程思政”与“思政课程”同向同行探析［J］. 思想教育研究，2019（3）：94-97.

[51] 陈艳. 论高职院校“思政课程”与“课程思政”的交互融合［J］. 思想理论教育导刊，2018（12）：110-112.

[52] 邱仁富. “课程思政”与“思政课程”同向同行的理论阐释［J］. 思想教育研究，2018（4）：109-113.

[53] 董勇. 论从思政课程到课程思政的价值内涵［J］. 思想政治教育研究，2018（5）：90-92.

[54] 王俊霞. 法学专业教育中融入思想政治教育的思考［J］. 内蒙古师范大学学报（教育科学版），2011（5）：83-85.

[55] 佘双好. 构建与课堂教学相互促进的思想政治理论课实践教学体系［J］. 思想理论教育导刊，2015（11）：8-9.

[56] 黄伟力. 论“马克思主义基本原理概论”课堂教学与实践教学的关系［J］. 思想理论教育，2008（7）：53-57.

[57] 张红霞，葛连山. 高校思想政治理论课实践教学常态化论析［J］. 思想政治教育研究，2017，33（6）：41-45.

[58] 习近平在全国高校思想政治工作会议上强调：把思想政治工作贯穿教育教学全过程开创我国高等教育事业发展新局面［N］. 人民日报，2016-12-08.

[59] 习近平在中央党校建校 80 周年庆祝大会暨 2013 年春季学期开学典礼上的讲话［N］. 人民日报，2013-03-01.

[60] 习近平主持召开学校思想政治理论课教师座谈会，强调用新时代中国特色社会主义思想铸魂育人，贯彻党的教育方针、落实立德树人根本任务［N］. 人民日报，2019-03-19.

[61] 习近平. 把思想政治工作贯穿教育教学全过程开创我国高等教育事业发展新局面［N］. 人民日报，2016-12-09.